当代中国学术文库

城市土地低碳利用研究

——以长沙市为例

毛德华等 / 著

经济日报出版社

图书在版编目（CIP）数据

城市土地低碳利用研究 / 毛德华等著 . —北京：经济日报出版社，2018.3

ISBN 978 - 7 - 5196 - 0292 - 5

Ⅰ . ①城… Ⅱ . ①毛… Ⅲ . ①城市土地—土地利用—研究—长沙 Ⅳ . ①F299. 276. 41

中国版本图书馆 CIP 数据核字（2018）第 011205 号

城市土地低碳利用研究

作　　者	毛德华等
责任编辑	范静泊
出版发行	经济日报出版社
地　　址	北京市西城区白纸坊东街 2 号经济日报社 A 座 710
电　　话	010 - 63567961（编辑部）63567692（发行部）
网　　址	www. edpbook. com. cn
E - mail	edpbook@126. com
经　　销	全国新华书店
印　　刷	三河市华东印刷有限公司
开　　本	710×1000 毫米　1/16
印　　张	18. 5
字　　数	332 千字
版　　次	2018 年 3 月第一版
印　　次	2018 年 3 月第一次印刷
书　　号	ISBN 978 - 7 - 5196 - 0292 - 5
定　　价	64. 00 元

毛德华　黄　婕　魏　维　熊雅萍　　　著

伍　婷　吴虹雨　吴　丹

前　言

为了应对全球变暖的影响,低碳经济成为世界各国经济发展转型方向与共同发展战略。研究表明,全球碳排放与人类活动特别是化石燃料燃烧和土地利用/覆盖变化有着密切的关系(Canadell & Mooney,1999)。土地利用变化导致的 CO_2 排放大约为 1850 – 1990 年以来化石燃料燃烧导致 CO_2 排放的一半(Houghton,1999),城市不仅地表土地利用/覆盖变化强烈,而且也是化石燃料消耗集中的区域,CO_2 排放量的 80% 以上来自于城市区域(Churkina,2008)。胡锦涛于 2007 年APEC 会议上,首次明确提出"发展低碳经济,研发低碳能源技术,促进碳吸收技术发展"的战略主张;2009 年,我国政府在哥本哈根会议前夕,提出"到 2020 年单位国内生产总值 CO_2 排放比 2005 年下降40% ~ 45%"的目标;国家"十二五"规划纲要又提出"单位国内生产总值 CO_2 排放量下降 17%"的目标;国家"十三五"规划纲要提出"生态环境质量总体改善"的主要目标,"生产方式和生活方式绿色、低碳水平上升。能源资源开发利用效率大幅提高,能源和水资源消耗、建设用地、碳排放总量得到有效控制,主要污染物排放总量大幅减少。主体功能区布局和生态安全屏障基本形成。"这些表明我国发展低碳经济的坚强决心与明确目标。因此,在发展低碳经济的背景下,把城市节能减排与土地利用结合的城市土地低碳利用研究,抓住了研究的关键地域,不仅弥补了过去研究基本上关注自然生态系统碳循环的不足,而且为研究人类活动对碳循环的影响提供了重要的研究方法和思路,还可为国家应对气候变化的低碳城市策略的制定提供科学依据,已成为土地科学、城市科学及环境科学领域研究的新热点。

长沙市是湖南省的省会城市,也是长株潭城市群的最重要组成部分。2008年12月22日,国务院印发了《关于长株潭城市群资源节约型和环境友好型社会建设综合配套改革试验总体方案的批复》(国函[2008]123号)。该《批复》指出,推进长株潭城市群综合配套改革,要根据建设资源节约型和环境友好型社会的要求,加大力度推进重点领域和关键环节的改革试验,在长株潭城市群形成有利于能源资源节约和生态环境保护的体制机制。要以创新资源节约、环境保护、产业优化升级、科技和人才管理、土地管理的体制机制为重点推进体制机制改革创新。因此本研究是资源节约、土地管理、环境保护、产业优化升级等方面的体制机制创新和配套改革的不断深化的必然要义与重要内容,同时对于巩固全国文明城市建设、创新示范区建设与生态城市建设成果具有重要的现实意义。

城市土地节约与集约利用已经取得丰硕成果,但城市土地低碳利用还处于起步探索阶段,本研究将丰富与创新城市土地利用的成果,体现了土地科学研究的发展趋势。

本研究的主要内容如下:

长沙市碳循环评估和低碳型土地利用规划研究。在城市碳循环及其土地低碳利用机理分析的基础上,从城市层面与土地利用类型层面全面核算了长沙市的碳储量和碳通量,分析了长沙市的碳平衡状况、城市人为碳过程的补偿效率、城市碳循环压力等,在此基础上进行了长沙市低碳型土地利用结构优化研究,从理论、方法与实践三方面,对低碳型的土地利用总体规划进行了系统的研究(附录)。

基于碳源-碳汇模型的长沙市土地低碳利用研究。选取长沙市内六区为研究区域,运用系统法构建长沙市土地低碳利用系统,按照等级分为目标层、子系统层、指标层、变量层,分别对碳源子系统和碳汇子系统建立指标体系,运用kaya模型计算长沙市碳排放量,并采用碳汇系数法估算出长沙市碳吸收量,计算出长沙市6区历年土地利用净碳排放量,编制土地利用碳足迹图,分析长沙市碳排放增长和经济增长之间的关系,运用Tapio脱钩指数法分析长沙市经济增长与碳排放量增长的脱钩状况及趋势。

长沙市住宅用地碳盘查及其影响因素分析。基于生命周期评价理论方法,以长沙市高、中、低档 3 个住宅区为调查研究对象,将住宅用地的生命周期划分为土地开发、土地运行、拆除废弃(或循环利用)3 个阶段,核算长沙市住宅用地全生命周期的碳排放,对每个阶段内各种碳源排放量进行分析,探究住宅用地 3 个不同阶段内的碳排放情况及规律。通过加权算法得到长沙市住宅用地的平均碳排放量,对长沙市住宅用地碳排放时空演化趋势及其影响因素进行了分析。

长沙市工业用地碳排放核算。以《IPCC 国家温室气体清单指南》中的碳排放核算方法为依据,从工业生产过程碳排放以及能源消耗碳排放两方面核算了长沙市工业用地碳排放,对工业用地碳排放量、碳排放结构、碳排放强度和地均碳排放量进行评价,探讨了碳排放量的时序变化规律和六大区碳排放量的空间差异,并分析其来源及影响因素。运用演化博弈复制动态分析方法,分析工业用地低碳利用所涉及的政府、企业和消费者等多个利益主体的博弈关系,建立三方博弈模型,考察城市工业用地低碳利用中三者的互动机制,据此提出相应对策。

长沙市土地低碳利用水平综合评价与时空变化规律研究。构建了城市土地低碳利用系统模型、指标体系,运用层次分析法、加权和与加权积的混合算法、聚类分析法、要素真实贡献率模型、障碍度模型,进行了基于时间维度的系统内在影响变量贡献性和障碍性程度计算分析,分析了长沙市土地低碳利用水平的时间变化特征及其影响因素;进行了基于空间维度的区域城市土地低碳利用水平的聚类比较分析,综合评价了湖南省 13 个地级市的土地低碳利用水平的空间差异并进行了分析。分析了各类城市的土地低碳利用特点及存在的问题,为低碳城市发展的土地调控分类指导提供了依据。

长沙市土地低碳利用对策研究。在对长沙市土地利用碳循环进行总体与专项评估的基础上,提出长沙市土地低碳利用的系统对策。

本研究选题新颖,首次对长沙市土地低碳利用进行了较系统深入的研究,在理论与实践方面取得了一些创新性成果。本研究受到了湖南省国土资源科技项目(湘财建字[2012]284 号,2012 - 43)和长沙市科技计划项目(K1308021 - 41)等项目的资助,发表了系列论文。研究方案由毛德华设计提出，由署名作者分工进行研究，最后由毛德华对研究成果进行了补充完善、整理与统稿。本研究历时几年，因此在研究对象的起讫时点上没有强求统一，以期保持研究成果的本色，特此说明。

本书出版是多位作者孜孜以求、精诚合作的结果，并参考了大量的国内外文献，同时凝聚了经济日报出版社编辑与中联华文（北京）图书有限公司有关人员的辛勤工作，在此一并表示衷心感谢。

本书可供土地科学、城市科学、经济学、管理学、环境科学及有关专业的师生、科研人员、政府管理人员及关心我国城市发展、低碳经济发展等的广大民众阅读，也可作为相关专业的本科与研究生的参考教材。由于城市土地低碳利用是一个新的课题，方兴未艾，加上作者水平的局限性，书中的一些观点和内容可能留有争议，恳请专家学者及广大读者批评指正。

毛德华

2017 年 8 月 28 日

目　录
CONTENTS

第1章 绪 论

1.1 研究背景与意义

1.1.1 研究背景

工业革命以来,城市化进程加快引起的大量化石能源的燃烧大大增加了二氧化碳的排放量,严重影响了全球碳循环和气候变化。碳氧化物的温室效应引起全球气候持续变暖,对人类赖以生存的自然环境以及农业、水资源、能源生态安全等带来了巨大的挑战,如何应对全球性气候变暖带来的严峻挑战,是近年来世界各国重点关注的问题。Canadell J G&Mooney H A(1999)在研究中表明,全球碳排放与人类活动特别是化石燃料燃烧有着密切的关系,化石燃料燃烧是使全球大气CO_2含量增加的重要原因。Houghton R A(1999)指出,城市作为人类活动的重要区域,是化石燃料燃烧集中的区域。Churkina G(2008)通过研究发现,全球CO_2排放量的80%以上来自于城市区域。政府间气候变化专门委员会即IPCC,于2007年发布第四次评估报告,报告表明从20世纪中叶至今50多年观测到的全球变暖现象,其中90%的可能是来自于人类生产生活活动过程中排放温室气体而引起的增温效应。

"低碳经济"这一概念是为应对气候变化与保障能源安全的大背景下,以可持续、绿色、循环理念为基础提出的,最早出现在2003年英国政府文件能源白皮书——《我们能源的未来:创建低碳经济》,宣布到2050年把英国发展成为低碳经济国家。2007年的联合国气候大会上,制定了"巴厘岛路线图",提出了发达国家温室气体减排的要求,即减少25%~40%;2008年联合国环境署将世界环境日的主题定为"转变观念,推行低碳经济";另在2009年哥本哈根气候大会上,对发达国家与发展中国家分别做出了强制减排与自行减排的要求。此外,各国将低碳经济作为未来的发展方向,并积极的制定相应的政策,如日本制定了《低碳社会行动计划》,美国颁布了《低碳经济法案》,欧盟将发展低碳经济视为一场新的革命(吴丹,2014;毛德华等,2015)。

在全球变暖的背景下,中国在近100年,尤其是近50年的平均地表温度明显呈上升趋势,平均升温幅度约为0.8℃。中国是世界上最大的发展中国家,也是发展速度世界领先的国家,但多以消耗能源和牺牲环境为代价,根据国际能源机构(IEA)的测算,当前中国每年向大气中排放二氧化碳超过$50 \times 10^8 t$,成为CO_2排放量第一大国,是德国的7倍,英国的10倍!与此同时中国的能源危机也日益扩大,根据国际能源机构的预测,2020年中国石油对外依存度可能将达到68%,变成世界上最大的石油进口国,因此,在中国实施低碳发展已经事不宜迟。于是,作为一个负责任的大国,中国积极响应国际号召,成为《联合国气候变化框架公约》的缔约国之一。我国在2007年发布的《中国应对气候变化国家方案》中,首次明确了发展低碳经济、推广低碳技术等主张。另于2009年制定了《关于发展低碳经济的指导意见》;同年11月在哥本哈根会议上郑重宣布:相比2005年,到2020年单位GDP碳排放量下降40%～50%的碳减排目标,并将其作为约束性指标纳入国民经济发展规划中。在2007年发布的《国土资源部节能减排方案》中,提出了为应对气候变化,加强土地利用与土地覆被变化关系研究的要求;并于2008年国土资源部设立了《土地利用规划的碳效应与调控研究》科研专项;2010年国土资源部发69号《国土资源部关于坚决贯彻国务院部署进一步加大节能减排工作力度的通知》,通知强调要加强土地利用规划的调控作用,用地结构布局、建设项目供地审查以及落后产能用地、权属管理等方面,实现碳减排目标。

我国积极推进碳交易自由市场建设,鼓励企业自愿加入碳排放交易。2011年10月,国家发改委办公厅下发了《关于开展碳排放权交易试点工作的通知》,批准碳排放权交易在北京、天津、上海、重庆、深圳、湖北(武汉)、广东(广州)等7省市率先试点。目前这7大交易市场正逐步形成,并开发了碳排放权交易平台等专业平台,提供了专门的数据接口,将全国最新最全的碳市场数据整合在一起,给客户提供直观的行情走势和数据分析。

2015年10月,党的十八届中央委员会第五次会议,提出了创新、协调、绿色、开放、共享五个发展理念,要求坚持绿色发展,推动建立绿色低碳循环发展产业体系,建设清洁低碳、安全高效的现代能源体系,实施近零碳排放区示范工程,建立碳排放权初始分配制度,形成人与自然和谐发展空间格局。

长沙市是湖南省的省会城市,也是长株潭城市群的最重要组成部分,目前处于快速发展时期。中部地区的崛起,为长沙发展带来了新的契机。2008年12月

22日,国务院印发了《关于长株潭城市群资源节约型和环境友好型社会建设综合配套改革试验总体方案的批复》(国函[2008]123号)。该《批复》指出,推进长株潭城市群综合配套改革,要根据建设资源节约型和环境友好型社会的要求,加大力度推进重点领域和关键环节的改革试验,在长株潭城市群形成有利于能源资源节约和生态环境保护的体制机制。综合分析长沙市资源利用状况,可以看出长沙市还存在产业落后、能耗偏高、废弃物排放较高等问题,根据易东炬(2010)测算得到长沙碳生产力为3.1672t/万元,高出全国平均值0.1820t/万元近17倍,因此长沙市急需实行能源结构调整、产业升级,走低碳发展的道路。城市碳排放主要来源主要包括产业、居民生活、建筑和交通方面,长沙市作为经济发展、城镇化和工业飞速发展的地区,引导长沙经济发展走低碳发展之路成为长沙市政府部门工作的重点。

人类对碳循环的影响在很大程度上是通过土地利用活动来实现的,土地利用变化会改变自然碳过程和人为能源消费的格局及其组合关系,引起自然和人为活动碳排放强度的改变,并进一步影响区域碳循环的速率,因此,土地利用在区域碳循环中起着关键性的驱动作用。据测算,中国1950年到2005年间,全国土地利用变化引起的累计碳排放量为10.6PgC,占全球人为碳排放的30%,占同期全球土地利用变化碳排放量的12%(赖力,2010)。

城市土地作为承载一切社会经济活动的基础和容纳大量物质的空间,囊括了各种生产及创造性活动,进行着各种物质与能量交换,提供了人类社会发展的空间与平台;同时城市节能减排对全球气候与环境有重大意义,直接影响着低碳经济和城市发展,因此两者结合而形成的城市土地低碳利用研究将成为城市科学、环境科学以及土地科学等领域研究的新热点。

国家政府的相关政策文件也把碳排放的检测、统计和评估摆在了突出重要的位置,国家十二五纲要明确提出要"建立完善温室气体排放统计核算制度"。《国家中长期科技发展规划纲要(2006-2020)年》将"全球环境变化检测与对策"列为优先主题之一;将土地利用变化与土地覆被变化作为人类活动对地球系统的影响机制研究的前沿课题之一,由此可见,土地利用调控已经成为区域碳减排的重要策略之一。因此,进行城市土地低碳利用研究,具有重要的理论与现实意义。

1.1.2 研究意义

工业革命以来,城市化进程大为加快,二氧化碳的排放严重影响了全球碳循环和气候变化。本研究从整体和专项两个方面对长沙市土地低碳利用实现度进行核算研究,主要有以下意义:

从理论上看,碳循环评估、碳源－碳汇、碳排放综合测度、住宅用地碳排查、工业用地碳排放测算等方法进一步完善了土地低碳利用评价体系,从整体和专项两个层面分别测算长沙市土地低碳利用水平,为城市土地利用往低碳化方向发展提供了理论基础。计算模型解释了城市碳循环的土地利用变化机理,分析了不同土地利用方式碳排放和碳吸收特征,构建了基于土地利用层面的城市低碳研究方法,丰富了低碳经济和土地利用的研究内容。

从实际应用上看,利用低碳经济的先进理念指导城市土地利用,使城市规划和管理人员的决策更具前瞻性与针对性,形成城市土地低碳利用新格局。对长沙市碳排放影响因素进行机理性的研究,并对长沙市各类土地利用碳排放与碳吸收及总量进行估算,为长沙市调整能源和产业结构,提高能源利用效率,发展低碳产业、低碳经济和低碳技术提供决策依据。进行低碳型的土地利用规划研究,通过规划手段调控土地利用的碳效应,在充分、合理利用土地资源的同时助推产业、能源结构的调整,是我国发展低碳经济、实现经济与环境的可持续发展的迫切需要。

1.2　国内外研究动态综述

从以下几个方面综述国内外研究动态。

1.2.1　土地低碳利用的内涵

毛德华等(2014,2015a)认为城市土地低碳利用是一种城市土地利用的低碳化形态,综合考虑土地的生态价值、经济价值以及社会价值且既"低碳"又"经济"的城市土地利用方式。彭欢(2010)提出了"低碳经济型土地利用",认为低碳经济型土地利用模式就是兼顾"低碳"和"经济",减少土地利用碳源,增加土地碳汇,实现土地利用的低碳经济。蒲春玲等(2011)提出了"低碳与环境友好型土地利用模式"认为低碳土地利用本质是通过土地利用方式转变来实现碳的动态平衡及经济价值、社会价值、生态价值协调统一。黎孔清(2013)认为低碳经济的土地利用以"低碳"和"经济"为基本特征,以通过降低土地利用碳源,增加碳汇的区域土地利用模式优化为实现"低排放、低污染、高产出"等基本要求途径的一种土地利用开发模式。

1.2.2　影响碳排放的土地利用要素分析

国内外学者普遍认为城市土地覆盖、土地利用类型、土地利用结构、城市土地集约利用水平等与低碳型发展存在极强的相关性。许恒周等(2013)通过构建面板数据计量模型,分析土地市场发育、城市土地集约利用对碳排放的影响,得出土地市场化发展和城市土地集约利用水平提高对碳效应有明显的减缓作用。卢娜等(2013)采用对数均值指数分解法,研究分析了经济增长中的规模效应、结构效应和技术效应对土地利用间接碳排放的贡献。张常新等(2012)探讨了城市土地覆盖、土地利用类型、土地利用结构与碳排放之间的关系。张鑫等(2013)运用灰色关联度分析方法,对区域低碳型发展水平与土地利用程度进行分析,发现土地利用程度与低碳型发展存在极强的相关性。张俊峰等(2014)以武汉城市圈为例,测算土地利用集约度和土地利用碳排放强度,利用相关性分析和脱钩模型对城市圈土地集约利用水平与土地利用碳排放之间的关系进行研究。曲福田等(2011)利用文献综述法系统的对各类土地利用转换、农用地内部土地利用以及非农用地内部土地利用三个方面对碳排放的影响进行研究。游和远等(2010)运用灰色关联分析法,对土地利用结构与能源消耗碳排放的关联度进行测算,得出能源消耗与土地利用结构存在一定程度的差异。Edward LG 等(2010)通过实证分析对城市碳排放进行测算,得出城市规模与城市碳排放之间存在正相关关系,城市密度方面则是明显的负相关关系。Winemaker S 等(2010)认为土地利用结构与布局、交通基础设施以及建筑设计与城市碳排放存在巨大的影响。

国外学者对于碳排放的影响因素的分析方法研究较多,主要有指数分解法、指标分解法和投入产出分析法等。

指数分解法,最早由日本学者 Yoichi Kaya(1989)提出,把经济、政策和人口等不同影响因素和碳排放量的关系用数学公式来表达。指数分解法又包括了简单平均法(SAD)、LasPeyres 指数法和自适应权重分解法等,这几种方法在权重确定方面有区别,其中,简单平均分解法是把起始年和末尾年的参数均值作为因子权重的方法。LasPeyres 指数法由德国学者 LasPeyres 提出,之后 Schippe(1990)和 Park S H(1992)等学者又对其进行了完善和改进。自适应权重分析法计算复杂,在实际中应用不太广泛。

指标分解法,最早是由 Ehrlich PR(1971)提出,通过 IPAT 模型分析环境压力、人口数、富裕程度、技术等驱动因素对碳排放的影响,后来 Thomas Dietz(1997)提出的新的 STIRPAT 模型,对 IPAT 进行了一定程度的改进,其实用性更强。Scholes(2001)、YorkR(2004)又对 STIRPAT 模型进行了运用推广和改进。

投入产出法,是一种定量研究方法,主要是利用投入产出表对碳排放的影响和驱动因素进行研究。Chang et al(1998),Nobuko(2004),Rhee et al(2006)等运用投入产出法,对台湾、日本、韩国的碳排放量驱动因素进行分析,Miguel et al

(2007)又运用合并后的投入产出方法对碳排放量与各经济部门的相互关系进行了研究。

在国外理论研究的基础上,国内学者聂锐(2010)、卢娜(2011)等对IPAT模型和STIRPAT模型进行运用,对能源消费碳排放的影响和驱动因素进行了研究分析。范英等(2007)采用自适应权重分解法分析了中国碳排放强度的驱动因素,结果表明,改变能源结构是降低碳排放总量的重要手段。

1.2.3　不同土地利用类型的碳效应机理

赵荣钦等(2012)运用集成区域碳储量和碳通量的核算方法,探讨不同土地利用类型的碳储量和碳通量的状况。张朝琼等(2012)使用Arcgis进行遥感解译获取土地利用变化数据,研究土地利用变化对陆地植被碳储量的影响。李正才等(2007)利用野外调查法研究北亚热带地区土地利用变化对土壤有机碳的储量与垂直分布的影响。武俊喜等(2000)通过选取长江中下游区域代表性样方,用尺度推绎和蒙特卡洛不确定性分析方法,研究土地利用覆被变化与土壤有机碳储量的变化。揣小伟等(2011)探讨了土地利用变化对碳储量的影响,并对土地利用变化碳排放测算。汤洁等(2011)运用采集土样测试数据和陆地卫星遥感解译数据,对陆地上13种土地利用类型有机碳储量进行估算,从而得到土地利用变化/覆被变化对碳储量的影响,并用线性规划方法对土地利用结构进行优化,以实现土地利用结构变化下的碳平衡。刘英等(2010)认为不同土地利用类型的碳效应不同,建设用地主要表现为碳源,林地草地为碳吸收,耕地在短期内碳吸收作用很小。赵荣钦等(2010)从各市农作物产量、耕地面积以及农业投入等方面入手,测算农田生态系统碳效应。吴丹(2016)分析了华容县不同土地利用类型保持与土地作为载体人为源碳循环机理、不同土地利用类型转变碳循环机理。吴虹雨等(2014)分析了津市市土地利用碳排放效应。

1.2.4　不同土地利用类型的碳储量与碳源、碳汇核算

国外鲜见对城市土地低碳利用的直接系统性研究,研究的重点主要集中在低碳城市发展方面。对于低碳经济下城市土地利用研究多从侧面进行了解,如研究城市生产生活和消费碳排放,城市空间布局、结构和紧密程度,城市综合碳排放等角度。

国内学者在土地利用碳效应机理研究主要包括碳储量与碳通量的研究,而土地利用碳效应测算则倾向于碳通量方面的测算,包括碳排放与碳吸收,主要测算角度为能源消耗方面。杨庆媛(2010)研究土地利用变化与碳循环的关系,表明土

地利用变化可能增加碳排放也可能增加碳吸收,并指出土地利用与碳循环的相互作用机制能通过分析土地利用的个体行为及行为间的相互关系得知;李颖(2008)、周军辉等(2011)分别以江苏省和长沙市为研究区域,研究了不同土地利用方式的碳排放和碳吸收,结论显示建设用地和耕地碳排放量最大,而林地是最大的碳汇主体;黄婕(2012)、魏维(2014)以长沙市为例对城市土地碳排放和碳吸收进行了测算和低碳利用对策研究;赖力(2010)通过分析近20年中国土地利用变化格局,构建碳排放模型,研究土地利用对陆地生态系统碳循环的影响,并尝试性地构建中国不同部门人为源碳排放核算清单,对不同产业空间的碳排放强度和碳足迹进行分析。张婷等(2013)通过采用生态系统类型法对南昌市土地利用碳排放进行测算。张勇等(2014)对不同土地利用类型碳排放进行测算,并基于STIRPAT模型分析土地利用碳排放的影响因素来探讨碳排放与土地利用的关系。曾鹏等(2014)通过探讨大连市土地利用结构与能源消耗碳排放的关系,定性测算各类用地碳排放强度提出了保证现有耕地量、增加生态林地与控制建设用地的建议。余光英等(2015)依据PICC的碳排放清单从能源消耗、农业、废弃物三方面并借鉴前人研究成果系统测算湖南省历年各类土地利用碳排放强度,并运用Malmquist生产效率模型以投入和产出为碳排放效率评价指标体系,对湖南省土地利用碳排放效率进行分析。蓝家程等(2012)运用13年来重庆市土地利用面积数据和能源消耗量数据对不同土地利用类型碳排放量和能源碳足迹进行核算。Jonathan N(2006)从基础设施建设、建筑与交通等方面对住宅区的碳效应进行评估。Chris G(2007)从能源的角度对住宅区碳排放进行核算。熊雅萍(2015)对长沙市碳循环进行了全面地核算与分析。吴丹(2016)对华容县土地利用碳效应进行了核算。吴虹雨(2015)对长沙市工业用地碳排放进行了核算,并分析了其影响因素。伍婷(2015)基于生命周期评价理论方法,通过实地调查,对长沙市三个代表性住宅小区的碳排放进行了核算。

国内关于碳循环的研究较少,相关的研究主要由国外学者开展。随着对低碳相关内容研究的逐渐深入,近年来国外学者逐步开展了针对城市或社区层面的碳循环模拟,Christen等(2010)运用城市代谢的理论,将遥感数据和统计数据相结合,综合考虑自然过程和社会经济活动,通过对植被、土壤、建筑物、废弃物、食物和人体等模块的碳储量与碳通量的叠加分析,对温哥华的日落社区的碳循环过程进行了模拟。该研究构建了较为系统的城市社区层面碳代谢的研究方法。

近年来,低碳减排问题受到学术界的密切关注。碳排放量的核算是分析碳减排潜力,实现低碳减排的基础,目前关于碳储量与碳通的核算方法主要有模型法、实测法、物料平衡法、排放系数法等。

模型法,由王雪娜(2006)提出,即将温度、湿度、土壤、阳光等条件考虑在内,模拟生态系统的碳排放和碳吸收过程,主要有 MARKAL、锅炉碳排放模型和 ERM - AIM 等。

实测法即运用相关部门的专业仪器对二氧化碳气体进行流速、流量和浓度等指标进行测量,并运用测量数据计算 CO_2 气体总量,此方法的检测成本高,工作量大,可行性较小。

物料平衡法,由国家环境保护总局规划与财务司(2006)提出,是对质量守恒定律的应用,通过对生产生活中原材料、生产工艺过程、废物处理及治理等过程中的碳排放量进行全面系统的计算。物料平衡法是测算碳排放量、碳排放量系数基础数据的重要方法。

排放系数法,运用比较广泛,即运用各能源消耗量和产品产量乘以相关系数即可。该方法运用方便,但计算结果可能有一定的不确定性。

国内对于工业碳排放的核算,主要有以下两类研究:(1)Dodman(2009)和查建平(2012)相继将环境因素纳入分析框架,改变了传统的全要素生产率计量方法,以此来衡量工业部门在能源、环境约束下的增长绩效,此类文献一般从全国角度利用省际数据或工业分行业统计数据进行分析,对具体城市工业碳排放研究较少;(2)许盛(2011)和赵倩(2011)从城市温室气体排放清单编制角度,将工业作为一个独立部门进行碳排放量核算,但这仍有待深化。目前来看,现有文献更多地关注城市能源活动带来的碳排放,而关于工业生产过程方面的碳排放核算研究较少,尤其缺乏针对铅锌冶炼行业生产过程碳排放核算的研究;此外,在排放因子选择方面,既有研究往往直接采用 IPCC(2006 年)清单指南的默认数据,缺乏更加符合中国城市特点的地区排放因子数据,这在一定程度上降低了核算的精确性。

碳盘查,又可称为碳计量。碳盘查的标准有 IPCC 于 1996 年和 2006 年先后两次发布《IPCC 国家温室气体清单指南》,这成为国家层面温室气体编制的权威著作,另外的碳盘查通用的标准还有国际标准化组织于 2006 年发布的 ISO 14064 和由世界资源研究所(WRI)、世界可持续发展研究会联合发布的温室气体核算体系(GHG Protocol),以及由英国标准协会(BSI)等发布的 PAS 2050,其中后三个标准也是国内外实际运用最广泛的碳盘查标准。此外,这些国际标准仍然在不断完善中。

在国内,碳盘查作为当前研究热点,近年来科学研究单位、政府、企业对碳排放标准制定、碳排放计算以及应用方面也开展了研究。2011 年 9 月,武汉碳减排协会起草发布了《温室气体排放量化、核查、报告和改进的实施指南》,这是全国首个碳盘查地方标准,紧接着湖南省《基于组织的温室气体排放计算方法》的地方标准通过专家组评审,号称"全国首个组织级碳盘查标准"。这些地方标准依据国际标准并结合当地实际为各地节能减排增加助力,同时也是各地在低碳经济竞赛中抢占的一个制高点。涂华等(2003)对比了我国无烟煤的元素碳和固定碳间的线性关系,发现二者成正比,并推导出一个回归方程式,用来计算我国无烟煤矿区的煤矿含量。马爱进等(2010)在生命周期评价理论的基础上,初步确立了食品生命周期碳排放评价原则,并对评价对象、评价程序、评价范围、碳排放计算等进行了探讨,给食品生命周期的碳排放评估提供参考。上海交通大学有针对性地对机械产品全生命周期过程中温室气体排放进行了研究,确定评价边界和生命周期清单分析参数,并进行清单计算和结果比较。目前进行碳盘查的企业也越来越多,富士康、联想等众多企业都要求逐步对其旗下产品进行全程碳跟踪盘查。

1.2.5 土地低碳利用结构评价与优化相关研究

国内外学者对于低碳土地利用结构优化的研究主要集中在土地利用方式碳效应评估与优化,主要方法为线性规划、数据包络分析法、灰色动态模型、模糊线性回归法、层次分析法、加权和与加权积混合运算法等。刘海猛等(2012)运用模糊线性规划法从碳源碳吸收两方面构建优化模型,探讨低碳目标导向的土地利用结构优化途径,为规划方案的修编提供借鉴与补充。严婧等(2010)运用碳排放系数法,对滁州市南谯区土地利用总体规划修编进行了碳排放评估。赵荣钦等(2013)基于线性规划的方法与低碳目标,区域土地利用碳效应进行综合评估,土地利用总体规划优化方案的对比分析。王佳丽等(2010)引入数据包络分析法,对土地利用总体规划进行相对碳效率进行了评价。肖红艳等(2012)对重庆市主要土地利用方式的碳排放进行测算分析,并用地灰色动态模型对重庆市能源消耗进行预测进而得到重庆市土地利用规划 2020 年土地利用碳排放。肖磐等(2014)基于低碳目的,采用模糊线性规划模型对安顺市土地利用结构进行优化。魏维等(2013)基于低碳城市标准体系,对长沙市低碳发展水平进行了评价。毛德华等(2014,2015a)构建了城市土地低碳利用系统模型和评价指标体系,运用改进的多目标综合评估法——加权和与加权积混合运算法,计算综合评价指数,对湖南省13 个地级市的土地低碳利用水平进行了评价。黄婕等(2015)运用层次分析法、加权和与加权积混合运算法、要素真实贡献率模型与阻碍度模型,评价了长沙市2001——2013 年各土地利用类型与总体的低碳利用水平,分析了其时间变化特征和主要的贡献要素及阻碍要素。基于碳储量最大化、碳排放最小化和碳吸收最大化目标,熊雅萍(2015)与吴丹(2016)分别对长沙市与华容县土地利用结构进行了优化,并对不同优化方案的碳排放效果进行了对比分析。

1.2.6　土地利用碳效应调控思路研究

国内外学者主要以减排与增加碳吸收为目标导向,运用地价杠杆、低碳土地利用技术,构架土地利用碳效应调控框架。陈擎等(2010)、李国敏等(2010)把城市土地利用在低碳经济背景下存在的主要问题作为切入点,探讨城市低碳化土地利用模式构建及城市土地低碳利用的实施途径;王晓军等(2010)、王杰等(2011)研究低碳经济背景下的土地利用规划、城市规划,研究如何在规划中体现低碳经济理念,为低碳土地利用规划、城市规划的制定提供了理论参考。瞿理铜(2012)提出了创新土地储备和供应方式、发挥地价杠杆逐步收回高碳项目用地、支持低碳型项目等对策。汤才玲(2012)从减少土地利用直接碳排放与间接碳排放两个角度提出低碳化土地利用模式。杨向军(2014)提出了生态循环低碳、集约节能低排放和绿新保育固碳三种土地利用方式。赵荣钦等(2014)从低碳土地利用技术、规划、规模与强度四方面提出了区域碳循环土地调控政策框架。毛德华等(2013)认为城市土地低碳利用的发展重点在于城市土地利用的结构优化、各项建设用地之间协调发展等多方面,提出城市建筑低碳模式、生态工业园区发展模式、绿色交通系统发展模式与城市绿地多元化模式。李绍萍等(2015)认为税收政策是节能减排发展低碳经济的有效手段,提出了择机开征污染税、优化低碳税收政策、提升税种的降碳功能。王小彬等(2011)利用文献综述法,分析总结中国农业土地利用管理对土壤碳吸收功能以及土壤固碳减排潜力的影响。张常新等(2012)提出了节约土地利用总量、功能有效混合、空间紧凑、绿色基底等对策。魏维(2013)与吴丹(2015)较系统地提出了长沙市与我国土地低碳利用途径。吴虹雨等(2015)运用演化博弈复制动态分析方法,建立政府、企业、消费者的三者博弈模型,考察城市土地低碳利用中三者的互动机制,据此从政府角度、企业角度和消费者角度分别提出了对策。

1.2.7　低碳型土地利用规划

国内外学者对于低碳规划的研究主要集中在城市规划、工业园规划、土地利用规划以及村镇规划。叶祖达(2009)认为城市规划对低碳经济建设有重大作用,发展城市低碳经济有"减缓"和"适应"两大城市规划策略。李晓辉等(2014)通过分析控规的六个子系统与碳排放的关系,重构了从技术方法、指标体系到实施途径的控规技术框架。成贝贝等(2013)以工业园为研究对象,从土地利用、低碳产业、能源、建筑、交通、政策等方面,探讨建立低碳工业园规划方法。董祚继(2010)对国土规划领域的低碳土地利用进行了探讨。徐怡丽等(2011)在低碳视角下对新农村规划进行了探索。张姗姗等(2011)从土地利用规划角度提出发展低碳型,并建议将碳排放量放入规划体系之中。赵宏宇等(2010)使用文献综述法从碳足迹的角度探索与城市总体规划的结合点,发现城市规划与碳足迹结合对构建低碳城市具有重要意义,其中探索城市土地利用与交通出行模式的关系是最有效的减排切入口。Weber C等(2008)通过分析美国不同收入水平和人口构成的家庭能源消耗产生的碳排放,认为城市规划是影响家庭碳足迹因素之一。Glseser Edward L等(2008)认为土地利用的限制和约束对居民生活碳排放较大。韩青等(2009)认为低碳城镇规划强调低碳经济系统和低碳城镇规划理念,对低碳城镇进行了理论探索和实证分析。陆珍(2014)基于低碳理念构建了低碳村镇绿地系统。Crawford J等(2008)提出了将低碳技术应用到城市空间规划中。吴丹(2016)建立了2006、2014、2020年华容县土地利用碳效应评估参数,对土地利用总体规划碳效应进行评价;然后选取土地利用类型作为决策变量,构建碳效应土地利用结构优化线性规划模型,得出华容县土地利用结构优化方案;接着选取区域内的乡镇为分区的基本单元,对各分区的土地利用碳通量进行量化,并结合乡镇的土地利用现状与社会经济发展情况,综合确定低碳土地利用分区与各分区土地利用发展方向。

1.3　研究内容与研究方法

1.3.1　研究内容

(1)长沙市碳循环评估和低碳型土地利用规划研究

参考赵荣钦(2012)构建的城市碳循环和碳流通以及上地利用碳循环和碳流通的理论框架及相应的方法体系,基于碳循环视角的土地低碳利用研究方法,开展城市层面与土地利用类型层面的碳储存与碳通量评估研究,全面核算了长沙市的碳储量和碳通量,分析了长沙市碳储量碳通量碳平衡状况、城市人为碳过程的补偿效率、城市碳循环压力等,在此基础上进行了长沙市低碳型土地利用结构优化研究。从理论、方法与实践三方面,对低碳型的土地利用总体规划进行了系统的研究。

(2)基于碳源-碳汇模型的长沙市土地低碳利用研究

选取长沙市内六区为研究区域,运用系统法构建长沙市土地低碳利用系统,按照等级分为目标层、子系统层、指标层、变量层,分别对碳源子系统和碳汇子系统建立指标体系,运用kaya模型计算长沙市碳排放量,并采用碳汇系数法估算出长沙市碳吸收量,计算出长沙市区2009-2012年土地利用净碳排放量,编制土地利用碳足迹图。分析长沙市碳排放增长和经济增长之间的关系,运用 Tapio 脱钩指数法分析长沙市经济增长与碳排放量增长的脱钩状况及趋势。

(3)长沙市住宅用地碳盘查及其影响因素分析

伴随人类社会的高速发展,人们的生活质量得到不断提升,对现代居住环境提出了更高要求。伴随着城市住宅用地的快速增长与人们居住条件的改善,带来的碳排放量也在不断增多,导致全球气候变暖,已经威胁着人类社会的可持续发展。目前,是我国城镇化快速发展的时期,城市住宅用地的碳排放还将进一步增长。基于生命周期评价理论方法,运用文献研究法、实地调查法和定性和定量分析法等方法对长沙市住宅用地进行碳盘查,以长沙市高、中、低档 3 个住宅区为研究对象,将住宅用地的生命周期划分为土地开发、土地运行、拆除废弃(或循环利用)3 个阶段,核算长沙市住宅用地全生命周期的碳排放,对每个阶段内各种碳源排放量进行分析,探究住宅用地 3 个不同阶段内的碳排放情况及规律,通过加权算法得到长沙市住宅用地的平均碳排放量,对长沙市住宅用地碳排放时空演化趋势及其影响因素进行了分析。

(4)长沙市工业用地碳排放核算

城市工业用地碳排放量严重影响全球碳循环和气候变化,因此工业用地是实现低碳减排的重要单元,也是碳减排对策的实施主体。采取文献查阅、实地调研和综合评价分析等多种方法,以《IPCC 国家温室气体清单指南》中的碳排放核算方法为依据,从工业生产过程碳排放以及能源消耗碳排放两方面核算了长沙市工业用地碳排放,对工业用地碳排放量、碳排放结构、碳排放强度和地均碳排放量进行评价,探讨了工业用地碳排放量的时序变化规律和六大区碳排放量的空间差异,并分析其来源及影响因素。运用演化博弈复制动态分析方法,分析工业用地低碳利用所涉及的政府、企业和消费者等多个利益主体的博弈关系,建立三方博弈模型,考察城市工业用地低碳利用中三者的互动机制,据此提出相应对策。

(5)长沙市土地低碳利用水平综合评价与时空变化规律研究

构建了城市土地低碳利用系统模型、指标体系,运用层次分析法、加权和与加权积的混合算法、聚类分析法、要素真实贡献率模型、障碍度模型,进行了基于时间维度的系统内在影响变量贡献性和障碍性程度测度分析,分析了长沙市土地低碳利用水平的时间变化特征及其影响因素;进行了基于空间维度的区域城市土地低碳利用水平比较测度的聚类分析,综合评价了湖南省 13 个地级市的土地低碳利用水平的空间差异并进行了分析。分析了各类城市的土地低碳利用特点及存在的问题,为低碳城市发展的土地调控分类指导提供了依据。

(6)长沙市土地低碳利用对策研究

在对长沙市土地利用碳循环进行总体与专项评估的基础上,提出长沙市土地低碳利用的系统对策。

研究内容采用总—分—总的逻辑思路(图1-1),首先对长沙市碳循环进行评估,并探讨基于低碳利用目标的土地利用结构优化;其次进行不同土地利用类

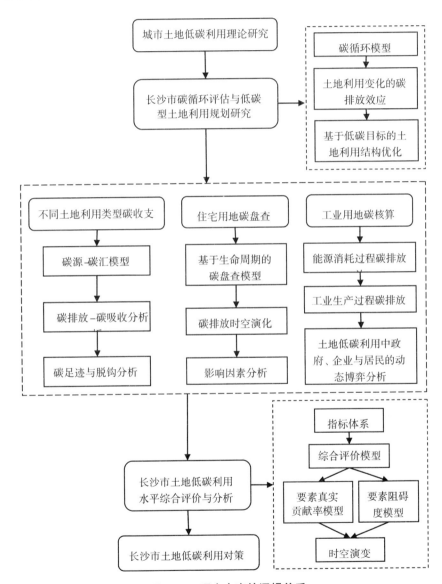

图1-1 研究内容的逻辑关系

Fig. 1-1 Logical relationship of research content

型的碳收支测算,分析碳足迹空间分布,进行脱钩分析,再分别就住宅用地与工业用地的碳排放进行详细深入研究;再次对长沙市土地低碳利用水平进行综合评价,并分析各因素的贡献度与阻碍度,并与全省地级市进行对比分析。最后提出土地低碳利用的对策。

1.3.2 研究方法

本研究针对具体的研究内容,采用了多种多样的方法,这些具体的方法将在有关章节中具体阐述,这里仅概括普遍用到的方法。

(1)文献研究法

文献研究法是根据研究内容,通过查阅、研究文献来获得资料,从而有效地帮助和解决研究问题的一种方法。本研究通过图书馆、资料室和电子网络资源查阅了大量国内外关于低碳经济、低碳城市、土地低碳利用及其相关的研究文献和参考资料,在对相关文献进行梳理的基础上,获取了有意义的成果与方法,为本研究提供参考和借鉴,同时明确研究中存在的问题与发展趋势,为研究内容的设计提供支撑。

(2)实地调查法

本研究进行了大量实地调查,一是对长沙市国土资源管理部门、住房与建设部门、工业与能源部门、湖南建工集团以及其他相关部门和公司进行实地调研;二是通过设计调查问卷,对长沙市住宅区土地利用及碳排放、工业园区土地利用及碳排放等进行调查,收集第一手资料。

(3)定性与定量分析相结合的方法

本研究是一个新颖的研究课题,需要运用定性分析来建构城市土地低碳利用的理论框架,分析归纳出时空演变规律,提出城市土地低碳利用对策等,如城市土地低碳利用的内涵,城市土地低碳利用系统,城市碳循环特征,碳储量与碳通量构成,土地利用碳源/碳汇框架,工业用地碳排放构成,住宅用地生命周期划分,低碳型土地利用规划内容体系等;同时辅以图件和表格对长沙市土地低碳利用水平的时间、空间分布规律等进行说明;更多地需要采用定量分析的方法,无论是长沙市总体的碳循环、碳储量与碳通量,总体的土地低碳利用水平的评估与分析,还是不同土地利用类型的碳源/碳汇量以及针对工业用地与住宅用地的细致碳盘查,均需要大量的定量核算与分析方法。定性分析与定量分析的有机结合,保障了成果的科学性与可行性。

(4)时间与空间分析相结合的方法

碳排放的演变是一个长期的过程,随着时间的推移,不断地发生变化;同时,由于区域间经济发展水平、发展重点不同,碳排放也存在空间差异,因此,从时间序列和空间格局两个角度透彻分析长沙市土地低碳利用的演化规律和分布格局,从而加深了对长沙市土地低碳利用时空变化规律的了解,做到因地制宜施策。

1.3.3　创新点

(1)以往学者通常从整体或者选一个部分为对象进行研究,且整体与部分的研究内容也不够全面细致,本研究首次系统深入地进行长沙市土地低碳利用研究,提出"城市土地低碳利用"新概念,并界定其基本内涵。采用总—分—总的研究技术路线,首先对长沙市碳循环进行总体评估,从城市层面与土地利用类型层面核算其碳储量与碳通量,碳储量又包括自然碳储量与人为碳储量,碳通量包括水平碳输入与碳输出、垂直碳输入与碳输出;在此基础上进一步进行不同土地利用类型的碳收支测算,分析不同土地利用类型的净碳排放,分析碳足迹空间分布,进行脱钩分析;其次分别就住宅用地与工业用地的碳排放进行详细深入研究;再次,对长沙市土地低碳利用水平进行综合评价,并分析各因素的贡献度与阻碍度,并与全省地级市进行对比分析;最后提出土地低碳利用的对策。

(2)对长沙市各行政区分别进行碳排放量、碳汇量及净碳排放测算,并编制长沙市土地利用碳足迹地图,从而揭示长沙市土地利用碳通量的时空分布规律。对长沙市经济增长和土地碳排放增长进行"脱钩"分析,从而得出长沙市经济增长和土地碳排放量之间的变化关系。

(3)采用生命周期法对长沙市不同档次的住宅小区进行温室气体清单研究,核算住宅用地碳排放量并分析其影响因素。

(4)运用演化博弈复制动态分析方法,分析工业用地低碳利用所涉及的政府、企业和消费者等多个利益主体的博弈关系,建立三方博弈模型,考察城市工业用地低碳利用中三者的互动机制,据此提出相应对策。

(5)从系统学角度出发,构建城市土地低碳利用系统模型,采用改进的多指标综合评价方法,从"系统—要素—变量"三层次对城市土地低碳利用水平进行评价分析。在时间维度上研究影响系统发展的要素贡献率和障碍度因子;空间维度上利用 SPSS 软件对省级范围内各城市土地低碳利用水平进行分类比较分析,从而揭示长沙市土地低碳利用水平的时间变化规律与区际优势。

(6)将低碳理念融入土地利用总体规划中,通过创新土地利用规划技术,从理论、方法与实践三方面,对低碳型的土地利用总体规划进行了系统的研究,为土地利用总体规划提供了一条新思路。

(7)全方位综合探讨土地利用碳效应机理,将土地利用类型转变碳效应融入土地利用碳效应核算、评估与优化体系中,对区域土地利用结构进行优化;同时对区域进行基于碳效应的土地利用分区,在布局上对土地利用碳效应进行控制,为低碳型土地利用总体规划的内容进行了有益的探索。

第2章　城市土地低碳利用研究的理论基础

2.1　系统理论

系统论的创始人是美籍奥地利人、理论生物学家 L. V. 贝塔朗菲（L. Von. Bertalanffy），他在1937年提出一般系统论原理，标志着这门学科的诞生，后经许多学者不断完善，如维纳提出的控制论，哈肯提出的协同理论，普利高津提出的耗散结构论等等，都是庞大的系统论分支。

系统论作为一种新的思维方法，认为整体的功能和性质取决于系统内部的结构和各个要素的关联。系统结构，是指构成系统的因子的数量、性质、比例、时序组合和空间排列。所谓系统要素的关联，是指系统间发生的物质、能量、信息交流和传递。系统要素之间存在大量非线性的相互作用，从而使系统更具有整体效应。不同的结构和关联导致系统不同的功能和性质，改造系统就是调整系统的结构和联系。

每个系统都是某个更大系统的一部分，每个系统都有可能是子系统，因此系统亦存在层次性。系统的层次性原理指的是，由于组成系统的诸要素的种种差异包括结合方式上的差异，从而使系统组织在地位与作用，结构与功能上表现出等级秩序性，形成了具有质的差异的系统等级，层次概念就反映这种有质的差异的不同的系统等级或系统中的高级差异性。

本研究引入系统论的目的在于找出系统要素之间的相互关系，使系统达到目标的最优化。土地利用系统并不是一个孤立的系统，土地低碳利用系统可以分为碳源子系统和碳汇子系统。碳源子系统和碳汇子系统相互制约和相互抵消，两者相互作用共同决定土地低碳利用系统的目标实现度。从系统学角度来说，碳源子系统和碳汇子系统又包含众多的子系统。碳源子系统是指产生碳排放的土地利用方式的结合，就长沙市土地利用方式而言，主要包括居民用地碳排放系统、工业用地碳排放系统、交通用地碳排放系统,而各子系统中又包含若干相互联系的要素,要降低长沙市土地碳排放量,并不仅仅是简单的分项将各类用地碳排放量降低,而是要协调好各类用地之间的关系,协同优化。碳汇子系统是指吸收或者消除碳排放量的城市生态系统,就长沙市而言,主要包括城市耕地、园地、周围林地碳汇、草地碳汇、城市园林绿地碳汇。城市土地低碳利用系统并不是一个孤立的系统,无论是碳源子系统还是碳汇子系统,孤立的优化某一要素,都不能使总体达到最佳,因此,只有协调好碳源子系统和碳汇子系统以及碳源子系统和碳汇子系统内部各要素的关系,做到协同,才能优化。

城市碳循环是一个十分复杂的过程,涉及城市系统与外部系统、系统内部子系统之间不同过程的碳流通,因此应该从突出城市系统的整体性出发来研究碳循环过程。对城市系统碳循环而言,一方面要研究城市系统与外界系统或上一级系统之间的碳循环和流通过程,另一方面也要研究城市内部子系统之间的碳交换过程,从不同层级的系统出发,来阐明城市系统碳流通的特征和机制。城市结构具有一定的结构和功能,如产业结构、消费结构、空间结构和土地利用结构等,同时也具有生产功能、居住功能、交通功能和休闲各项功能,这些结构和功能的组合及配置状况决定了城市系统的能源消费格局和碳循环的特征与规模。因此,城市碳循环研究应该从城市不同子系统的功能和结构入手,分析其碳流通特征,这对于城市系统碳循环的调控和城市碳减排十分重要。

2.2 生态系统理论

生态系统,指在一定的空间内,生物与环境通过相互作用、相互联系构成的统一整体。统一整体的形成主要是通过生物与环境之间以及生物组分之间不断的物质循环、能量流动和信息传递来实现的。一个生态系统能够长期保持其结构与功能的相对稳定性,这种状态被称为生态平衡。生态平衡是一种动态平衡,是生态系统内部长期适应的结果,即生态系统的结构和功能处于相对稳定的状态,其特征为:能量与物质的输入和输出基本相等,保持平衡;生物群落内种类和数量保持相对稳定;生产者、消费者、分解者组成完整的营养结构;具有典型的食物链与符合规律的金字塔形营养级;生物个体数、生物量、生产力维持恒定。生态系统保持自身稳定的能力被称为生态系统的自我调节能力。生态系统自我调节能力的强弱是多方因素共同作用体现的,一般地:成分多样、能量流动和物质循环途径复杂的生态系统自我调节能力强;反之,结构与成分单一的生态系统自我调节能力就相对更弱。热带雨林生态系统有着最为多样的成分和生态途径,因而也是最为稳定和复杂的生态系统,北极苔原生态系统由于仅地衣一种生产者,因而十分脆弱,被破坏后想要恢复便需花费很大代价。

生态系统对于外界的干扰,在结构与功能上会产生一系列应变措施,以维持其内部的稳定,它主要包括四个原则:一是物质保护原则,即保证生态系统内部物质循环的连续性;二是生产保护原则,即生态系统的生产者总是调整自己以适应环境的变化;三是结构保护原则,即生态系统的结构是内稳态机制的载体,所有生态系统都有趋向于恢复因突变事件造成破坏的机制;四是关系保护原则,即发生在生态系统中各种过程都是由群落内稳态机制控制的,稳态机制的作用导致群落对生境条件进行调节,尤其是使某些因素和压力造成的波动减少(吴次芳等,2003)。

生态系统的理论核心可以总结为整体、协调、循环和再生等,该理论不仅应用于对自然生态系统的保护和恢复治理,而且被广泛应用于农业、工业等领域的循环经济与生态设计,收到了较好的效果。城市系统是目前地球表面上人为干扰因素最强的系统类型。城市系统碳循环过程既包括自然碳过程也包括人为碳过程,且两者相互作用、相互影响,共同构成了城市系统碳循环的过程,这也是城市系统碳循环过程明显区别于自然生态系统碳过程的主要特征。从生态系统的结构和功能角度而言,对城市碳循环的研究应从城市功能研究和城市内部物质能量的流通过程入手来考虑。城市碳循环过程实质上是与城市物质循环和能量流动相伴而生的,碳流通过程是伴随着能源加工、产品流通、废弃物的排放过程而产生,因此需要从城市的生产功能和产业联动的角度去分析碳循环过程,这不仅有助于了解和跟踪碳循环的主要环节和去向,而且便于深入研究不同于产业链之间碳的转换效率。从生态平衡的角度而言,城市系统的碳循环过程也需要在碳流通、转移的过程中实现碳平衡,这样才能维持城市系统的正常运行。城市系统是一个开放的系统,在系统的运行过程中,要考虑到城市碳输入和碳输出之间的协调,以减轻城市碳循环的压力。开展城市系统碳循环的调节,是修复城市生态系统功能、保证区域可持续发展的重要途径。对于城市生态系统而言,生态平衡的维持需要开展对碳循环过程的人为调整,以提高城市碳循环效率,改善碳流通状况,促进城市系统的健康运行。

2.3　环境库兹涅茨理论

经济学家库兹涅茨在 20 世纪 50 年代对人均收入水平和分配的公平程度之间的关系进行研究后提出,收入不等的状况会随着经济增长水平先上升后下降、呈现出一个倒"U"型曲线的发展态势。20 世纪 90 年代,美国普林斯顿大学的 Alan Krueger 和 Gene Grossman 教授受到这种思想的启发,研究了多个国家的 15 种环境污染物和经济发展的关系后,发现环境污染物随着人均 GDP 的增长呈现先增加后下降的倒"U"型曲线关系,这种先变坏而后改善的关系被称为环境库兹涅茨曲线(EKC)(Cai, 2008)。EKC 倒 U 型曲线利用经验数据证明了一个地区的发展过程分为两个阶段:前期,由于一味追求经济增长的发展模式,经济发展以牺牲环境为代价,生态环境质量不断下降;后期,随着经济的持续增长,产业结构不断调整、技术工艺持续改善,人们对环境质量的要求相应提高,环境质量也会逐渐改善,从而实现环境与经济的解耦(冯畅等,2012)。

不难理解,经济发展过程中,投资的需求和规模不断增大,能耗增加,高碳排放引起环境超负荷;当经济水平发展到一定程度,产业结构升级,从能源密集型产业向技术密集型产业过渡,高碳排放不复存在,环境质量自然得以改善。

我国正处于工业化、城镇化加快推进的关键阶段,资源不足和环境恶化已成为经济社会快速发展和人口数量剧增下不可调和的产物,唯有对现有的经济增长方式和消费模式进行转变,才可减小资源与环境对发展的约束,而低碳经济模式正是可以满足这一转变的绝佳途径,能达到促进整个社会持续发展的目的。

2.4　可持续发展理论

可持续发展观点,最早见于国际自然与保护联盟等国际组织共同起草的《世界自然保护大纲》(以下简称《大纲》)。在《大纲》中,可持续发展被理解为"为使发展得以持续,必须考虑社会和生态因素以及经济因素;考虑生物与非生物基础"。促使可持续发展思想形成理论方面的原因,在于三个理论认识的转变:一是由人类中心论向物种共同进化论转变;二是由现实主义向世代伦理主义转变;三是由效益至上向公平合理至上转变。

1987 年,世界环境及发展委员会在布伦特兰报告中提出,可持续发展是"既满足当代人的需求,又不对后代人满足其需求的能力构成危害的发展"。它的定义其实可以从几个不同的侧重点来理解:①自然属性下的可持续:不断优化生态系统以提供经济社会足够的生态支撑,保留人类生存环境的完整性;②社会属性下的可持续:不突破生态系统容纳能力的前提下,提高人类的生活质量、健康水平,并创造一个自由、平等、和谐的社会环境;③经济属性下的可持续:在保证自然资源质量和服务的基础上,满足经济发展的需求并使其利益最大化;④科技属性下的可持续:以接近"零排放"的更清洁、更有效的工艺方式和技术,尽可能减少耗能和其他自然资源的损失。

可持续发展的内涵非常丰富,基本方面包括:可持续发展是以保护自然资源与环境为基础,同资源与环境承载力相协调;可持续发展呼吁人们放弃传统的高消耗、高增长、高污染的粗放型生产方式和高消费、高浪费的生活方式;可持续发展要以改善和提高人类生活质量为目的,与社会进步相适应;可持续发展是一种新的价值观念,实现可持续发展是全人类的共同目标(毛德华,1999)。

可见,可持续发展理论足以广泛运用到社会各方面的资源利用中,低碳经济发展模式也离不开可持续发展思想的牵引,实际上低碳经济可以理解为可持续发展理论在新时期能源利用上的最新解读。

2.5　灰色系统理论

灰色系统理论,最早是由中国学者邓聚龙教授于 1982 年创立,该理论主要解决系统模型的不确定性、信息的不完整性。对于人类社会来说,自然界并不是全部知道,也不是一无所知的,既不是白色的,也不是黑色的,而是灰色半知半解的自然界。像这样"部分信息已知""部分信息未知"的系统,就是灰色系统。

灰色系统理论是介于白色系统和黑箱系统之间的过渡系统理论,其研究对象为部分信息已知、部分信息未知的"信息不完整"系统,着重研究"小数据"和"贫信息"不确定问题,从"已知信息"里生成、开发和提取有价值的信息,依据信息覆盖,实现对系统事物演化规律的正确描述和有效监控(赵小芬,2011;温丽华,2003)。

灰色系统理论是通过对"小样本"数据进行分析、建模,然后进行预测、决策和控制的理论,该理论综合运用了一般系统论、信息论和控制论的理念,并延伸到社会经济等抽象系统里,结合一定的数学计算方法,创立出的一套针对信息不完全系统的理论与方法。

灰色系统理论的运用方法主要包括：灰色系统建模理论、灰色预测理论、灰色关联分析法、灰色系统控制理论、灰色规划方法等。本研究运用灰色关联分析法，选取2004—2013年长沙市工业碳排放强度和各经济影响因素数值作为样本数据，求得各因素与碳排放强度的灰色关联系数，试图描述工业碳排放强度与工业规模、技术、投资、结构等各影响因素的相互关系，并对各影响因素的关联程度进行排序。

2.6　演化博弈理论

博弈论思想古已有之，最早的一部博弈论专著可以追溯到我国的《孙子兵法》，最初人们只是把博弈局势停留在研究象棋、赌博等的胜负问题上，没有形成正式的理论。直到20世纪初，策墨洛、波雷尔、冯·诺依曼开始对博弈理论进行研究，后来许多国外学者又对其系统化和形式化，对博弈论进行了丰富，完善和推广。今天，博弈论已成为一门较完善的理论。

博弈论研究各个决策主体相互作用时的行为选择策略以及决策选择的均衡问题，即各个决策主体之间的行为选择和策略是相互影响。但是传统的经典博弈论是假设参与人是完全理性的，假设参与者的完全理性和博弈结构是参与者的共同知识，研究一种静态均衡和比较静态均衡。

演化博弈理论是在经典博弈论的基础上，进行动态演化过程分析的一种理论，摒弃完全理性假设，将参与者视为有限理性学习者，针对信息变化不能迅速做出最优化反应，而是在动态变化过程中，不断学习、模仿和调整自身策略。演化博弈的均衡是一个漫长的演化过程，也可能永远达不到均衡，永远处于向均衡接近的过程中，所以与传统静态博弈不同，演化博弈是无限重复进行的，当博弈模型有多个均衡时，演化的初始状态及演化路径就决定了模型要达到的均衡。

在工业用地低碳利用对策研究方面，采用演化博弈分析方法，建立政府、企业和消费者等多个利益主体的博弈模型，分析演化博弈复制动态方程，假定三方利益主体在不同策略组合下各自的成本和收益的基础上，分析演化博弈稳定性策略，考察城市工业用地低碳利用中的均衡结果，分析三者的互动机制，并进行工业用地碳排放规律和影响因素分析，探讨实现工业用地低碳利用的对策。

2.7 脱钩理论

脱钩,英语翻译为"decoupling",原指两者依赖关系的解除,是指经济的发展与环境压力耦合关系的破裂,又可称为"退耦",可以追溯到出现在欧洲经济合作发展组织(OECD)(2001,2002)发表的《由经济的增长带来环境压力的脱钩指标》等研究中。环境压力并没有随着经济的增长而加大,就产生了"脱钩",如果环境压力随着经济的增长而不断增大,称两者为"耦合"。研究发现,我国经济近年来呈现"脱钩"趋势。建立脱钩理论旨在衡量一个国家经济驱动因子和环境压力关系的状态,其主要目的在于考察一个国家环境经济政策的有效性。

Juknys(2003)提出将自然资源的利用和经济的增长之间的脱钩称为初级脱钩,而将环境污染和经济增长的脱钩称为次级脱钩,将初级脱钩和次级脱钩同时脱钩称为双重脱钩,并运用初级脱钩和次级脱钩理论分析了立陶宛经济增长和环境质量之间的关系。根据脱钩理论,可以进一步分为相对脱钩和绝对脱钩。相对脱钩是指城市经济增长的速度大于环境压力增长速度,由此使得经济增长和环境压力之间的距离越来越大。而绝对脱钩是指经济增长时,环境压力却逐渐减少。相对脱钩一般发生在绝对脱钩之前。

第3章 长沙市概况与土地利用现状

3.1 长沙市自然条件概况

长沙市为湖南的省会城市,位于长江以南,湘江下游,湖南东部偏北,处在洞庭湖平原南侧,湘中丘陵盆地北侧,长浏盆地西侧,东临江西宜春和萍乡,西联娄底、益阳市,南接株洲、湘潭,北抵益阳、岳阳两市。地域范围为东经111°53′~114°15′,北纬27°51′~28°41′。

长沙市包括六区一县二市,六个区为:芙蓉区、岳麓区、天心区、望城区、开福区以及雨花区;一县:长沙县;二市为:浏阳市、宁乡市。到2013年底,长沙市土地总面积为11819.5km²,其中市区面积1938 km²,建成区面积325.51 km²(图3-1)。

图3-1 长沙市行政区划图

Fig. 3-1 The administrative division of Changsha city

长沙市地形复杂,湘江两岸为冲积平原,地势低平;而其东侧、西侧及东南侧为低山、丘陵地带,地势相对较高,辖区内的最高处为浏阳境内的大围山七星岭,海拔 1607.9m。长沙市市区总体地势为南高北低,岳麓山的云麓峰为城区制高点,海拔 300.8m。

长沙市属于湘江水系,湘江由南向北贯穿全境,经过市区的长度达 74 km²。湘江有浏阳河、靳江、沩水和捞刀河等 15 条支流,长沙市水资源丰富,宁乡县的黄材水库和浏阳市的朱树桥水库是辖区内的重要水源。

长沙市地处亚热带季风性湿润气候区,气候温暖湿润,夏季温和多雨,冬季寒冷干旱,年平均总降水量约 1730mm,年平均气温 16.8 ~ 17.2℃,总日照时数为1493.6h,全年无霜期约达 275d。

3.2 长沙市社会经济概况

长沙市作为中部地区重要的中心城市,近年来经济呈快速发展的趋势。2013年长沙市地区生产总值达到 7153.13 亿元,与 2012 年相比增加了 12.0%。

从三大产业来看,第一、二、三产业分别实现增加值 291.15、3946.97 和2915.01 亿元,分别增加了 3.0%、12.5% 和 12.1%,其中工业增加值 3352.33 亿元,增加了 13.2%,占地区生产总值的 46.9%;三次产业结构比例调整为 4.1:55.1:40.8;三大产业拉动地区生产总值的增长率分别为 0.1%、7.0%、4.9%,对地区生产总值的增长贡献率分别为 0.9%、58.4% 和 40.7%。按 2013 年常住人口计算,人均地区生产总值为 99570 元,比 2012 年增加 10.9%。非公有制经济实现增加值 4433.27 亿元,占地区生产总值的 62.0%。

长沙市作为湖南的省会城市,在湖南的经济中占重要地位。长沙市 GDP 总量、工业增加值、社会消费品零售总额、固定资产投资占全省总量的比重分别为29.2%、33.5%、31.3% 和 25.0%,人均 GDP 为全省人均 GDP 的 2.7 倍,长沙市也是长株潭经济发展的龙头,经济总量占三市经济总量的 67.9%。

当前,长沙市正处于工业化快速发展的重要阶段。2013 年,长沙市工业增加值达到了 3352.34 亿元,与 2012 年相比,增加了 13.2%,其中规模以上工业增加值达到 2653.28 亿元,增加了 14.0%。在规模以上工业中,重工业增加值 1511.65亿元,占规模工业增加值的 57.0%,对规模工业增长的贡献率为 62.1%。

工业园区是全市工业经济发展的重要载体,长沙市共拥有 5 个国家级开发区、7 个省级园区。近年来,长沙市工业园区规模工业经济发展呈现好的态势,2013 年,园区规模以上工业实现增加值 1604.88 亿元,与 2012 年相比增长了13.9%,占全市的比重为 60.5%;其中长沙高新区和长沙经开区两个国家级开发区引领着全市园区工业经济发展。

3.3 长沙市土地利用现状

根据长沙市土地利用数据库,到 2013 年底,长沙市总面积 $11819.5km^2$,其中长沙市区面积 $1938km^2$。

农用地面积为 $1145.13km^2$,占土地总面积的 60.25%。其中耕地 $483.52km^2$,占农用地总面积为 42.15%;园地 $12.09km^2$,占农用地面积的 1.03%;林地 $483.65km^2$,占农用地总面积的 42.34%;其他农用地 $163.17km^2$,占农用地总面积的 14.24%。

建设用地 $667.14km^2$,占土地总面积的 33.05%。其中,城乡建设用地 $550.44km^2$,占建设用地总面积的 82.60%;交通水利设施用地 $96.11km^2$,占建设用地总面积的 14.43%;其他建设用地 20.59 公顷,占建设用地总面积的 2.97%.

未利用地 $125.73km^2$,占市区总面积的 10.73%。

伴随着经济的快速发展,长沙市工业用地、交通用地、居民用地呈不断扩张的趋势,城市土地的碳排放量也逐年上升。发展低碳经济,不仅仅是应对气候变化、破解资源瓶颈的要求,更是推动长沙转变发展方式、产业升级的契机。

第4章 长沙市碳循环评估与低碳型土地利用规划研究

4.1 研究内容概述

从城市碳循环特征、碳储量和碳通量的构成、土地利用碳源/碳汇框架,以及城市系统碳循环和低碳土地利用的关系等入手,进行城市系统碳循环机理分析。

在机理分析的基础上,构建城市层面碳循环和碳流通与土地利用碳储量和碳通量研究的理论框架,结合 IPCC 温室气体清单分析方法和国内外相关研究成果,构建城市系统碳收支核算方法、城市系统碳循环运行评估方法、城市土地利用碳收支核算方法等(赵荣钦,2012),为系统开展城市层面碳循环及其土地低碳利用研究提供方法基础和技术支撑。

选取长沙市六区三县(市)为研究区域,开展城市系统碳循环评估研究,从不同的土地利用方式的碳储量和碳通量,探讨土地利用及其变化的碳排放效应,进行基于低碳利用目标的土地利用结构优化,探讨低碳型土地利用规划的核心内容。

4.2 研究方法与技术路线

4.2.1 研究方法

(1)碳排放清单分析方法

结合 IPCC 清单方法和国内外相关研究成果,对长沙市自然过程和社会经济过程的碳储量和碳通量进行全面的测算,主要包括不同途径的碳排放清单以及各种土地利用方式的碳排放清单。

（2）统计分析方法

对长沙市碳输入/输出及其变化特征进行统计分析，了解长沙市碳储量碳通量以及不同土地利用方式的碳源/汇变化规律。

（3）物质代谢方法

物质代谢方法主要用于揭示长沙市城市内部碳流通的特征和规律。

4.2.2　技术路线

本研究在城市碳循环及其土地低碳利用机理分析的基础上，集成城市系统碳循环的研究方法体系，分析了长沙市城市系统碳循环和碳流通的过程与特征，探讨了土地利用及其变化的碳排放效应，提出基于低碳利用目标的土地利用结构优化方案。技术路线见图4-1。

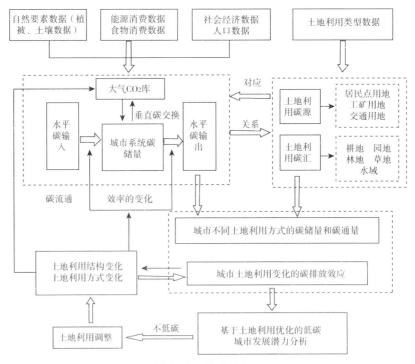

图4-1　技术路线图

Fig. 4-1　The technological roadmap

4.3 城市系统碳循环机理分析

4.3.1 城市系统碳循环框架分析

（1）城市系统的特征

①是一个纯粹的人工生态系统，其主体是人类本身，是由于人类需要和人类劳动结合而形成的，具有明显的人工性和社会特征，同时生产功能和经济功能也是城市系统的主要特征与功能。

②城市系统属于主要依赖燃料功能的生态系统，其工业原料依赖于外部输入，产品生产和销售量也依赖于外界的需求，因此城市系统具有强烈的外部依赖性。

③不同区域的城市系统、同一城市内部不同功能区之间都具有较大的差异，这取决于自然环境条件、经济区位、产业结构、政府政策、城市内部交通和微环境的区别。城市系统研究具有复杂性和不确定性，是由其具有明显的地域差异性决定的。

④随着经济发展和人类活动的影响，城市系统具有动态变化的特点。就中国当前城市发展而言，人口、经济要素和用地面积等的扩展是城市化进程的基本特征，因此，城市系统应该从动态角度考虑其空间形态、经济发展和社会功能的变化及其对环境的影响。

（2）城市系统碳循环的特征

受人为活动的影响，城市系统具有明显的"自然－社会（经济）"二元碳循环特征，且具有较强的复杂性，不确定性和空间异质性，需要从整体上来研究城市系统内部自然和社会过程碳循环的主要方向、环节和规模以及两者之间的相互作用和其耦合关系。其主要特征如下：

①城市系统与外界有着巨大的碳交换，其循环过程涵盖城市蔓延区，甚至影响到全球的生物化学进化过程。

②城市系统碳循环包括水平和垂直碳通量。

③城市系统碳通量的范围、强度和碳储量的变化取决于城市社会发展模式和水平、城市职能、产业类型、能源结构、经济结构及能源使用效率等社会因素。

④城市系统包括人为碳库和自然碳库，人为碳库包括土壤、植被、家具、建筑物等的碳存储，其余的为自然碳库。

（3）城市系统碳储量和碳通量分析

要对城市系统碳循环过程进行模拟,首先应该对其碳储量和碳通量过程进行分析,本研究将碳通量过程分为输入通量和输出通量两方面进行分析。

①城市系统碳储量

城市系统碳库是一个非常复杂的系统主要包括:

城市土壤碳库。土壤(特别是地表100cm深土壤)碳库是区域最大的有机碳库,按照城市地表覆被状态,城市土壤碳库主要包括农用地土壤碳、林地土壤碳、城市绿地土壤碳、草地土壤碳和硬化地面土壤碳等。

城市植被碳库。

建筑物碳库。建筑物碳库分有机碳和无机碳两种,有机碳主要是指存在于建筑物结构中的木质构件如建筑物中的木构件、木结构建筑、木质门窗等,无机碳是指碳酸盐石材及水泥,主要成分为碳酸钙。

家具和图书碳库。家具和图书(含报纸等)一般是工业生产过程的产物,通过城市内部和外部输入木材等原料,进入工厂加工成家具和图书产品,通过市场流通进入居民家庭或公共建筑,成为稳定的城市碳库。

人体和动物碳库。随着人口的增加,该部分碳库也会发生少量变化。

城市水域碳库。城市水域碳库主要包括城市河流、湖泊、水库和湿地等。一方面,水体自身会溶解一部分碳;另外,水体藻类和水生动物体内含有一定的有机碳;同时,水域底泥中也沉积了大量由死亡生物遗体堆积成的有机或无机碳。

城市垃圾碳库。

②城市系统碳输入通量

碳输入通量和碳输出通量这两部分构成城市系统碳通量,输入通量和输出通量又可再分为水平通量和垂直通量。水平碳通量和垂直碳通量的主要区别一方面在于其方向的不同,另一方面碳流通的形式和载体也有所差别,水平碳通量主要以碳水化合物形式进行流通,而垂直碳通量主要以二氧化碳的形式进行流通。

对于整个城市系统层面而言,碳输入通量类型较多,既有能源和原材料,也有食物木材等含碳消费品,还包括植物光合作用的碳吸收等。城市系统碳输入通量最主要有以下几种:

化石能源。如煤、石油和天然气等化石能源。化石能源中大部分碳直接输入工厂用于工业生产,另外一部分直接用于家庭生活消费或交通消费。

工业及建筑木材。主要是指工业生产和建筑所需木材产品等的输入,用于建筑工程及建筑构件的木材消耗和工业生产中木材加工过程的消耗。

建筑材料无机碳。如水泥碳酸盐类岩石等建筑材料的输入,这部分碳主要以无机碳的形式存在,进入城市系统之后,大部分转化为建筑物碳库的一部分,相对比较稳定。

食物碳。

其他含碳产品的输入。

有机肥投入。

植物光合作用。植物光合作用是碳汇的主要形式,城市中的林木、农田、草地、绿化植被等生育期内会吸收一定的碳并固定下来,这是自然过程的城市碳输入通量。

水域碳吸收。主要是指水域生态系统的光合作用进行的物质生产。随着藻类和其他水生生物等有机物质的死亡、沉积、光合作用的碳吸收会有一部分进入到水域沉积物中,变为稳定的碳库;同时,通过降水也会带来一定的碳沉降。

综上所述,城市碳输入包括水平碳输入和垂直碳输入两种,水平碳输入包括化石能源、工业及建筑木材、建筑材料无机碳、食物碳、有机肥投入,其余两种过程均属于垂直碳输入。

③城市系统碳输出通量

城市系统碳输出通量主要是指各种途径的碳排放,另外也有部分以工业产品、能源制成品和废弃物等为载体的碳输出,总结归纳主要有:

植物呼吸、土壤呼吸作用。这是自然过程的碳输出途径,碳输出强度主要取决于植被和土壤类型一级生产力大小等,另外也受人类活动干扰的影响。

人类(动物)呼吸作用。这部分碳输出和食物消费碳输入是对应的,基本不在城市内长期储存,通过每天的食物消费活动而迅速的以 CO_2 的形式排放到大气中。

化石燃料燃烧。这是城市最主要的垂直碳输出通量类型。

工业生产过程。根据 IPCC 温室气体清单指南,工业生产过程如水泥、石灰、玻璃、钢铁等的生产过程会释放大量的碳。

农业过程碳释放。主要是指与农业生产有关的碳排放,主要包括稻田甲烷释放、畜牧业反刍动物的甲烷释放带来的碳释放等。

废弃物碳释放。这部分碳输出包括生活垃圾、粪便、废水和工业废弃物等,其中有一部分作为城市代谢的废物输出到城市系统之外。

含碳产品的输出。

水域碳释放。

植物凋落物碳输出。

城市地下管网的碳输出。

综上所述,城市系统碳输出通量和输入通量相同,也可以分为垂直水平两种。垂直碳输出通量又可以分为两种:自然和人为;水平碳输出以有机碳的流通为主,主要是指能源制品、取决于城市发展模式、城市功能、产业类型、经济结构、能源结构及其使用效率等。

4.3.2　城市土地利用的碳循环特征及碳源碳汇分析

土地利用是城市各种人类活动的直接体现和反映。城市社会经济活动复杂多样,不同土地利用方式的碳储量及碳通量的强度、方向、规模也存在差异,因此,了解城市系统不同土地利用方式碳循环过程及其特征的差异,并将碳储量和碳通量分解落实到不同的土地利用方式上,对于进一步研究城市系统碳循环过程对土地利用变化的响应具有重要意义。

(1)城市不同土地利用方式的碳储量

本研究将土地利用方式按照中国土地利用分类体系进行划分,分为耕地、园地、林地、牧草地、居民点及工矿用地、水域、交通用地和未利用地八大类。对于各种用地方式来说,碳储量主要包括土壤和植被碳储量两部分,其中植被碳储量根据用地类型的不同又有所差别,有自然植被也有人工植被,林地、草地等的植被碳储量以自然植被为主;而耕地、园地、居民点用地等的植被碳储量是人工植被为主;居民点以及工矿用地碳储量还包括建筑物中的碳。

(2)城市不同土地利用方式的碳通量

结合前面城市碳通量的分析,将不同土地利用方式的碳通量也分为输入通量和输出通量两种。输入和输出通量都可再分为自然过程和人为过程两类。以农用地为例,农作物净初级生产力即代表自然过程的碳输入,而人工有机肥可以看作人为过程的碳输入;土壤呼吸、作物呼吸和稻田甲烷排放是自然过程的碳输出,而人为活动,如肥料生产、机械化耗能、灌溉用电、种子生产、其他物资生产耗能带来的碳排放则为人为过程的碳输出。各类用地的碳通量具有较大的差异,主要表现在人为部分的碳输入和输出的类型、规模、强度的不同,其中,居民点用地由于受人类活动的强烈影响,有大量的人为碳输入和碳输出通量,而自然过程的碳通量基本可以忽略不计。

(3)城市不同土地利用的碳源、碳汇分析

土地利用方式与人类社会经济活动密切相关,不同土地利用方式在社会生产、生活、生态效益等方面承担的作用不同,因此不同土地利用方式的碳过程明显不同,有些土地利用方式主要表现为碳源,如居民点用地和交通用地;而其他一些土地利用方式则主要表现为碳汇,如草地、林地和水域等。

结合全国土地利用分类系统,可以将土地利用方式分为土地利用碳源和土地利用碳汇两种,其中属于碳源或具有碳源效应的土地利用类型有:居民点及工矿用地、交通用地、耕地、园地、林地和水域等,这些地类的碳源包括建设用地上的能源消费、社会生产和交通运输等的碳排放,以及农、林业人类活动造成的碳排放等;属于碳汇或具有碳汇效应的土地利用类型有:耕地、园地、林地、水域和城市绿化用地等,这些地类的碳汇主要是指植被光合作用的碳吸收或水体自然过程的碳沉降。

需要说明的是:①居民点及工矿用地既是碳源又是碳汇,因为既有大量的人类活动碳排放,也有城市绿化植被的碳吸收,但主要表现为碳源;②耕地、林地和水域既是碳源又是碳汇,因为既有人类耕作或生产活动的碳排放,又有植被光合作用碳吸收或水体自身的固碳效应,但主要表现为碳汇;③牧草为主要的碳汇用地,同时也表现为一定的碳源,但碳源的强度应按不同区域分别对待;④从理论上来讲,未利用地主要表现为碳汇而非碳源,因为除非裸地,或多或少总会有植被光合作用的碳吸收,但由于人类活动很少,未利用地一般不表现为碳源。

4.4　城市系统碳循环研究方法

城市系统碳循环研究的基础是城市碳收支核算,包括城市碳储量、碳通量和碳流通的核算等,本研究结合《IPCC 温室气体清单方法》与国内外最新研究成果,建立较为完整的城市系统碳收支核算方法体系,这也是开展城市碳循环评估的前提。

4.4.1　城市碳储量的核算方法

这里对主要城市碳库的测算方法进行了总结和探讨,包括植被、土壤、人类和动物、建筑物、家具、图书、水域等,需要说明的是:① 考虑到城市中的无机碳储量变动不大,对城市碳循环的影响较小,因此仅对有机碳储量的核算方法进行了探讨,对于建筑材料和其他形式的无机碳没有进行核算;② 对衣服、纤维、纸类等产品碳储量未进行核算因为其数据收集较为困难且碳储量较小。

（1）城市植被碳库

考虑到农作物大多为一年种植、收获,因此其生长过程和消费环节可以看作年度的碳输入和输出,但并不产生实质的植被碳积累,因此未将农作物算做植被碳储量的一部分,本研究碳储量计算包括森林、草地和绿化植被三部分。计算以

一年度为周期,代表年度植被的碳储存总量。计算公式如下:

$$C_{veg} = Area_{forest} \times C_{forest-dens} + Area_{grass} \times C_{grass-dens} + Area_{green} \times C_{green-dens} \qquad (4-1)$$

其中 C_{veg} 表示植被碳储量 $Area_{forest}$、$Area_{grass}$、$Area_{green}$ 分别表示森林、草地和城市绿地的面积,$C_{forest-dens}$、$C_{grass-dens}$、$C_{green-dens}$ 分别表示森林、草地和城市绿地的单位面积的碳密度,根据方精云等(2001,2007)、管东升等(1998)的研究,自然林、人工林,草地和城市绿化植被的碳密度分别是 $43.19t/hm^2$,$31.11t/hm^2$,$4.33t/hm^2$,$32.1t/hm^2$。

(2)城市土壤碳库

通过土壤容重和有机碳含量来计算土壤碳储量是比较通用的方法(方精云等1996),具体计算方法如下:

$$C_{soil} = \sum_i A_{soil-i} \times H_{soil} \times D_{soil-i} \times C_{soil-i} \qquad (4-2)$$

其中:C_{soil} 表示土壤的碳储量;A_{soil-i} 代表第 i 种土壤种类的面积;H_{soil} 表示土层厚度;D_{soil-i} 表示第 i 种土壤种类的容重(t/m^3);C_{soil-i} 表示第 i 种土壤种类的有机碳含量(%)。借鉴该方法,本研究根据长沙市若干土壤采样点的数据,采用上式可以计算得到长沙耕地、园地、林地、牧草地 100cm 深土壤碳储量分别为 10.181、8.765、9.832、8.315。

(3)人类和动物碳库

人体碳储量采用 Churkina 等(2008)的计算方法,公式如下:

$$C_{hum} = Num_{people} \times Weight_{capita} \times f_1 \times f_2 \qquad (4-3)$$

其中:C_{hum} 为人体碳含量;Num_{people} 为人口数量;$Weight_{capita}$ 代表人体平均重量(这里取 60kg);f_1 代表干有机质中的碳比重(0.5);f_2 代表人体中干物质的比重(0.3)。

动物体碳储量计算方法同式(4-3)。

(4)城市建筑物碳库

建筑物、构筑物等是城市的主体,含有大量的有机碳和无机碳,其中无机碳主要是水泥和其他建筑材料中的碳酸盐类物质,这部分碳相对稳定,一般不参与大气循环,本研究未对建筑物无机碳进行测算;有机碳部分主要是以房屋木结构和房屋装修的形式把大量的木材储存下来,其中房屋木结构主要是指椽、梁、门、窗和脚手架等的木材消耗,房屋装修主要是实木地板和木工材料为主,本研究结合 Churkina 等(2008)的研究适当改进,采用如下方法:

$$C_{build} = Num_{people} \times Area_{capita} \times Wood_{unitarea} \times Wood_{dens} \times C_{wood} \qquad (4-4)$$

$$C_{fit} = Area_{total} \times Wood_{unit-fit} \times Wood_{dens} \times C_{wood} \qquad (4-5)$$

式中:C_{build} 代表建筑用木材的碳储量;C_{fit} 表示装修用材的碳储量;Num_{people} 表

示城市人口;$Area_{capita}$表示人均建筑面积;$Area_{total}$为总建筑面积;$wood_{unitarea}$为单位建筑面积木材消耗量;根据刘爱民等(2000)的研究,城镇公共建筑、住宅建筑和农村住宅建筑的木材消耗量分别取0.057、0.046和0.05 m^3/m^2;$Wood_{unit-fit}$表示单位建筑面积的装修用木材量(0.014 m^3/m^2);$Wood_{dens}$代表木材产品的密度(0.485t/m^3);C_{wood}表示木材的碳含量(0.5)(白彦峰等,2009)。

(5)家具和图书碳库

由于家具和图书的生产需要消耗大量的木材,因此这两者也是城市碳库的一部分。计算方法如下:

$$C_{furn-book} = Num_{people} \times (C_{furn-book} + C_{book-capita}) \tag{4-6}$$

其中,$C_{furn-book}$表示家具和图书中的碳含量,Num_{people}城市人口,$C_{furn-capita}$和$C_{book-capita}$分别表示人均家具和图书的碳储量。

(6)城市水域碳库

根据叶笃正等(1992)和段晓男等(2008)的成果计算,整理得到河流的碳容量为2238 $t/10^7 m^3 \cdot a$(取值地点为湖南),湖泊的碳容量为2189$t/10^7 m^3 \cdot a$(取值地点为中部平原)。

4.4.2　城市碳输入通量的清算方法

(1)垂直碳输入通量

①自然植被光合作用碳吸收

本研究主要计算森林、草地和城市绿地碳吸收总量。

根据方精云等(1996)的研究,森林的碳同化量可以根据"光合总量 = 净增量 + 呼吸总量 + 凋落物量"进行计算。

森林、草地和城市绿地的NEP数值可以通过相关文献的研究成果整理得到。也可进一步计算各种植被类型单位面积的光合总量,计算公式为:

$$CI_{veg} = \sum_i C_{veg-i} \times Area_{veg-i} \tag{4-7}$$

式中:CI_{veg}表示植被光合作用的碳吸收总量;C_{veg-i}表示第i种植被单位面积的光合总量,i = 1,2,3 分别为森林、草地和城市绿地,这里的碳生产率即指各种植被类型单位面积的光和总量;$Area_{veg-i}$为第i种植被的面积。

本研究使用谢鸿宇等(2008)、管东升等(1998)的研究结果对光合作用碳吸收进行估算,其中,草地、森林的净生产量分别取0.951 $t/hm^2 \cdot a$ 和3.799 $t/hm^2 \cdot a$,城市绿地采用3.401 $t/hm^2 \cdot a$。

②农作物快速生长期碳吸收

用农作物产量来推算碳吸收量是比较可行和成熟的方法,本研究参照李克让

等(2003)和方精云等(1996)的研究,经过适当改进,采用以下计算方法:

$$CI_{crop} = \sum_i CI_{crop-i} = \sum_i C_{crop-i} \times Y_{bio-i} \times (1 - P_{water-i})$$

$$= \sum_i C_{crop-i} \times (1 - P_{water-i}) \times Y_{eco-i} / H_{crop-i} \qquad (4-8)$$

其中:CI_{crop}指作物快速生长期碳吸收总量;CI_{crop-i}为第 i 种作物生长期碳吸收量;C_{crop-i}为第 i 种作物的生长期碳吸收比率;为第 i 种作物的生物产量;Y_{bio-i}为第 i 种作物的经济产量;Y_{eco-i}为第 i 种作物的经济系数;$P_{water-i}$表示第 i 种作物的含水率。主要农作物的含水率、碳吸收率和经济系数等参数采用相关研究中的国内平均值。

③水域碳吸收

通过相关资料,水域碳吸收主要包括水域干湿沉降、水域固碳和水生生物光合作用的碳吸收,计算方法如下:

$$CI_{water} = C_{unit-water} \times A_{water} + C_{unit-water} \times A_{mud} + C_{sub} \times A \qquad (4-9)$$

其中:CI_{water}为水域碳吸收总量;$C_{unit-water}$和$C_{unit-mud}$分别为河流湖泊和滩涂的固碳速率,这里分别取(取值地点为华中地区)2.378 t/hm² · a 和 0.615 t/hm² · a;A_{water}和A_{mud}分别为河湖与滩涂面积;C_{sub}为单位土地面积干湿沉降带来的碳输入,取 5.198t/km² · a (取值地点为湖南省);A 为研究区域面积,这里水域和滩涂的固碳实质上已经包含了水生生物光合作用的碳吸收。

(2)水平碳输入通量

①食物碳输入

食物是重要的含碳物质,也是城市水平碳输入的重要部分,本研究结合城市和农村人口数量,根据城乡居民主要食物人均消费量对城市食物碳输入进行核算。

②能源碳输入

在城市系统里面,能源输入主要包括用于工业生产和民用的天然气、液化石油气、石油、煤和电力等的输入,这也是水平碳输入中最大的一部分,本研究以各种能源的输入量及其含碳量进行推算。

③建筑木材碳输入

建筑物碳输入与前文碳储量的计算类似。本研究未考虑建筑材料的无机碳输入,而仅对木材的有机碳输入进行了核算。具体计算方法如下:

$$CI_{build} = Area_{new-build} \times Wood_{unitarea} \times Wood_{dens} \times C_{wood} \qquad (4-10)$$

$$CI_{fit} = Area_{new-build} \times Wood_{unit-fit} \times Wood_{dens} \times C_{wood} \qquad (4-11)$$

其中:CI_{build}为年度新增建筑构筑物用木材的碳含量;CI_{fit}为年度新增建筑民用

公用装修用木材的碳含量;$Area_{new-build}$为新增建筑面积;$Wood_{unitarea}$代表单位建筑面积的木材消耗量,分城镇商业建筑、城镇住宅建筑和农村住宅三种类型;$Wood_{unit-fit}$表示单位建筑面积民用公用装修的木材量;$Wood_{dens}$为木材产品的基本密度;C_{wood}为木材的碳含量。另外,这里将年度施工建筑物面积减去年度竣工建筑物面积看作在建面积来进行推算。

④家具和图书碳输入

以家具和图书的需求量来进行推算,具体计算中采用家具和图书生产中的木材消耗量来进行推算:

$$C_{furn} = Q_{furn} \times 49.67\% \times 0.0478 \times 0.485 \times 50\% \qquad (4-12)$$

$$C_{book} = Q_{paper} \times 0.5 \qquad (4-13)$$

式中:C_{furn}和C_{book}分别表示家具的碳含量和纸质产品的碳含量;Q_{furn}和Q_{paper}分别表示家具的产量和纸制品的产量,其中家具产量中木质家具比例为50.13%,每件木质家具平均木材含量为0.0501 m^3,木材的基本密度为0.502 t/m^3,木材和纸板的含碳率均为49.98%。

实际计算中,考虑到图书和家具有外地制成品的输入量,而且占有较大的比重,这里假定图书和家具的自给率为30%,70%为外部输入。另外,本地生产的图书和家具中的碳含量减去本地木材采伐量的碳含量,可以得到外地木材输入的碳含量。

4.4.3　城市碳输出通量的清算方法

(1)垂直碳输出通量

①能源消费碳排放

借鉴 IPCC 的计算方法,各种能源消费碳排放的计算公式为:

$$CE_{energy-i} = Q_{energy-i} \times H_{energy-i} \times (C_{energy-i} + M_{energy-i}) \qquad (4-14)$$

式中:$CE_{energy-i}$第i种能源的碳排放量;$Q_{energy-i}$第i种能源的消费量;$H_{energy-i}$第i种能源的净发热值;$C_{energy-i}$第i种能源的碳排放系数;$M_{energy-i}$为第i种能源的CH_4排放系数。

②工业活动碳排放

考虑到数据的保密性,因此暂时采用暂时蔡博峰(2009)等人研究的参数,结合几种工业产品的产量产值进行推算。钢铁、水泥、玻璃、石灰、合成氨等的排放因子分别为1.10 tCO_2/t、0.129 tCO_2/t、0.19 tCO_2/t、0.701 tCO_2/t、3.269tCO_2/t。

③农业活动碳排放

采用中国温室气体清单研究(2007)中湖南省的参数来计算稻田甲烷排放,畜牧业碳排放结合相关参数对各种动物肠道发酵的气体排放进行测算,与各类饲养动物的数量的乘积得出结果。

④呼吸作用碳排放

人均年呼吸量参数采用方精云(1996)的研究数据,按 0.081 tC/a 来计算。动物呼吸的碳排放主要考虑体积大的动物,其中牛和猪的碳排放系数分别采用 0.801 tC/头·a 和 0.101 tC/头·a,小动物本研究忽略不计。

⑤固体废弃物碳排放

垃圾焚烧碳排放的计算公式如下:

$$CE_{\text{wasts-burni}} = Q_{\text{waste-burni}} \times C_{\text{waste}} \times P_{\text{waste}} \times EF_{\text{waste}} \qquad (4-15)$$

式中: $CE_{\text{waste-burni}}$ 表示垃圾焚烧时产生的气体中的碳排放量; $Q_{\text{waste-burni}}$ 表示垃圾焚烧量; C_{waste} 为废弃物的碳含量比例(缺省值为39%); P_{waste} 为废弃物中的矿物碳比例(缺省值39%); EF_{waste} 为烧垃圾锅炉的完全燃烧效率(缺省值94%)。

⑥废水碳排放

废水的碳排放量即工业废水和生活废水的甲烷气体排放量,可分两部分进行测算,计算公式如下:

$$CE_{\text{liv-water}} = Num_{\text{people}} \times BOD_{\text{capita}} \times SBF \times CBOD \times FTA \times 365 \qquad (4-16)$$

$$CE_{\text{ind-water}} = Q_{\text{ind-water}} \times COD_{\text{ind-water}} \times CCOD \qquad (4-17)$$

式中: $CE_{\text{liv-water}}$ 是生活废水中甲烷气体(CH_4)的年排放量; Num_{people} 为人口; BOD_{capita} 是指人均 BOD 中有机物含量(60 gBOD/人·天); SBF 为易于沉积的 BOD 比例(0.5); CBOD 是指 BOD 的排放因子(0.6 gCH_4/gBOD); FTA 为在废水中无氧降解的 BOD 的比例(0.8); $CE_{\text{ind-water}}$ 为工业废水中的 CH_4 气体排放量; $Q_{\text{ind-water}}$ 为废水量; $COD_{\text{ind-water}}$ 为化学需氧量($kgCOD/m^3$); CCOD 为最大 CH_4 产生能力(缺省值为 0.25 kg CH_4/kg COD)。

(2)水平碳输出通量

水平碳输出通量主要包括食物、能源制成品、垃圾的输出等,主要是采用各种含碳物质的质量,结合相应的系数来进行推算,具体方法不再赘述(详见水平碳输入和垂直碳输出的计算方法部分)。采用 3.378 t/hm²·a。

4.4.4 城市系统碳循的环运行评估方法

城市系统碳收支核算侧重于对碳循环过程的静态分析,而要分析城市碳循环过程的运行状态及其效率,并在此基础上确定城市碳循环的土地调控的手段和方法,则需要对城市碳循环效率和压力进行评估。这里重点提出了城市系统碳循环效率、城市碳补偿、城市碳循环压力和城市碳足迹研究、城市碳排放因素分解分析等方法,以从总体上了解城市的碳循环运行状况。

(1)城市系统碳循环效率分析

城市碳循环效率是指城市碳循环过程中的碳流通量和经济产出之比。本研究采用几个表示碳通量与GDP关系的相关指标来进行分析。

①单位GDP的碳输入和输出强度

$$CI_{in} = CI_{hum-total}/GDP \qquad (4-18)$$

$$CE_{in} = CE_{hum-total}/GDP \qquad (4-19)$$

其中,CI_{in}和CE_{in}分别代表单位GDP的碳输入强度和碳输出强度,$CI_{hum-total}$和$CE_{hum-total}$和分别表示人为碳输入和输出的总量(考虑到自然过程碳输入和输出历年变动不大,而且对社会经济影响更大的主要是人为碳通量,因此这里仅考虑人为碳输入和碳输出通量)。另外,为了使各年份的计算结果更具可比性,这里采用GDP的可比价进行计算。

②单位GDP碳排放强度与碳生产力

单位GDP碳排放强度即人为垂直碳输出总量与GDP的比值(t/万元),碳生产力即单位碳排放创造的GDP(万元/t),这两者正好呈负相关关系。用更少的能源消耗和物质产生出更多的社会财富预示着碳生产力的提高,碳生产力是衡量城市碳排放经济效率的重要指标。

(2)城市碳补偿和碳循环压力分析

人为活动的碳排放量和区域的碳汇水平是衡量区域碳排放压力与区域碳吸收能力的重要指标。本研究通过对城市人为碳效应指数、碳补偿率和碳循环压力指数等的定义,来进一步研究城市人为活动的碳效应,主要指标有:

①城市人为碳效应指数

人为碳过程(包括人为碳输入和碳输出)是衡量区域人类活动对碳循环影响程度的指标。但要定量分析人类活动对城市系统碳循环过程的影响,不仅要了解人为碳输入和输出量,更要了解其中人为碳输入和碳输出的比重,本研究构建城市人为碳效应指数,用来表征人为活动对城市碳循环的影响程度。

$$C_{hum} = \frac{CI_{hum} + CE_{hum}}{CI_{total} + CE_{total}} \times 100\% \qquad (4-20)$$

其中,C_{hum}表示人为碳效应指数,CI_{hum}和CI_{total}分别表示人为碳输入量和城市碳输入总量,CE_{hum}和CE_{total}分别代表人为碳输出量和城市碳输出总量。

②陆地生态系统碳汇

城市生态系统碳汇包括林地、草地、农田和城市绿地等植被光合作用的碳吸收和水域固碳及干湿沉降的碳吸收。在生态系统中,GPP是指生态系统单位面积单位时间生成的有机物质的量，NPP（净初级生产）是 GPP 扣除掉植物自养呼吸（R）作用之后的碳量，而 NEP（净生态系统生产）是指 NPP 扣除掉植物有机残体分解，即异氧呼吸后（RH）剩下的碳量，用公式表示为（谢鸿宇等，2008）：

$$NPP = GPP - R \tag{4-21}$$

$$NEP = NPP - RH \tag{4-22}$$

可以看出，R 和 RH 表示呼吸作用释放掉的碳量，而最终剩下的才表示每年的碳蓄积量，也即区域的碳汇量。前面碳输入的计算中，各种植被类型的碳吸收（光合作用吸收的碳量）是指 GPP，因此要扣除掉自养呼吸和异氧呼吸（凋落物分解）后得到的碳量才代表区域年度自然生态系统的碳储量，即固定下来并可以被利用的碳量，因此，本研究就以此衡量区域生态系统碳汇能力的大小。根据以上原理，城市生态系统碳汇计算采用下式：

$$C_s = \sum NEP_i \times Area + CI_{water} \tag{4-23}$$

$$NEP_i = CI_{veg-i} - R_{veg-i} - RH_{veg-i} \tag{4-24}$$

其中，C_s 表示城市的碳汇能力（用碳吸收量来表示）；NEP_i 表示第 i 种植被类型的 NEP，$i=1\sim4$，分别表示林地、草地、城市绿地和耕地，前三者的 NEP 可以根据表 4-1 参数计算得到，耕地的 NEP 可以用农田年度净碳吸收除以耕地面积得到；CI_{water} 表示水域的年度固碳量；CI_{veg} 表示第 i 种植被类型的碳吸收量（光合作用的碳吸收总量）；R_{veg-i} 和 RH_{veg-i} 分别表示第 i 种植被类型的自养呼吸和异氧呼吸释放的碳量。

表 4-1　中国植被的光合总量、呼吸总量及净生产量的系数表

Table 4-1　Coefficients of total photosynthesis, total respiration and net production of China vegetation

类型	光合总量		呼吸总量		净生产量		凋落物量	
	Gt/a	比重	Gt/a	比重	Gt/a	比重	Gt/a	比重
森林（全国）	1.354	100%	0.677	50.00%	0.452	33.38%	0.225	16.62%
草地（全国）	2.75	100%	1.1	40.00%	1.65	60.00%	1.65	60.00%
单位面积参数	t/hm²·a	比重	t/hm²·a	比重	t/hm²·a	比重	t/hm²·a	比重
森林	11.412	100%	5.706	50.00%	3.810	33.38%	1.9	16.62%
草地	1.58	100%	0.632	40.00%	0.948	60.00%	0.948	60.00%
城市绿地	10.12	100%	5.06	50.00%	3.378	33.38%	1.682	16.62%

注：数据来源：*谢鸿宇等（2008），**管东生等（1998），其余数据根据比例计算得到。

③人类活动的碳补偿率

人类活动的碳补偿率是指陆地生态系统碳汇与人为活动碳排放的比值,反映了城市系统人类活动碳排放中由区域自身生态系统所吸收的比例。碳补偿率越高,说明本地生态系统的碳汇能力越强。

$$C_P = \frac{C_S}{CE_{hum-wr}} \times 100\% \qquad (4-25)$$

其中,C_P 表示城市人类活动的碳补偿率,CE_{hum-wr} 指人为垂直碳输出。水平碳输出也是人为造成的,但考虑到并不在本地造成碳排放(即并不是由本地消费引起的碳排放),因此,本研究采用人为垂直输出来表征人为活动的碳排放。

④城市碳循环压力指数

这里将碳循环压力指数 C_m 定义为人为活动碳排放与陆地生态系统碳汇的比值。

$$C_m = \frac{CE_{hum-wr}}{C_S} \qquad (4-26)$$

可以看出,碳循环压力指数与碳补偿率呈反比,碳补偿率越低,区域碳循环压力越大。当 C_m 小于 1 时,表示城市人为碳排放完全能够被自身生态系统所吸收;当 C_m 大于 1 时,表示自身生态系统碳吸收不足以补偿自身的碳排放;该值越大,表示人类活动对环境的影响越大,城市碳循环压力也越大。

4.4.5　城市土地利用碳收支核算及碳效应评估方法

要构建城市碳循环的土地低碳利用方法,需要建立土地利用和城市系统碳循环之间的关系,并分析土地利用变化的碳排放效应,本研究一方面提出城市土地利用与碳收支测算项目的对应关系;另一方面探讨了城市土地利用碳排放强度和土地利用变化的碳排放弹性等的计算方法,为评估土地利用及其变化的碳排放效应提供了方法基础。

(1)土地利用类型与城市碳储量/通量的对应关系

为分析不同土地利用方式的碳储量和碳通量状况,依据土地利用原分类体系(八大类),建立了土地利用方式与碳储量和碳通量的对应关系(表 4-2)。

表4-2 土地利用方式与碳储量和碳输入输出项目的对应关系

Table 4-2 The correspondence of the land utilization type and carbon emission&carbon abosoption

土地利用类型	碳输入			碳输出		
	碳储量	垂直（自然）	水平（人为）	垂直		水平（人为）
				自然	人为	
耕地	土壤	光合作用	有机肥*	土壤分解、植被呼吸	化石能源和生物能源消耗、秸秆焚烧、稻田甲烷	农产品
园地	土壤	光合作用	有机肥*	土壤分解、植被呼吸	能源消耗	农产品
林地	土壤、植被	光合作用	人为能源*	土壤分解、植被呼吸	能源消耗	木材产品
牧草地	土壤、植被	光合作用	人为能源*	土壤分解、植被呼吸	能源消耗	牧业产品
居民点及工矿用地	土壤、植被、建筑、家具图书、人体、畜禽动物体等	城市植被光合作用	建材、木材、食物、牧业产品、图书、家具、能源、混合饲料	土壤分解、绿化植被呼吸	化石能源、生物能源、工业生产、固废、废水、畜禽排放	能源制成品、废弃物碳
交通用地	土壤、建筑材料*	无	建筑材料*	土壤分解*	交通能源消耗	无
水域	水体生物、底泥碳储存*	水域固碳与沉降、光合作用	人为养殖碳输入*	水域挥发	能源消耗	水产品
未利用地	土壤	光合作用*	无	土壤分解、绿化植被呼吸*	无	无

注：*表示本研究中忽略不计的项目。

（2）土地利用类型与能源消费项目的对应关系

在人为垂直碳输出中，最重要的贡献因素是化石能源消费带来的碳排放。本研究基于能源平衡表的能源消费类型与土地利用分类体系，进行分解、合并及适当调整，建立了土地利用类型与能源消费碳排放类型的对应关系表（表4-3）。

需要说明的是:

表4-3 土地利用类型与能源消费碳排放的对应关系

Table 4-3 The correspondence of the land utilization type and

carbon emission of energy consumption

土地利用分类	用地细类	(能源平衡表)能源消费项目		
居民点及工矿用地	城镇用地	建筑业		
		批发、零售业和住宿、餐饮业		
		城镇生活消费		
	农村居民点	农村生活消费		
	独立工矿	工业		
交通用地	交通运输用地	交通运输、仓储和邮政业		
耕地	耕地	耕地		
园地	园地	园地		
林地	林地	林业		农林牧渔水利业
牧草地(归入居民点及工矿用地)	牧草地	牧业		
水域	水域	渔业		
	水利设施用地	水利业		
特殊用地(归入居民点及工矿用地)	特殊用地	其他行业		
未利用地	未利用地	无		

①能源平衡表中,"其他"能源消费可能是某些特殊用地能源活动的结果,这里不易区分,归入居民点及工矿用地。

②"农林牧渔水利业"的总体能源消耗的碳排放量并不大,但考虑到各业均有碳排放,为尽可能客观地反映实际情况,这里按各业产值的比重进行了分摊,然后归入各种用地类型。

③考虑到长沙市的实际情况,农村畜禽养殖实质上是在农村居民点用地上完成的,即畜牧业与牧草地之间的实质联系并不大,因此,本研究将畜牧业的能源消耗归于居民点及工矿用地,而非牧草地。而对于牧草地,本研究仅考虑了其自然碳过程。

（3）土地利用碳排放强度

土地利用碳排放强度即单位土地面积上的碳排放量,用于衡量某种土地利用方式碳排放放密度的大小,反映了该种土地利用方式上人类活动环境影响的程度,计算方法如下:

$$Cp_i = Ct_i / S_i \qquad (4-26)$$

$$C_p = \sum Ct_i / \sum S_i \qquad (4-27)$$

其中,Cp_i 和 C_p 分别代表总的土地利用碳排放强度和各类土地利用方式的碳排放强度(t/hm^2),i 代表不同土地利用类型,S_i 和 Ct_i 分别表示第 i 种土地利用方式(类型)的面积及其对应的碳排放量。

（4）土地利用变化的碳排放弹性分析

不同土地利用类型碳排放量及其强度的变化一方面与人类能源消费有关,另外也与不同土地利用类型面积的变化密切相关。为定量分析土地利用变化带来的碳排放效果,本研究结合能源消费弹性的计算方法(封志明,2004),提出土地利用变化的碳排放弹性的概念,它代表了不同土地利用类型面积变化所带来的碳排放变化率的大小,计算方法如下:

$$\varepsilon = \frac{\left(\dfrac{CE_t}{CE_0}\right)^{1/t}}{\left(\dfrac{L_t}{L_0}\right)^{1/t} - 1} \qquad (4-28)$$

其中 ε 表示土地利用变化的碳排放弹性,CE_0 和 CE_t 分别表示基期年和第 i 年的能源消费碳排放量,L_0 和 L_t 分别表示基期年和第 t 年的土地面积,t 为计算期的年数。当碳排放量的增长速度大于土地利用变化的幅度时,土地利用的碳排放弹性大于1;反之,如果某种土地利用方式的碳排放量增幅小于土地利用变化程度时,则该值小于1。

4.5　长沙市城市系统碳循环评估及分析

4.5.1　长沙市城市系统碳储量碳通量分析

（1）长沙市城市系统碳储量分析

长沙市城市系统碳储存总量从 2005 年以来呈缓慢上升趋势,从 2005 年的 $6821 \times 10^4 t$ 上升到 2013 年的 $7194 \times 10^4 t$,增加了 9%,这表明长沙市城市系统的总碳蓄积能力有所提升,从碳储量的构成来看,城市碳库可以分为两大部分——自然碳库(主要包括土壤、森林、草地、水域和动物体等)和人为碳库(主要有建筑木材、图书、家具、城市绿地和人体等),其中2013年自然碳库占总碳储量的87%,人为碳库相对比重较少,仅占13%。但自然碳库大体上保持稳定,2005年以来保持在6100×10^4t左右,而人为碳库却增长较快,从2005年的704×10^4t上升到933×10^4t,上涨了33%。人为碳库在2005 – 2012年间呈缓慢增长态势,在2013出现了大幅度的上涨,同时,其占全部碳库比重也由10%提高到12%(表4 – 4),这说明人为碳库虽然总量并不大,但随着城市化的发展,大量的含碳物质的输入,特别是建筑和城市绿化的碳储存能力逐步提高,使得人为碳储量不断提高。结果表明,除了自然意义的碳库之外,人为过程的碳蓄积也是城市系统重要的碳储存方式,人为作用带来的碳储存一方面补偿了自身能源活动的碳排放,另一方面也为缓解全球变暖做出了一定的贡献。

表 4 - 4 长沙市主要碳库及历年碳储量变化

Table 4 - 4 The variation of carbon storage over the years from 2005 to 2013 of the main carbon pool of Changsha City

单位:10^4tC

年份	住宅建筑	商业建筑	图书	家具	人体	动物体	林地	牧草地	城市绿化	土壤	水域	合计
2005	261.17	229.04	25.5	19.82	8.98	3.47	304.03	1.68	159.25	5806.11	2.3	6821.35
2006	244.39	211.56	27.5	20.42	8.95	3.53	313.29	0.86	189.27	5849.16	4.44	6873.37
2007	201.97	200.82	30.12	20.99	8.15	3.53	317.03	0.06	213	5940.78	9.51	6945.96
2008	230.58	221.29	30.01	21.65	5.25	2.45	320.32	0.02	255.73	5904.06	3.52	6994.88
2009	235.58	216.91	31.46	23.27	8.36	3.21	309.29	0.02	248.48	5913.49	8.95	6999.02
2010	276.83	215.79	32.86	20.04	5.47	1.82	327.4	0.02	253.33	5898.77	4.61	7036.94
2011	323.56	198.97	27.73	20.68	5.55	1.43	318.62	0.02	260.91	5936.23	4.73	7098.43
2012	310.56	203.15	28.49	21.25	5.62	1.64	324.13	0.02	274.12	5950.74	4.19	7123.91
2013	354.23	208.01	29.16	28.75	5.67	1.35	368.13	0.02	307.07	5885.2	6.2	7193.79
增幅%	31.11	10.03	14.35	45.06	-5.18	-8.16	10.21	-97.06	92.82	1.24	169.57	9.14

人为碳库中变化最大的是城市绿化的碳储量,2005 年以来上涨了近 2 倍,在 2013 年达到 $307 \times 10^4 t$,是人为碳库中的第二位。另外,住宅建筑和商业建筑碳储量也上涨较快。其他人为碳库如图书和家具和纸张等,随着房地产业的市场需求的增加和发展,其碳储存也出现了一定程度的增长,这是因为木质产品的某些特质,其碳周转周期较长,一旦进入一个系统,就会成为稳定的碳储存,除非出现燃烧或产品回收处理,一般很难再把碳释放出去。人体碳储存也是比较稳定的碳库,这主要取决于人口数量,一般不发生较大变化。

在长沙市城市碳库的构成中,2013 年长沙市土壤碳库占近81%,可见土壤碳库是陆地上最重要的碳库,这与国内外相关研究的结论是一致的。除土壤碳库之外,住宅建筑碳库约占 6%;其次为森林碳库和城市绿地碳库,分别占 5.1% 和4.2%;再次为商业建筑碳库,占 2.8%;其他碳库比重很少,图书和家具碳库比重都在 1% 以下,而牧草地、动物体、人体和水域碳储存则更低,几乎可以忽略不计。

(2)长沙市城市系统的碳通量分析

①碳输入通量分析

A. 垂直碳输入通量分析

垂直碳输入通量完全是自然过程,有水域碳沉降和吸收,但以绿叶植物的光合作用为主,计算结果表明(表 4 - 4),长沙市城市系统垂直碳输入通量从2005 年以来基本保持不变,维持在 $410 \times 10^4 t$ 左右,其中,除城市草地光合作用碳吸收呈明显增长外,其余各项碳输入均保持稳定或略有下降。

农作物是长沙市生态系统碳汇的主体。2013 年,在长沙市垂直碳输入通量中,农作物光合作用碳吸收为 $259 \times 10^4 t$,占垂直碳输入总量的 55%,这说明农作物碳吸收是长沙市城市生态系统碳汇的主要途径,主要原因在于长沙市耕地面积明显大于其他几类植被的面积;其次为城市绿地和林地碳吸收,为 $87 \times 10^4 t$、$85 \times 10^4 t$,分别占 19%、18%;水域的碳吸收能力有限,仅为 $13.4 \times 10^4 t$,占 2.7%;长沙市牧草地面积只有 $13.35 hm^2$,因此它的碳汇能力十分有限。

B. 水平碳输入通量分析

水平碳输入通量与垂直碳输入通量相反,是完全的人为过程。计算结果表明,长沙市城市系统水平碳输入通量明显大于垂直碳输入通量,而且增幅明显,2013 年增长到 $3517 \times 10^4 t$,而 2005 年仅 $2222 \times 10^4 t$,增长了近 58%。这说明随着城市扩展和人口增加,长沙市城市碳输入需求持续增加,特别是对化石能源的需求呈急剧增加趋势。

在水平碳输入方面,化石能源占绝对比重,2013 年为 $3263 \times 10^4 t$,占 95%。化石能源的输入中,以原煤和原油为主,主要用于长沙市工业能源加工和转换,这是城市碳消费的主要类型。其余的碳输入类型可以归为食物和木材产品两大类。总体而言,2005 – 2008 年,食物碳输入明显大于木材碳输入;从 2008 年开始木材碳输入反而超过了食物碳输入,2013 年全部的木材碳输入达到 86×10^4 t,约为食物碳输入(30×10^4 t)的 2.8 倍,这说明,一方面,因为城市建设的加快和城市化进程以及居民生活水平的提高,所以装修房屋、建筑房屋和工业等用途的木材需求在加大;另一方面,因为人均粮食消费的下降和人们消费水平的提高,食物碳消费总体上呈下降趋势,因此食物碳输入比重逐渐降低。

水平碳输入中,食物和化石能源通过消费活动输入系统之后会迅速释放到大气中,不会马上增加城市系统的碳储量。相对而言,木质产品能增加城市系统碳库,起到固碳效果,因为它属于累积性碳输入。

②碳输出通量分析

A. 垂直碳输出通量分析

由计算结果可知,长沙市垂直碳输出通量呈急剧增长趋势,从 2005 年的 1562 $\times 10^4$ t 增长到 2013 年 3529 $\times 10^4$ t,涨幅为 126%,这说明近年来随着经济快速发展和城市扩展,带来了大量的碳排放需求,垂直碳通量成为长沙市的主要碳排放源。

在垂直碳输出通量的构成中,化石能源消费碳排放是输出的主体。以 2013 年为例,化石能源碳排放占垂直碳输出总量的近 81%,而且从 2005 年以来,化石能源碳排放所占比重不断提高(2005 年比重为 67%)。工业生产碳排放占 10%,植被呼吸作用和土壤凋落物分解排放占 7%,人类呼吸和生物质能源燃烧碳排放各占 1%。其余各项碳排放很少,均小于 10×10^4 t/a,合计碳排放仅占垂直碳输入总量的 1%,几乎可以忽略不计。可以看出,垂直碳输出中,能源消费和工业生产的碳排放占了绝大多数,比重超过了 90%;从自然和人为垂直碳输出的角度来看,人为活动碳排放占垂直碳输出通量的 95%;这充分说明,人类活动的碳排放构成了城市垂直碳输出的主体。

不同行业化石能源碳排放具有较大差异。2013 年,长沙市化石能源碳排放中,工业能源碳排放为 2367×10^4 t,占 82%,其次为城市生活能源消费碳排放和交通行业碳排放。相对而言,农业、农村生活、建筑业和商业等行业的碳排放所占比重较低,除农业能源消费碳排放有所下降外,其余行业的能源消费碳排放都呈上升趋势,平均涨幅都在 1 倍以上,其中涨幅最大的是建筑业,从 2005 年的不足 6×10^4 t 增长到 2013 年的约 30×10^4 t。

B. 水平碳输出通量分析

与城市垂直碳输出相比,水平碳输出通量则要少得多。长沙市水平碳输出主要为含碳废弃物、能源制品、水产品和等,水平碳输出通量从 2005 年以来呈缓慢下降趋势,从 $554 \times 10^4 t$ 下降到 2013 年的 $438 \times 10^4 t$,降幅为 21% 。

（3）长沙市城市系统碳平衡分析

将长沙市碳储量和水平垂直碳通量进行汇总,可以得到长沙市城市系统碳代谢和碳循环的完整模式。对于长沙市来说（以 2013 年为例）,碳平衡状况如下：

碳输入通量 = 垂直输入通量 + 水平输入通量 = 412.63 + 3517.89 = 3930.52 $(10^4 tC)$

碳输出通量 = 自然垂直输出通量 + 人为垂直输出通量 + 水平输出通量 = 179.61 + 3352.65 + 438.45 = 3970.71 $(10^4 tC)$

碳储量变化量（增量 1）= 总碳输入 - 总碳输出 = 3930.52 - 3970.71 = -40.19 $(10^4 tC)$

2013 年长沙的总碳输出大于总碳输入,通过计算得出,长沙市碳储量增加量为 $-40.19 \times 10^4 t$ 。

长沙市城市系统历年（2005 - 2013 年）的碳平衡状况具有以下特点（表 4 - 5）：

①长沙市碳储量和水平垂直碳通量均呈增长趋势。其中碳输入和碳输出通量表现为大幅增长趋势,而碳储量表现为小幅增长;就碳储量和碳通量的构成而言,垂直碳输出和水平碳输入增长最为明显,以人为垂直碳输出为例,从 2005 年的 $2329 \times 10^4 t$ 增长到 $3352 \times 10^4 t$ 。相对而言,自然碳通量变化不大,仅有小幅增长。

②历年的碳输出均小幅高于碳输入,这表现在增量（碳输入和输出的差额）的数值上,可以看出历年增长量呈现波动负增长趋势。

③就碳储量的变化而言,2005 - 2013 年碳储量的年度增加量呈小幅波动上升趋势。2006 年碳储量增加值为 $52 \times 10^4 t$,而 2013 年则上升为 $70 \times 10^4 t$ 。

表4-5　长沙市2005-2013年城市系统碳平衡分析

Table 4-5　The analysis of carbon balance of city system in Changsha City from 2005 to 2013

单位:10^4tC

年份	2005	2006	2007	2008	2009	2010	2011	2012	2013
自然碳储量	6117.59	6171.28	6270.91	6230.37	6234.96	6232.62	6261.03	6280.72	6260.9
人为碳储量	703.76	702.09	675.05	764.51	764.06	804.32	837.4	843.19	932.89
碳储量汇总	6821.35	6873.37	6945.96	6994.88	6999.02	7036.94	7098.43	7123.91	7193.79
木材碳输入	44.27	45.48	46.5	43.4	43.97	52.85	50.77	59.85	61.76
食物碳输入	41.98	45.06	56.62	57.32	56.9	52.61	52.39	46.14	45.33
能源碳输入	2135.81	2464.27	2712.32	2841.4	2981.8	3007.41	3108.39	3208.8	3410.8
水平碳输入合计	2222.06	2554.81	2815.44	2942.12	3082.67	3112.87	3211.55	3314.79	3517.89
垂直碳输入合计	403.34	406.12	431.37	401.75	411.84	412.16	411.93	397.19	412.63
碳输入汇总	2625.4	2960.93	3246.81	3343.87	3494.51	3525.03	3623.48	3711.98	3930.52
水平碳输出合计	556.75	531.21	619.53	626.72	677.72	701.85	734.41	681.51	438.45
人为垂直碳输出	2329.28	2557.91	2791.06	2619.33	2711.82	2963.92	3132.67	3205.77	3352.65
自然垂直碳输出	202.43	217.24	212.98	215.04	227.37	214.92	226.31	205.94	179.61
垂直碳输出汇总	2531.71	2775.15	3004.04	2834.37	2939.19	3178.84	3358.98	3411.71	3532.26
碳输出汇总	3088.46	3306.36	3623.57	3461.09	3616.91	3880.69	4093.39	4093.22	3970.71
增量	-463.06	-345.43	-376.76	-117.22	-122.4	-355.66	-469.91	-381.24	-40.19

4.6 土地利用变化对长沙市城市系统碳循环的影响分析

4.6.1 长沙市不同土地利用方式的碳储量

根据土地利用类型和碳储量、碳通量以及能源消费项目的对应关系,可以将长沙市碳收支核算项目进行对应、分解并落实到不同的地类上。

(1)长沙市土地利用变化分析

要了解并分析不同土地利用方式的碳储量和碳通量状况,并在此基础上探讨土地利用变化的碳排放效应及其对长沙市城市系统碳循环的影响,首先需要了解长沙市的土地利用及其变化情况。

对2005 – 2013年长沙市土地利用变更调查数据进行分析,结果发现,长沙市各地类中,工矿用地及居民点、水域、交通用地、林地等面积在这几年间呈增长趋势,其中涨幅最大的为交通用地,其次为居民点及工矿用地,林地面积也有较大的增加,这一方面表明长沙市城市扩展带来了建设用地的增加,另一方面也说明长沙市的生态保护取得了积极成效。另外,水域面积也有少量的增加,但变化不大。其他地类的面积均呈下降趋势,其中牧草地降幅最大。这表明十几年来长沙市城市扩展占用了一定数量的农用地,同时随着土地开发,未利用地也出现了一定程度的下降,未利用地作为后备土地资源有一定程度的开发也在情理之中

总体而言,长沙市土地利用变化的主要趋势表现为建设用地的增加、耕地的减少和林地的增加,土地利用变化会影响城市系统的运行状态和效率,并进一步影响城市系统碳循环和碳流通的强度、效率、格局。

(2)长沙市不同土地利用方式的碳储量

2013年长沙市八大类用地中,居民点及工矿用地的碳储量所占比重最大,且升幅最大。居民点及工矿用地的碳储量从2005年的2281×10^4t增长到2013年的2696×10^4t,占总碳储量的比重也从32%增长到38%。其他各类用地的碳储量增减不一,耕地、园地、牧草地的碳储量有所下降;居民点及工矿用地、交通用地等的碳储量则有所增长;这主要跟2005年以来这些地类的面积增减密切相关,因为除居民点及工矿用地之外,其他地类的碳储量以土壤和植被为主,而自然过程的碳储量相对稳定,主要取决于土地面积的变化(表4 – 6)。

表 4 – 6　长沙市历年不同土地利用方式碳储量

Table 4 – 6　The carbon storage of different land use types from 2005 to 2013

单位:10^4tC

年份	耕地	园地	林地	牧草地	居民点及工矿用地	交通用地	水域	未利用地	合计
2005	2483.37	89.39	1462.13	0.32	2281.38	156.26	215.16	289.62	6821.35
2005	2471.28	86.25	1351.97	0.31	2301.87	159.15	213.66	288.88	6873.37
2006	2458.36	82.94	1367.26	0.31	2370.78	160.61	212.89	292.81	6945.96
2007	2436.91	80.54	1383.28	0.3	2456.13	165.95	220.54	251.23	6994.88
2008	2425.05	78.91	1404.33	0.31	2451.86	171.68	219.07	247.81	6999.02
2009	2405.29	77.23	1458.44	0.3	2515.4	175.94	200.38	203.96	7036.94
2010	2375.78	74.49	1455.82	0.29	2597.08	183.18	206.65	205.14	7098.43
2011	2356.26	75.33	1415.49	0.29	2665.03	196.7	206.12	208.69	7123.91
2013	2347.42	77.83	1433.81	0.29	2695.96	204.96	218.16	215.36	7193.79

就各地类的总碳储量而言,以 2013 年为例,其大小顺序力:居民点及工矿用地 > 耕地 > 林地 > 水域 > 未利用地 > 交通用地 > 园地 > 牧草地。各地类碳储量的构成中,居民点及工矿用地同时包括了自然碳库和人为碳库两部分,其中土壤碳库为 1786×10^4t,城市绿化碳库为 269×10^4t,其他人为碳库(建筑木材、图书、家具人体等)总量为 641×10^4t。这表明,随着城市的扩展,建筑木材、家具等大量输入城市,使城市建设区的碳储存总量也呈明显增长趋势。早在 2005 年,由于居民点及工矿用地面积有限,其碳储存总量还远远低于耕地的碳储量,但随着耕地的减少和建设用地的扩展,长沙市居民点及工矿用地的碳储存总量于 2007 年超过耕地成为碳储量最大的土地利用方式。

4.6.2　长沙市不同土地利用方式的碳通量

(1)长沙市不同土地利用方式的碳输入

将长沙市历年各项碳输入通量分解到各地类可以发现(表 4 – 7),年度碳输入总量最大的是居民点及工矿用地,其碳输入总量从 2005 年的 2300×10^4t 增长到 2013 年的 3460×10^4t,这主要是由于化石能源、木材、食物、混合饲料等的大量输入所致。其他各地类的碳输入主要是自然植被的光合作用和水域固碳,因此总体变动不大,少量的变动主要取决于地类面积的增减。

表 4 – 7　长沙市历年不同土地利用方式的碳输入

Table 4 – 7　The carbon input of different land use

types from 2005 to 2013 of Changsha City

单位:10^4tC

年份	耕地	园地	林地	牧草地	居民点及工矿用地	交通用地	水域	未利用地	合计
2005	158.62	4.8	52.82	0.01	2300.46	97.66	11.03		2625.4
2006	157.12	4.6	55.85	0.01	2584.26	147.43	11.66		2960.93
2007	156.36	4.4	56.26	0.01	2853.67	164.24	11.87		3246.81
2008	155.39	4.3	57.34	0.01	2930.13	185.07	11.63		3343.87
2009	153.25	4.1	55.39	0.01	3075.86	194.36	11.54		3494.51
2010	152.17	4	54.12	0.01	3096.43	206.62	11.68		3525.03
2011	150.37	3.9	55.04	0.01	3179.59	222.68	11.89		3623.48
2012	148.53	3.8	55.4	0.01	3257.03	236.07	11.14		3711.98
2013	147.05	3.7	52.73	0.01	3459.93	254.96	12.14		3930.52

(2)长沙市不同土地利用方式的碳输出

就长沙市不同土地利用方式的碳输出而言(表4-8),居民点及工矿用地依然是碳输出总量最高的区域,从2005年的2738×10^4t增长到2013年的3603×10^4t,这主要与工业能源消耗和人类生活碳排放的大幅增长有关。相对而言,其他地类的碳输出总量要少得多,耕地碳输出为165×10^4t,以植被自身呼吸作用的碳释放为主,同时也有农业能源使用、秸秆焚烧等的碳释放;交通用地碳输出为130×10^4t,以交通能源消耗为主;其他地类如林地、园地、牧草地和水域等由于面积较少,而且以自然过程的碳释放为主,因此碳输出总量不大,最少的为牧草地,仅0.01×10^4t。

表 4 – 8　长沙市历年不同土地利用方式的碳输出

Table 4 – 8　The carbon output of different land use

types from 2005 to 2013 of Changsha City

单位:10^4tC

年份	耕地	园地	林地	牧草地	居民点及工矿用地	交通用地	水域	未利用地	合计
2005	176.09	4.15	56.54	0.01	2738.22	103.22	10.23		3088.46
2006	165.26	4.25	56.36	0.01	2910.01	159.15	11.32		3306.36

年份	耕地	园地	林地	牧草地	居民点及工矿用地	交通用地	水域	未利用地	合计
2007	164.25	4.28	56.25	0.01	3269.73	117.8	11.25		3623.57
2008	158.21	4.32	56.62	0.01	3107.73	122.55	11.65		3461.09
2009	154.33	4.03	56.88	0.01	3278.86	111.22	11.58		3616.91
2010	157.22	4.56	56.03	0.01	3545.1	106.32	11.45		3880.69
2011	165.21	4.63	56.21	0.01	3726.12	129.55	11.66		4093.39
2012	140.25	4.52	56.25	0.01	3758.61	122.38	11.2		4093.22
2013	165.32	4.33	56.55	0.01	3602.92	130.26	11.32		3970.71

4.7　基于低碳利用目标的土地利用结构优化及分析

　　土地利用结构优化是土地利用总体规划的核心和基础内容,以前优化目标往往是经济效益,这里以全新的低碳利用目标来探讨土地利用结构优化问题,作为低碳型土地利用规划的研究内容之一(较系统的研究见第10章),采用线性规划模型,以碳蓄积最大化、碳排放最小化和碳汇最大化为三个目标建立土地利用优化的目标函数,提出长沙市土地利用的结构优化方案;并通过与长沙市2020年土地利用总体规划方案(表4-9)的对比,分析各种方案的碳减排潜力,提出最佳土地利用方案及其选取的依据,为国土部门提供决策参考。

表4-9　长沙市土地利用总体规划方案

Table 4-9　The land use overall plan of Changsha City

单位:hm^2

	类别	2005 年	2010 年	2020 年
	土地总面积	1181946.29	1181946.29	1181946.29
农用地	合计	1001566.51	984414.86	953569.67
	耕地	284503.08	279089.00	269012.00
	园地	30474.20	30464.00	30494.00
	林地	591582.96	578305.00	574405.00
	牧草地	13.25	13.25	13.25
	其他农用地	94993.02	96543.61	79645.42

类别			2005 年	2010 年	2020 年
建设用地	居民点及工矿用地	合计	134257.09	152207.00	183851.09
		小计	117808.95	132388.07	158276.95
		城镇用地	23615.80	34612.53	53487.47
		农村居民点用地	80222.27	77215.00	71358.27
		独立工矿用地	12485.81	19065.47	31916.14
		特殊用地	1485.07	1495.07	1515.07
	交通运输用地		7883.88	10243.37	14272.08
	水利设施用地		8564.26	9575.56	11302.06
未利用地	合计		46122.67	45324.43	44525.53
	未利用土地		15366.94	14730.63	14093.68
	其他土地		30755.75	30593.80	30431.85

表 4 – 10　长沙市不同土地利用方式的碳储量、碳源和碳汇系数

Table 4 – 10　The coefficient of carbon storage、carbon source and carbon sink of different land – use types in Changsha City

序号	土地利用类型	碳蓄积系数(t/hm^2)			碳汇系数(t/hm^2)			碳排放系数(t/hm^2)		
		2005	2010	2020	2005	2010	2020	2005	2010	2020
1	耕地	100.80	100.80	100.8	4.79	4.73	4.55	2.16	2.18	2.24
2	园地	89.85	89.85	89.85	4.31	4.01	3.19	0.73	0.79	0.96
3	林地	142.71	142.71	142.7	3.81	3.81	3.81	0.06	0.08	0.14
4	牧草地	87.28	87.28	87.28	0.95	0.95	0.95	0.00	0.00	0.00
5	其他农用地	41.53	41.43	41.17	0.68	0.69	0.71	4.22	4.90	6.77
6	城镇工矿用地	182.51	184.00	188.1	1.93	1.97	2.05	342.15	357.53	399.84
7	农村居民点用地	182.51	184.00	188.2	1.93	1.97	2.05	11.27	10.19	7.22
8	交通运输用地	109.97	109.97	109.9	0.00	0.00	0.00	58.76	68.93	96.90
9	水利设施用地	102.41	102.41	102.4	0.00	0.00	0.00	47.44	63.10	106.15
10	其他建设用地	124.76	124.76	124.76	0.00	0.00	0.00	47.44	63.10	106.15
11	水域	22.86	22.86	22.86	0.80	0.81	0.84	0.46	0.59	0.95
12	未利用地	89.40	89.40	89.40	0.00	0.00	0.00	0.00	0.00	0.00

4.7.1 基于碳蓄积量最大化的土地利用结构优化模型

首先以各地类的碳蓄积量建立目标函数 $F(X_c)$，选取 12 种土地利用类型的面积作为变量：耕地面积 X_1、园地面积 X_2、林地面积 X_3、牧草地面积 X_4、其他农用地面积 X_5、城镇工矿用地面积 X_6、农村居民点用地面积 X_7、交通运输用地面积 X_8、水利设施用地面积 X_9、其他建设用地面积 X_{10}、水域面积 X_{11}、自然保留地面积（未利用地）X_{12}。以各地类的面积乘以 2020 年碳蓄积系数（表 4-9），然后求和作为目标函数，需要求得 X_j 的一组解，设目标函数 $F(X_{cc})$ 的值最大（即碳蓄积最大化），方程如下：

$$\max F(X_{cc}) = 100.8 \times X_1 + 89.85 \times X_2 + 142.71 \times X_3 + 87.28 \times X_4 + 41.17 \times X_5 + 188.12 \times X_6 + 188.12 \times X_7 + 109.97 \times X_8 + 102.4 \times X_9 + 124.76 \times X_{10} + 22.19 \times X_{11} + 89.40 \times X_{12}$$

$$(4-29)$$

目标函数确定之后，建立各变量的约束条件。这里根据《长沙市土地利用总体规划（2006-2020 年）》《长沙市城市总体规划（2003-2020 年）》《长沙市"十二五"规划纲要》和长沙市的实际情况，以及对社会经济发展的预测值，构建各变量的约束方程。

首先，各类土地面积之和应等于长沙市土地总面积（1181946.29hm²）：

$$\sum X_j = X_1 + X_2 + X_3 + X_4 + X_5 + X_6 + X_7 + X_8 + X_9 + X_{10} + X_{11} + X_{12} = 1181946.29$$

$$X_j > 0 \ (j = 1, 2, 3 \cdots 12)$$

$$(4-30)$$

根据长沙市土地利用总体规划，为严格保护基本农田，规划目标年 2020 年耕地面积应不低于 269012hm²，这是规划下达的约束性指标（即耕地面积下限），考虑到建设用地的占用，这里以当前的（2010 年）耕地面积作为上限，因此建立耕地的约束方程为：

$$269012 \leqslant X_1 \leqslant 279089.00$$

$$(4-31)$$

2005-2010 年间的土地利用现状数据显示，园地面积从 30474.19hm² 减少到 30464hm²，但规划预期 2020 年园地面积为 30494 hm²，因此这里考虑到现状面积，园地可能会比规划面积有一定程度的增长，设定约束条件为：

$$30464 \leqslant X_2 \leqslant 30494$$

$$(4-32)$$

根据长沙市土地利用总体规划（2006-2020 年），规划期内长沙市森林覆盖率不低于 50%，土地生态保护面积保持在 306000 hm² 以上，考虑到长沙市生态城市建设的要求，森林覆盖率有所增加是符合实际的；但同时考虑到林地的砍伐和造林的成活率情况，将该值设为 2020 年规划目标年的最高值，将林地规划面积设

置为最低值,设定约束条件为:

$$574405 \leqslant X_3 \leqslant 578305 \qquad (4-33)$$

长沙市牧草地面积很少,而且呈逐年下降态势,2009年仅有13.25hm²,在土地配置中的作用微乎其微,但为了土地结构的平衡,考虑到牧草地会继续减少但也很难完全消失,这里假设2020年牧草地的下限为10hm²,设定约束条件为:

$$10 \leqslant X_4 \leqslant 13.25 \qquad (4-34)$$

根据长沙市的实际情况,为保护耕地和提高森林覆盖率,农用地中大部分用地类型如耕地的约束区间大于2020年的规划目标值,因此这里设定条件为:"其他农用地"规划年面积小于2010年的面积,但也不能无限制地减少,降幅阈值设为20%,据此,设定约束条件为:

$$79645.42 \leqslant X_5 \leqslant 96543.61 \qquad (4-35)$$

控制新增建设用地是国家和地方政府土地利用总体规划的主要任务之一,长沙市土地利用总体规划(2006-2020年)下达了规划目标年城镇工矿用地和农村居民点用地的控制指标(183851.09hm²),因此建立约束条件为:

$$X_6 + X_7 \leqslant 183851.09 \qquad (4-36)$$

根据长沙市城市总体利用规划,长沙市常住人口2020年预期为1000万,城市化率为81%,按照长沙市土地利用总体规划,城镇工矿用地的最高面积为85403.61hm²,则城镇建设用地的总规模不能大于183851.09 hm²,因此建立城镇工矿用地的约束条件为:

$$79645.42 \leqslant X_6 \leqslant 85403.61 \qquad (4-37)$$

2005年全市农村居民点 用地80222.27 hm²,长沙市农村居民点整理和空心村整治具有较大潜力,2020年规划期居民点面积为71358.27 hm²。未来,随着农村人口的减少,农村居民点的整理潜力会更大,但考虑到实际情况,将居民点整理比例的上限定位为15%,因此建立农村居民点用地的约束条件为:

$$71358.27 \leqslant X_7 \leqslant 80222.27 \qquad (4-38)$$

随着经济快速发展和城市化进程,长沙市建设用地的面积仍然会呈扩张趋势,因此这里设定交通运输用地X_8、水利设施用地X_9、其他建设用地X_{10}等的面积均在2010年的基础上有所增长,这里将这几种建设用地的增长阈值适当放宽,但超过规划值的比例限定于5%以下,则建立约束方程为:

$$13558.48 \leqslant X_8 \leqslant 14272.08 \qquad (4-39)$$

$$10736.96 \leqslant X_9 \leqslant 11302.06 \qquad (4-40)$$

$$1439.32 \leqslant X_{10} \leqslant 1515.07 \qquad (4-41)$$

随着社会经济的发展,水域面积的下降通常是不可避免的,根据 历年水域面积的变化率,这里设定 2020 年水域面积比 2010 年至少下降 3% – 5%,即介于 30431.85hm² 和 30593.8 hm² 之间,因此设定约束条件为:

$$30431.85 \leqslant X_{11} \leqslant 30593.8 \qquad (4-42)$$

据长沙市土地利用总体规划(2006 – 2020 年),通过开发未利用地补充耕地 429.9 hm²,另外随着长沙市土地的开发,按照历年来长沙市未利用地面积的下降趋势来推算,长沙市 2020 年未利用地土地面积在 14093.68 hm² 左右,这里以 2010 年的自然保留地面积(未利用地)作为上限,设置约束条件为:

$$14093.68 \leqslant X_{12} \leqslant 14730.63 \qquad (4-43)$$

根据以上目标函数和各变量的约束条件,本书采用 Lingo 软件对以上方程进行求解,得到 2020 年长沙市土地利用结构的优化方案(表 4 – 11)。

表 4 – 11　基于碳蓄积最大化的长沙市土地利用结构优化方案

Table 4 – 11　Optimization scheme of land use structure based on maximum carbon accumulation

变量	土地利用类型	2020 年土地利用规划方案		基于碳蓄积最大化的土地优化方案	
		面积(hm²)	碳蓄积(10⁴t)	面积(hm²)	碳蓄积(10⁴t)
X_1	耕地	269012	2563.25	267512	2502.36
X_2	园地	30494	251.23	30494	251.23
X_3	林地	574405	1524.25	569805	1495.26
X_4	牧草地	13.25	0.13	10.25	0.08
X_5	其他农用地	79645.42	356.25	73250.42	346.2
X_6	城镇工矿用地	85403.61	1725.1	87703.61	1858.2
X_7	农村居民点用地	71358.27	1325.21	72358.27	1402.36
X_8	交通运输用地	14272.08	185.25	20572.08	235.23
X_9	水利设施用地	11302.06	103.25	17582.06	154.88
X_{10}	其他建设用地	1515.07	25.25	1915.07	27.29
X_{11}	水域	30431.85	23.62	28218	16.52
X_{12}	未利用地	14093.68	405.26	12525.53	356.52
	合计	1181946.29	8488.05	1181946.29	8646.13

从表 4 – 11 可知,基于碳蓄积最大化的土地利用优化方案的总碳蓄积水平为 8646×10⁴t,比 2020 年长沙市土地利用总体规划方案的碳蓄积多 158×10⁴t。而且从本优化方案的土地利用结构可知,不仅保证了建设用地的适度增长,而且也实

现了碳蓄积的最大化,同时也保证了长沙市耕地面积的规划目标值。另外,该优化方案的林地的面积也比规划方案有一定程度的增长,因此,不论从促进经济发展的角度还是增加区域碳蓄积的角度,该优化方案要优于长沙市2020年土地利用总体规划方案。

4.7.2　基于碳排放最小化的土地利用结构优化模型

以各地类的面积乘以2020年碳排放系数(表4-10),然后求和作为目标函数,需要求得 X_j 的一组解,使目标函数 $F(X_{ce})$ 的值最小(即碳排放最小化),方程如下: $minF(X_{ce}) = 2.24 \times X_1 + 0.96 \times X_2 + 0.14 \times X_3 + 0 \times X_4 + 6.77X_5 + 399.84 \times X_6 + 7.22 \times X_7 + 96.9 \times X_8 + 106.15 \times X_9 + 106.15 \times X_{10} + 0.95 \times X_{11} + 0 \times X_{12}$

$$(4-44)$$

这里采用与"基于碳蓄积最大化"的优化方案中相同的约束条件,运用Lingo软件进行求解,得到基于碳排放最小化的土地利用优化方案(表4-12)。

表4-12　基于碳排放最小化的长沙市土地利用结构优化方案

Table 4-12　Optimization scheme of land use structure

based on minimum carbon emission

变量	土地利用类型	2020年土地利用规划方案		基于碳排放最小化的土地优化方案	
		面积(hm²)	碳排(10⁴t)	面积(hm²)	碳排放(10⁴t)
X_1	耕地	269012	56.58	274511	57.89
X_2	园地	30494	2.98	34774	3.26
X_3	林地	574405	8.09	575805	8.89
X_4	牧草地	13.25	0	33.25	0
X_5	其他农用地	79645.42	55.62	69945.42	42.23
X_6	城镇工矿用地	85403.61	3452.36	82253.61	3302.3
X_7	农村居民点用地	71358.27	43.25	71358.27	43.25
X_8	交通运输用地	14272.08	154.25	15572.08	185.2
X_9	水利设施用地	11302.06	132.52	12082.85	153.1
X_{10}	其他建设用地	1515.07	15.07	1815.07	19.98
X_{11}	水域	30431.85	1.39	29702.06	1.02
X_{12}	未利用地	14093.68	0	14093.68	0
	合计	1181946.29	3922.11	1181946.29	3817.12

从表 4-12 中可见,基于碳排放最小化的长沙市土地优化方案的碳排放总量比 2020 年长沙市土地利用总体规划方案的碳排放减少了 105×10^4 t,碳减排效果明显。本优化方案主要是通过增加林地和耕地面积,同时适度控制城镇工矿用地的面积来实现碳排放的最小化,这是因为农村居民点用地和城镇工矿用地等有较多的碳排放,可以看出,该方案中的城镇工矿用地比规划方案少了 1350×10^4 t,交通用地和其他建设用地等与规划方案相比少量增加,耕地和林地等生产性土地面积也有一定程度的增加。总体而言,该优化方案是通过约束建设用地的规模来实现碳减排的。

4.7.3　基于碳汇最大化的土地利用结构优化模型

以各地类的面积乘以 2020 年碳汇系数(表 4-10),然后求和作为目标函数,需要求得 Xj 的一组解,使目标函数 $F(Xcs)$ 的值最大(即碳汇最大化),方程如下:

$$\max F(X_{cs}) = 4.55 \times X_1 + 3.91 \times X_2 + 3.81 \times X_3 + 0.95 \times X_4 + 0.71 X_5 + 2.05 \times X_6 + 2.05 \times X_7 + 0 \times X_8 + 0 \times X_9 + 0 \times X_{10} + 0.84 \times X_{11} + 0 \times X_{12} \qquad (4-45)$$

这里采用与"基于碳蓄积最大化"的优化方案中相同的约束条件,运用 Lingo 软件进行求解,得到基于碳汇最大化的土地利用优化方案(表 4-13)。

表 4-13　基于碳汇最大化的长沙市土地利用结构优化方案

Table 4-13　Optimization scheme of land use structure based on maximum carbon sink

变量	土地利用类型	2020 年土地利用规划方案		基于碳排放最小化的土地优化方案	
		面积(hm^2)	碳排(10^4t)	面积(hm^2)	碳排放(10^4t)
X_1	耕地	269012	123.65	274512	126.2
X_2	园地	30494	7.85	32774	8.96
X_3	林地	574405	22.58	584805	24.72
X_4	牧草地	13.25	0	23.25	0
X_5	其他农用地	79645.42	5.14	69945.36	3.95
X_6	城镇工矿用地	85403.61	18.56	87703.61	19.04
X_7	农村居民点用地	71358.27	13.73	60586.27	10.53
X_8	交通运输用地	14272.08	0	14272.08	0
X_9	水利设施用地	11302.06	0	12582.06	0
X_{10}	其他建设用地	1515.07	0	1515.07	0
X_{11}	水域	30431.85	1.22	29702.06	1.02
X_{12}	未利用地	14093.68	0	13525.53	0

变量	土地利用类型	2020年土地利用规划方案		基于碳排放最小化的土地优化方案	
		面积（hm²）	碳排（10⁴t）	面积（hm²）	碳排放（10⁴t）
	合计	1181946.29	192.73	1181946.29	194.42

由表4-13可见，基于碳汇最大化的土地利用优化方案的碳汇总量比2020年长沙市土地利用总体规划方案的碳汇总量多了 $1.7 \times 10^4 t$ ，增加了少量的碳汇量，但从总的碳储量来看，效果并不理想。可以看出，该方案中建设用地总量大体上与2020年规划方案基本上保持一致，其中城镇工矿用地有少量的增长，这可以通过农村居民点用地的整理来补充。另外，该方案中牧草、林地、园地和耕地等面积均比规划目标年的值有一定增长，这表明，该优化方案实现增加碳汇量的目标主要是通过增加生产性土地面积这个途径来实现的。

4.7.4 长沙市不同土地利用结构优化方案的碳减排效果对比

结合以上三种土地利用结构优化方案，对不同优化方案下的碳蓄积、碳汇和碳排放进行对比分析（表4-14），主要结果如下：

表4-14 长沙市三种土地利用结构优化方案的对比分析

Table 4-14 Comparison analysis of 3 optimization schemes of
land use structure of Changsha City

单位：10⁴tC

土地利用类型	碳蓄积最大化方案			碳汇最大化方案			碳排放最小化		
	碳蓄积	碳汇	碳排放	碳蓄积	碳汇	碳排放	碳蓄积	碳汇	碳排放
耕地	2502.36	125.1	64.04	2440.22	126.2	54.11	2430.13	119.75	57.89
园地	251.23	8.77	4.89	207.44	8.96	4.93	226.89	8.11	3.26
林地	1495.26	24.14	8.23	1400.66	24.72	8.15	1400.66	24.13	8.89
牧草地	0.08	0	0	0.07	0	0	0.07	0	0
其他农用地	346.2	3.37	55.89	342.28	3.93	56.27	339.95	3.9	42.23
城镇矿用地	1858.2	18.69	3315.99	1854.24	19.04	3403.13	1774.71	16.09	3302.3
农村居民点用地	1402.36	9.98	41.54	1247.52	10.53	42.63	1283.75	10.43	43.23
交通运输用地	235.23	0	195.1	200.18	0	186.38	210.19	0	185.2
水利设施用地	154.88	0	211.1	193.96	0	201.04	133.66	0	153.1

土地利用类型	碳蓄积最大化方案			碳汇最大化方案			碳排放最小化		
	碳蓄积	碳汇	碳排放	碳蓄积	碳汇	碳排放	碳蓄积	碳汇	碳排放
其他建设用地	27.29	0	20.67	19.8	0	23.27	16.34	0	19.98
水域	16.52	1	4.54	15.7	1.02	4.64	10.7	1.1	1.02
未利用地	356.52	0	0	336.65	0	0	350.66	0	0
合计	8646.1	191.05	3921.99	8258.72	194.4	3984.55	8177.71	183.51	3817.1

(1)基于碳蓄积最大化的土地利用结构优化方案虽然与2020年规划方案相比能增加城市系统的碳蓄积水平(增加48×10^4t),一方面建设用地的扩张却带来了更多的碳排放,但是另一方面在该方案中碳汇水平也有一定程度的加强,其碳排放总量比2020规划目标年土地利用规划方案多了约105×10^4t,所以,总的来说基于碳蓄积最大化的土地利用结构优化方案不利于从长沙市的低碳土地利用。

(2)基于碳汇最大化的土地利用结构优化方案能在一定程度上增加区域的碳汇水平,比2020规划目标年土地利用规划方案多了1.7×10^4t,但在该优化方案中,碳排放总量增长较多,比2020规划目标年土地利用规划方案增长了167×10^4t,因此,该方案仅从土地利用碳汇角度起到了一定增加碳汇效果,但也不利于从长沙市的低碳土地利用。

(3)基于碳排放最小化的土地优化方案能够明显降低长沙市的碳排放水平,比2020规划目标年土地利用方案的碳排放总量减少105×10^4t,同时就碳蓄积而言,比2020年规划方案多17×10^4t,因此,从减少碳排放和增加碳汇这两个方面的综合效果来看,基于碳排放最小化的土地利用优化方案要比其他两种方案更利于长沙市土地低碳利用。

根据以上对比分析,可以得出结论:采用基于碳排放最小化的土地利用结构优化方案作为未来土地利用结构调整的参考,可以从总体上降低长沙市的碳排放强度并增加区域的碳汇功能,该土地利用结构优化方案不仅增加了生产性土地面积,控制了建设用地的过快增长,更有助于长沙市实现土地低碳利用的目标。

4.8　本章小结

本研究通过对城市系统碳循环的机理分析,构建了城市层面碳循环和碳流通以及土地利用碳储量和碳通量研究的理论框架,结合IPCC温室气体清单分析方法和国内外相关研究成果,构建了城市系统碳收支核算方法,城市系统碳循环运行评估方法,城市土地利用碳收支核算方法。

本研究对长沙市六区三县(市)开展了城市系统碳循环评估研究,从不同的土地利用方式的碳储量和碳通量,探讨土地利用及其变化的碳排放效应,基于土地利用结构优化的角度,提出长沙低碳土地利用的规划方案,通过研究得出如下结论。

(1)长沙2013年碳储量为7194×10^4 t,碳输出为3971×10^4 t,碳输入为3930×10^4 t,长沙历年的碳输出均小幅高于碳输入。

(2)在三种土地利用结构优化方案中基于碳排放最小化的结构优化方案最利于从总体上控制长沙市的碳排放水平。

第5章　基于碳源－碳汇模型的长沙市土地低碳利用研究

5.1　研究内容概述

选取长沙市六区为研究区域,运用系统论构建长沙市土地低碳利用系统,按照等级分为目标层、子系统层、指标层、变量层。子系统包括碳源子系统和碳汇子系统,分别对碳源子系统和碳汇子系统建立指标体系,计算出长沙市区 2009 ~ 2012 年不同区域的土地碳排放与碳汇量及土地利用净碳排放量,编制土地利用碳足迹图,分析长沙市碳排放增长和经济增长之间的关系,进行脱钩评价,全面分析长沙市土地低碳利用水平。

5.2　研究方法与技术路线

5.2.1　研究方法

（1）信息迁移法

充分借鉴国内外已有的关于低碳经济研究、低碳城市研究以及土地低利用研究成果等来界定城市土地低碳利用的内涵以及构建碳源碳汇模型。

（2）问卷调查法

分别设计长沙市居民用地碳排放调查问卷、工业区土地利用碳排放调查问卷等,并于 2013 年 9 月份发放约 500 份调查问卷。调查样本采用分层随机取样法进行确定,在长沙市六区随机发放调查问卷,调查回收有效调查文件 478 份。

（3）定性与定量分析法

首先定性分析了低碳经济对长沙市土地利用的要求,并运用系统分析法,构建模型对长沙市碳源碳汇进行测算,同时辅以图件和表格对长沙市土地低碳利用水平的时间、空间分布规律进行表达,得出长沙市碳源数据和碳汇数据以及分布规律,从而对长沙市土地低碳利用提供决策参考。

5.2.2　研究技术路线

研究的技术路线见图5－1。

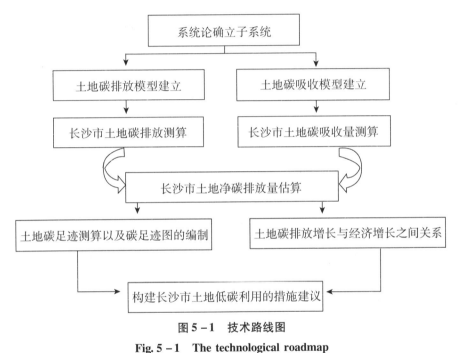

图5－1　技术路线图

Fig. 5－1　The technological roadmap

5.3　长沙市土地碳源－碳汇估算模型建立

5.3.1　数据来源与处理

（1）数据来源

①土地利用现状数据

长沙市土地利用现状数据主要来源于长沙市国土资源局土地利用变更调查

数据,其次是一些相关职能部门的业务统计资料,如林业局,规划局,农业局等。

②社会经济数据和其他数据

长沙市社会经济数据主要来源于《长沙市统计年鉴》、长沙市社会经济统计公报、长沙市能源网。其他数据如家庭生活能耗资料、居民出行交通能耗数据来源于对问卷调查的统计。

(2)土地利用碳排放量的测算方法

周军辉(2011)对长沙市1996-2009年间碳排放量和碳汇量进行了测算,为避免重复,本研究选取数据起止时间为2009-2012年。在方法上,周军辉对长沙市碳排放量测算采用长沙市工业生产主要消耗的化石能源消费量及其碳排放系数进行测算。而本研究碳排放测算方法为根据Kaya模型计算出各土地利用类型的碳排放量,通过分项相加得出长沙市土地利用总碳排放量。

5.3.2 指标体系的建立

(1)指标体系构建的原则

①系统性

土地的低碳利用涉及经济、社会、资源环境等等方面,其内涵包括了产业、技术、建筑、交通、生活等方面。指标体系的建立,必须能够全面地反映长沙市土地低碳利用现状,促进长沙市土地低碳利用目标的实现,同时突出主导因素。

②可操作性

构建指标体系的目的主要是对长沙市土地低碳水平进行测量,因此选取的指标要明确、通俗且数据容易收集和计算。有些指标如新能源汽车比重、家庭节能情况等虽然是衡量城市低碳利用水平的因素,但是数据难以收集和统计,故不纳入指标体系中。

③客观性原则

评价指标应采用可以量化的数据。主观因素主要是指个人思想水平、认识水平、观念态度等,主观因素对指标的影响常常会导致测算结果产生偏差。一些主观因素如对城市低碳利用的态度,低碳政策虽然是衡量低碳发展水平的因素,但是由于指标的主观性难以进行客观比较,因此也不宜选入指标体系。

(2)指标体系的构建

长沙市土地低碳利用系统包含碳源子系统和碳汇子系统。碳排放可以分为自然碳排放和人为碳排放,自然碳排放是自然界本身为维持自然界生态系统平衡而向大气中释放的碳,目前没有直接监测数据得出自然碳排放量。从系统论的角度来说,子系统亦包含众多要素且内部结构复杂的指标,因此需要选取具有代表性的指标,来探索其特征与演化规律,才能反映出子系统层受各指标的影响程度,为测算目标层实现度提供依据。本研究根据长沙市实际情况,选取碳排放子系统的要素包括居民用地碳排放、工业用地碳排放、交通用地碳排放三个方面。

碳汇子系统同样也包含众多的要素及其指标。陆地上碳汇主要为土壤、植被,根据长沙市实际情况,选取碳汇子系统的要素包括耕地、园地、林地、草地、城市园林绿地。

5.3.3　土地利用碳排放估算模型的建立及测算

碳排放是指温室气体排放的任何活动或过程,其数量根据相应的折算系数用 CO_2 当量或者碳当量来表征。碳排放核算方法较多,全球总的碳排放量可以通过诸多方法确定,如宏观模型、直接测量、计算和估算等,就目前而言,大部分计算碳排放量选取的计算模型为: $CO_2 = KE$ (K 为碳排放系数,为常数。 E 为不同能源类型的能耗)。 $CO_2 = KE$ 实际上是日本学者 Kaya 在 1989 年 IPCC 研讨会上提出的著名的 kaya 碳排放恒等式 $CO_2 = P \times \dfrac{GDP}{P} \times \dfrac{E}{GDP} \times \dfrac{CO_2}{E}$ 的变种。Kaya 恒等式将人口、经济数据、能耗等这些指标通过一组简单的数学公式建立,P 为人口数量,E 为总能耗,$\dfrac{GDP}{P}$ 人均 GDP,$\dfrac{E}{GDP}$ 为单位 GDP 产值能耗,$\dfrac{CO_2}{E}$ 通过二氧化碳和能耗比换算得到的系数,即我们通常所指的碳排放系数 K。

考虑到因经济发展价格不断变化的情况,需采用可比价计算,而不是基于当年价的 GDP,本研究采用的可比价计算以 2005 年为价格基期,通过各项生产总值缩减指数法计算可比价。

本研究采用问卷调查法以及建立碳排放模型方式估算出长沙市区总碳排放量。

(1)居民用地碳排放测算模型

居民生活的能耗受多种因素的影响,如居民的收入水平和购买力、居民生活习惯、居民区的条件,考虑到选取的指标能量化并具可操作性,本研究选取了三个要素,具体为居民家庭电力、煤炭、天然气、液化气等生活直接能耗碳排放,居民出行交通碳排放量,家庭生活垃圾碳排放。将三个分项相加求出居民用地碳排放量,继而根据长沙市土地利用现状数据,可以计算出居民用地地均碳排放量。由于家庭日常生活并不产生经济效益,故将居住用地碳排放数据转换成家庭各项总能耗,转换后的公式为

$$CO_{2居民用地地均排放量} = \frac{E_h \times K_h}{S_{居民用地面积}} \tag{5-1}$$

其中:K_h——家庭能耗碳排放系数;E_h——总能耗。

由家庭碳排放能耗可得知,家庭生活总能耗包括三个部分。

①家庭生活直接能耗计算模型为:

$$CO_{2能源能耗} = E_l \times k_l + E_n \times k_n + E_p \times k_p + E_W \times k_w \qquad (5-2)$$

其中:E_l——居民生活用电量;k_l——电力碳排放系数;

　　　　E_n——居民天然气消耗量;k_n——天然气燃烧碳排放系数;

　　　　E_p——液化气消耗量;k_p——液化气燃烧碳排放系数;

　　　　E_w——居民用水消耗量;k_w——水的碳排放系数。

家庭能耗数据来源于 2009 – 2012 年《长沙市统计年鉴》,2009 – 2012 年《湖南省统计年鉴》,以及对长沙市居民区碳排放情况实地调查。各项能耗碳排放系数参考大连林业局网站发布排放系数数据。

②居民日常交通出行产生碳排放计算模型为:

$$CO_{2交通出行碳排放量} = CO_{2交通出行碳排放量} = \sum_{i=1}^{n} p_p \times M \times K_p \qquad (5-3)$$

其中:P_p——私家车数量;

　　　　M——私家车平均年通车里程;

　　　　K_p——私家车每百公里碳排放系数。

考虑长沙市私家车类型结构,本研究只考虑私人小汽车和摩托车。通过对问卷调查分析综合,得出长沙市居民私家车每天驾驶时间约为 40 min,扣除部分节假日休息在家天数,按照平均时速 65 ~ 70 km/h,长沙市居民年平均驾驶里程约为 12045 km。由于长沙市近年来禁摩行动开展,长沙市摩托车数量非常小,故此处不考虑摩托车碳排放量。据赵敏(2010)统计得出私家车每百公里碳排放量为 5.3kg。

③居民日常生活垃圾产生碳排放计算模型为:

$$CO_{2垃圾排放量} = A_n \times K_n \qquad (5-4)$$

其中:A_n——居民生活垃圾量;

　　　　k_n——生活垃圾碳排放系数。

根据回收的调查问卷分析,长沙市 3 人结构家庭人均日产垃圾量为 0.45kg/人,4 人结构家庭人均为 0.52kg/人,五人家庭结构人均为 0.46kg/人。生活垃圾碳排放系数参考大连林业局网站发布数据。

(2)工业用地碳排放测算

工业用地是指独立设置的工厂、车间、手工业作坊等生产场地。据统计,中国工业终端能源消耗占据全部能源消耗的 60% 以上,因此工业用地是实现节能减排低碳发展的重要单元。工业产生的碳排放由化石能源、电能、热能等能耗的消耗所产生,由于能源数据的不可获取性,缺少长沙历年能源消耗的详细数据,故采用单位 GDP 能耗折算的方法。根据 Kaya 恒等式,采用工业地区生产总值和单位地区生产总值的能耗来估算出总能耗(标准煤),再依据总能耗来核算出总碳排放量。采用湖南省统计年鉴各年工业用地面积作为基础资料来计算工业用地地均碳排放强度。

$$CO_{2\text{工业用地地均排放量}} = \frac{GDP_i \times \frac{E}{GDP} \times \frac{CO_2}{E}}{S_{\text{工业用地面积}}} \qquad (5-5)$$

其中:GDP_i——工业产值;

　　　CO_2/E——工业碳排放强度系数。

为了简便计算,本研究采用中国学者较为普遍认同的 $K = 0.785$。2009～2012年工业地区生产总值数据来源于 2009～2012 年《长沙市统计年鉴》。2009～2012年工业用地面积参考于 2009～2012 年《湖南统计年鉴》。

(3)交通用地碳排放测算

交通用地是指各种道路的总称,在第二次土地利用现状调查(后文简称"二调")中,将交通用地分为公路、铁路、农村道路、民用机场、码头五个二级地类。按照交通分类方式,又可分为机动交通和非机动交通,其中非机动交通自行车以及步行产生的碳排放量非常少,在本研究中忽略不计。根据长沙市交通实际,产生碳排放工具为载客汽车、载货汽车、私人汽车、摩托车(电动车)、公共汽车以及出租汽车,其中可以分为两大类:营运车辆和非营运车辆。在非营运车辆产生的碳排放量作为家庭日常能耗产生的碳排放量归并在居民用地碳排放量中。本研究交通用地能耗采用交通运输营运额和单位地区生产总值的能耗来估算,再依据总能耗来核算出总碳排放量,由此得出长沙市交通用地地均碳排放量:

$$CO_{2\text{交通用地地均碳排放}} = \frac{GDP_{pv} \times \frac{E}{GDP} \times \frac{CO_2}{E}}{S_{\text{工业用地面积}}} \qquad (5-6)$$

其中:GDP_{PV}——营运车辆年营运额。

交通营运额可比价数据由交通营运额当年价数据和价格指数计算得出。交通营运额物价指数采用服务项目价格指数。2009～2012 年交通运输营运额参考2009～2012 年《长沙市统计年鉴》。交通用地面积参考 2009～2012 年长沙市国土局信息中心土地利用现状数据。

依据上文各类用地碳排放测算模型,结合长沙市实际,可以得出 2009～2012年长沙市碳排放总量。

5.3.4　土地利用碳汇估算模型的建立及测算

碳汇一般是指从空气中吸收并储存 CO_2 的过程、活动、机制,包括森林碳汇、农田草地碳汇、土壤碳汇及湿地碳汇等。国内外研究测算碳汇方法主要概括为:包括生物量法、蓄积量法、涡旋相关法、弛豫涡旋积累法、箱式法及森林土壤碳测定法等等。城市的碳汇资源包括城市的碳储量和碳通量。本研究主要考虑长沙市碳排放和碳吸收动态的变化过程,即碳输入输出量,而不考虑静态过程的碳储量。

本研究根据长沙实际情况设定长沙市碳汇指标包括耕地、林地、园地、草地、城市园林绿地面积。由于难以获取长沙市各类植物种类和数量,为了简便计算,本研究采用碳汇系数法,即根据耕地、林地等不同用地类型的面积和其对应的碳汇系数进行计算,碳汇估算模型如下:

$$C = \sum_{i=1}^{n} k_i S_i \qquad (5-7)$$

其中:C——碳汇总量;

K_i——第 i 类碳汇资源单位面积的年碳生产率;

S_i——第 i 类碳汇的面积。

根据方精云(1996)的植物 NEP 的研究,植被的碳同化量可以根据"光合作用总量 = 呼吸总量 + 净增量 + 凋零物量"转化,这里的碳汇资源单位面积的年碳生产率等于碳汇资源单位面积的光合作用总量。根据公式既可以得出各种碳汇资源的年度碳吸收量。

（1）长沙市耕地碳吸收量估算

耕地既是碳汇也是碳源,农作物通过光合作用吸收大气中的 CO_2,一部分合成有机质,以食物、饲料等形式存在于植物体内,然后通过人和动物的消耗排放到大气中;一部分成为工业原料储存起来;另外一部分直接用于呼吸,释放 CO_2 放到大气中。同时,耕地作为重要的生活资料源地,源源不断的人类活动,如灌溉、施肥、机械作业等不断地产生碳排放,所以说,耕地即是一个碳输入区,也是碳输出区,耕地碳汇也是陆地生态系统碳汇的重要组成。由于耕地的碳排放量远远小于耕地的碳吸收量,本研究只考虑耕地的碳吸收作用。

耕地的碳吸收量,主要是农作物通过光合作用产生碳吸收,因此,采用农作物产量推算碳吸收量是比较可行和成熟的方法,根据赵荣钦对方精云研究改进,采用下列模型计算农作物光合作用总量:

$$CI = \sum_i C_i \times (1 - W_i) \times \frac{P_i}{Q_i} \qquad (5-8)$$

其中:CI——农作物光合作用总量,即农作物碳吸收总量;

C_i——第 i 类农作物有机质碳吸收率;

W_i——第 i 类农作物含水率;

P_i——第 i 类农作物经济产量;

Q_i——第 i 类农作物经济系数。

农作物的经济产量数据来源于长沙市 2009～2012 年统计年鉴。主要农作物含水率和碳吸收率以及经济系数参考见表 5 – 1。

表 5 – 1 主要农作物类型经济系数和碳吸收率

Table 5 – 1 The percentage of moisture, economic coefficient and carbon absorption rate of main crops

种类	经济系数	平均含水率	碳吸收率
水稻	0.45	0.1375	0.4144
小麦	0.40	0.125	0.4853
玉米	0.40	0.135	0.4709
高粱	0.35	0.145	0.45
谷子	0.40	0.1375	0.45
薯类	0.70	0.133	0.4226
大豆	0.35	0.125	0.45
其他粮食作物	0.40	0.133	0.45
棉花	0.10	0.083	0.45
油菜籽	0.25	0.09	0.45
向日葵	0.30	0.09	0.45
花生	0.43	0.09	0.45
甘蔗	0.50	0.133	0.45
麻类	0.39	0.133	0.45
甜菜	0.70	0.133	0.4072
烟草	0.55	0.082	0.45

根据公式 5 – 8 和表 5 – 1 计算出来的碳吸收量为农作物的净初级生产量,而实际光合作用的同化量为总初级生产量,还需要加上农作物自身呼吸作用的消耗量。

(2)长沙市林地碳吸收量估算

林地系统包括天然林,次生林和人工林。林地是全球最大的碳吸收系统,研究表明,林地不仅具有高碳储能力,而且具有较高的碳吸收率。由于森林系统多样性复杂性以及森林时空动态变化性,目前对森林碳汇潜力估算存在较多的差异,从长沙市林地结构类型来看,长沙市林地主要为有林地和疏林地,而有林地面积占林地总面积90%,故本文采用有林地的光合总量。根据赵荣钦对中国植被的光合总量、呼吸总量及净生产量的统计数据,林地光合总量的单位面积参数为11. 412 t/hm^2·a。

(3)长沙市园地碳吸收量估算

长沙市园地面积较少,主要为果园和茶园,分别占园地面积54%和33%。国内外对于园地碳汇研究较少,园地的年碳吸率大多通过林地的年碳吸收率转化而来。参照方精云研究结果,园地光合总量的单位面积参数为3. 98 t/hm^2·a。

(4)长沙市草地碳吸收量估算

草地作为生态资源,不仅具有涵养水源,保持水土的作用,而且也是重要的碳汇资源。据资料统计,全球草地的碳储量达7610×10^{8}t,仅次于林地的碳储量。而我国的草地资源主要分布在西北地区,长沙市草地面积非常少,只占土地总面积的0. 3%。根据赵荣钦对中国植被的光合总量、呼吸总量及净生产量的统计数据,草地光合总量的单位面积参数为1. 58 t/hm^2·a。

(5)长沙市城市园林绿地碳吸收量估算

城市绿地面积主要包括公园绿地、生产绿地和防护绿地、附属绿地以及其他绿地,在本研究中不包括湿地面积。城市园林绿地是城市土地的有机组成部分,其重要性随着城市的现代化将越来越显著,它与工农业生产、人民的生活、城市的建筑、道路系统、地上地下管线的布置密切相关。城市绿地是市区特别是市中心最重要的碳汇资源,其净生产量和平均碳固定量均较高,是区域碳汇体系的重要组成。参照赵荣钦对中国植被光合总量、呼吸总量以及净生产力统计数据,城市园林绿地光合总量为10. 12 t/hm^2·a。

5.4　长沙市土地利用净碳排放量估算及分析

5.4.1　长沙市土地利用总碳排放量测算及分析

(1)长沙市居住用地碳排放测算及分析

根据公式5-1,可以得出长沙市以及各区2009～2012年居民用地碳排放总量和碳排放强度(表5-2,图5-2)。

表5-2 2009~2012年长沙市居民用地碳排放量指标表

Table 5-2 The indexes of carbon emissions of residential land
from 2009 to 2012 in Changsha City

| 年份 | 居民用地碳排放总量(10^4t) | 家庭生活碳排放 | | | 总户数(万户) | 家庭平均碳排放量(t) | 居民用地面积(km²) | 地均碳排放强度(10^4t/km²) |
		家庭生活碳排放量(10^4t)	交通出行碳排放量(10^4t)	生活垃圾碳排放量(10^4t)				
2009	412.97	278.14	6.79	128.05	92.81	4.45	102.50	4.03
2010	436.51	293.90	11.33	131.28	95.15	4.59	105.91	4.12
2011	509.93	357.32	17.88	134.72	97.64	5.22	108.00	4.72
2012	550.88	390.81	22.45	137.62	99.75	5.52	112.00	4.92

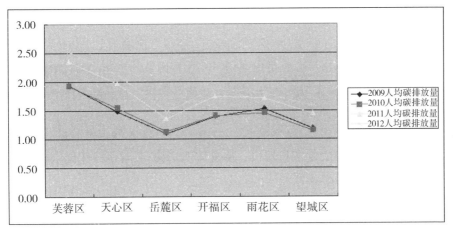

图5-2 长沙市各区2009~2012年各区居民用地碳排放强度图

Fig. 5-2 The carbon emission intensity of residential land of the
different districts in Changsha from 2009~2012

据上述公式,并参考长沙市统计年鉴,可以得到长沙市六区2012年家庭碳排放强度(表5-3)。

表 5－3　2012 年长沙市各区家庭碳排放量强度表

Table 5－3　The family carbon emission intensity of the

different districts in Changsha in 2012

行政区	收入水平(元)	家庭平均人口规模(人/户)	家庭平均碳排放量(t/户)
芙蓉区	34328.73	3.109	6.20
天心区	31097.94	2.813	5.08
岳麓区	31001.23	3.109	5.60
开福区	32548.02	2.594	4.91
雨花区	33522.28	3.094	6.02
望城区	28959.51	3.157	5.31

由表 5－2 可知,长沙市 2009～2012 年居民用地碳排放总量呈上升趋势。生活能耗是居民生活生活水平提高的一个侧面反映。随着生活不断改善,居民的消费水平不断提高,家庭电器化率,私家车拥有率越来越高。据资料统计,长沙市 2009 年电器每百户拥有量为 140.5 台,而 2012 年每百户攀升至 190.9 台,增长幅度为 36%。私家车每百户拥有量由 2009 年 14.6 辆攀升至 36.5 辆,增长幅度为 151%。同时,随着家庭生活水平的不断提高,居民使用电器以及私家车的时间越来越长,也导致居民家庭碳排放量的不断上升。

从图 5－2 可以看出,2009 年与 2010 年长沙市各区人均碳排放量基本持平,而 2011 年期人均碳排放量增长较快。从总体上来说,芙蓉区四年间人均碳排放量均最高,而岳麓区总体最低。

由表 5－3 和图 5－2 可知,长沙市区六区碳排放量存在不均衡的现象,其中芙蓉区和雨花区家庭碳排放强度最大。芙蓉区和雨花区的家庭收入较其他四个区高。研究表明,高收入家庭和低收入家庭用能行为差异显著,家庭收入对人均碳排放拉动作用较为明显,随着收入的增加,家庭在用能上逐渐向便洁、享受、奢侈过渡。此外,芙蓉区和雨花区为长沙老城区,人口和住房密度较大,其中芙蓉区人口密度最大,为岳麓区的 8 倍,望城区 15 倍。

老城区改造和节能建筑的推广是推进家庭节能减碳的重要途径。此外,确保物质生活提高的同时也应提高节能环保意识。

(2)长沙市工业用地碳排放测算及分析

根据公式 5－2 并参考长沙市各年统计年鉴,可以得出长沙市以及各区 2009～2012 年工业用地碳排放总量和碳排放强度(表 5－4,图 5－3)。

表5－4 2009～2012长沙市区工业用地碳排放量指标表

Table 5－4 The indexes of carbon emissions of industrial
land from 2009 to 2012 in Changsha City

年份	工业GDP（亿元）基于当年价格	工业GDP（亿元）（基于可比价价格）	单位GDP能耗(t标准煤/万元)	碳排放系数	单位GDP碳排放量（t/万元）	工业用地碳排放量（10^4t）	工业用地面积(km^2)	地均碳排放强度(10^4t/km^2)
2009	826.29	679.04	0.72	0.785	0.56	383.64	24.29	15.79
2010	989.34	760.63	0.71	0.785	0.56	422.64	30.08	14.05
2011	1321.59	936.47	0.59	0.785	0.46	435.12	30.54	14.25
2012	1521.60	1058.09	0.56	0.785	0.44	462.64	30.26	15.29

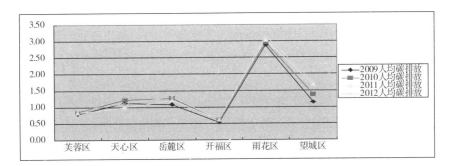

图5－3 长沙市区各区2009～2012年各区工业用地人均碳排放强度图

Fig. 5－3 The carbon emission intensity of industrial land of the
different districts in Changsha from 2009～2012

　　根据上述公式5－2,并参考长沙市统计年鉴,可以得到长沙市区六区2012年工业用地碳排放强度(表5－5)。

表5-5　2012年长沙市各区工业用地碳排放量强度

Table 5-5　The carbon emission intensity of industrial land of the
different districts in Changsha in 2012

行政区	各区单位GDP能耗(t标准煤/万元)	各区单位GDP碳排放量(t/万元)	工业GDP(亿元)	工业GDP基于可比价(亿元)	工业用地碳排放量(10⁴t)	人口	人均碳强度(t/人)
全市	0.601	0.47	1521.60	1058.09	462.64	2979005	1.55
芙蓉区	0.644	0.51	105.97	73.69	37.25	408872	0.91
天心区	0.576	0.45	139.60	97.08	43.89	396222	1.11
岳麓区	0.469	0.37	322.30	224.12	82.51	626976	1.32
开福区	0.612	0.48	79.02	54.95	26.40	433334	0.61
雨花区	0.495	0.39	652.02	453.40	176.18	556458	3.17
望城区	0.793	0.62	222.68	154.85	96.39	557143	1.73

从表5-4可以看出,长沙市工业用地碳排放总量不断攀升。从2010年工业用地面积与2009年工业用地面积增长数据中可以看出,这一年工业GDP的增长是工业面积增长来拉动的,因此工业用地碳排放量较高。而人均工业用地碳排放总量表现出起伏不定的不稳定性,人均碳排放量在2011年呈下降趋势,之后在2012年开始增长。长沙市政府在2011年实行高耗能行业改造,优化工业内部产业结构,降低单位GDP能耗政策对2011年工业碳排放强度下降起到了重要作用。2011年全年淘汰高污染企业110家,完成长沙铬盐厂42×10⁴t铬渣解毒处理工程,并将一些老工业基地污染企业退出。这一年碳排放较高的工业企业能源消费比重下降明显,原煤消费量下降20%,洗煤下降22%。这一年产值能耗降幅达22.5%。在2012年经过工业内部结构优化和能源消费结构的调整,一些高附加值高科技和低能耗行业比例增加,电子设备,仪器仪表制造业等精工业产值比重上升。人均碳排放强度稍微上涨,但这一增长比例低于工业GDP增长比例,这也同时说明长沙市工业结构优化和低能耗企业虽然得到了一定发展,但是工业能源转换和利用效率有待上升,低碳企业有待进一步增加。根据李兰(2010)年中国控制工业废气排放的绩效和减排潜力研究中分析,长沙市工业减量排放潜力为76.01%,长沙市工业减排还存在巨大的空间。

由表5-5和图5-3可知,长沙市区各区工业用地碳排放强度差异显著,以2012年为例,雨花区高达3.17 t/人,而开福区为0.61t/人,雨花区为开福区的5.2倍。雨花区工业碳排放高于其他区主要动力来源于工业总产值的增长,雨花区工业总产值可比价在2012年达到453.40亿元,占长沙市区工业总产值43%,要实现雨花区碳排放强度的下降,不能靠减缓工业的发展,而是要降低能源强度,发展高新技术产业。根据统计资料,雨花区高新技术产业总产值只占规模工业总产值的10.05%,这说明雨花区能源消费结构和工业结构还存在较大提升空间,应该控制水泥,化学原料和化学制品制造业、冶金工业等高碳排放企业,重点发展低碳排放高效益的企业,如电子设备制造等精工业。而在振兴开福区老工业区时,也应该优化产业结构,优先发展电子信息、新材料等高新技术低碳产业。

(3)长沙市交通用地碳排放测算及分析

根据上述公式5－6,依据长沙市统计年鉴,并参考调查问卷,可以得出长沙市2009～2012年交通用地碳排放总量和碳排放强度(表5－6,图5－4)。

表5－6 2009～2012长沙市区交通用地碳排放量指标表

Table 5－6 The indexes of carbon emissions of transportation land from 2009 to 2012 in Changsha City

年份	交通运输GDP(亿元)基于当年价格	交通运输GDP(亿元)基于可比价价格	单位GDP能耗(t标准煤/万元)	碳排放系数	单位GDP碳排放量(t/万元)	交通用地碳排放量(10⁴t)	交通用地面积(km²)	地均碳排放强度(10⁴t/km²)
2009	93.50	89.15	0.76	0.785	0.60	53.47	30.33	1.76
2010	107.60	101.28	0.77	0.785	0.60	61.03	39.74	1.54
2011	121.99	110.83	0.64	0.785	0.41	56.19	41.47	1.35
2012	137.92	122.72	0.61	0.785	0.48	58.84	49.82	1.18

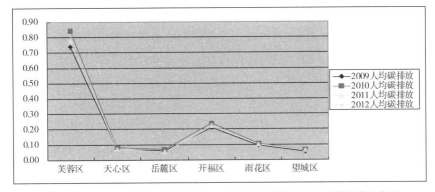

图5－4 长沙市区各区2009～2012年各区交通用地平均碳排放强度图

Fig. 5－4 The carbon emission intensity of transportation land of the different districts in Changsha City from 2009 to 2012

为进一步了解各区交通碳排放情况,根据上述公式 5 - 2 对长沙市六区 2012 年交通用地碳排放强度分别进行测算(表 5 - 7)。

表 5 - 7 2012 年长沙市各区交通用地碳排放量强度
Table 5 - 7 The carbon emission intensity of transportation land of the different districts in Changsha in 2012

行政区	交通运输 GDP(亿元)	交通运输 GDP(基于可比价格)	各区单位 GDP 能耗 (t 标准煤/万元)	各区单位 GDP 碳排放量 (t/万元)	交通用地碳排放量 (10^4t)	人口	交通用地人均碳强度(t/人)
全市	137.92	122.72	0.611	0.48	58.84	2979005	0.20
芙蓉区	74.50	66.29	0.644	0.51	33.51	408872	0.82
天心区	7.27	6.47	0.576	0.45	2.93	396222	0.07
岳麓区	10.50	9.35	0.469	0.37	3.44	626976	0.05
开福区	22.98	20.45	0.612	0.48	9.82	433334	0.23
雨花区	16.39	14.59	0.495	0.39	5.67	556458	0.10
望城区	6.27	5.58	0.793	0.62	3.47	557143	0.06

从表 5 - 6 可以看出,长沙市交通用地碳排放总量表现出波动不稳特点,在 2010 年受道路广场面积大量增加,交通运输业 GDP 迅速增加,从而交通用地碳排放总量的迅速增长。此外,2010 年长沙市区车辆的快速增加也是造成交通用地碳排放增加的重要原因。2010 年市区车辆较 2009 年增加 35%;而在 2011 年和 2012 年虽然分别增长 26% 和 24%,单位 GDP 碳排放迅速下降,促进交通用地碳排放下降;而在 2012 年虽然由于城市化的发展,交通用地面积大幅度增长,而交通用地碳排放总量基本与上年持平,地均碳排放强度因此呈现不断下降。

从表 5 - 7 和图 5 - 4 可以看出,长沙市区除芙蓉区与其他区人均碳排放情况有较大的差异外,其他区域基本持平,以 2012 年为例,2012 年芙蓉区交通用地碳排放强度为 0.82t/人,而岳麓区为 0.05t/人,芙蓉区为岳麓区的 16.4 倍。芙蓉区作为长沙市区商业金融中心,完善的路网和交通设施使芙蓉区交通运输业增加值位于六区第一,2012 年芙蓉区交通运输地区生产总值遥遥领先于其他区域,而芙蓉区人口较少,仅稍多于天心区,故芙蓉区人均碳排放强度为六区最大。

5.4.2　长沙市土地利用总碳汇量测算及分析

（1）长沙市耕地碳汇量测算及分析

根据公式 5 – 8，依据长沙市 2009～2012 年土地利用现状数据，计算 2009～2012 年长沙市区耕地碳汇量。

耕地不仅是农业安全的保障，也是重要的碳汇资源，湖南是全国重要的粮食生产基地，而从表 5 – 8 可以看出，长沙市耕地面积逐年下降，耕地碳吸收量在 2011 年达到最小；耕地碳吸收量并不和耕地面积完全成正比下降，2010 年虽然耕地面积减少，而碳吸收量较高，这是农作物单产增加使经济产量增加，从而作物光合总量增加的结果，2011 年耕地碳吸收量为 4 年中最小，2012 年最大。

表 5 - 8　2009 - 2012 年长沙市各区耕地碳吸收通量表

Table 5 - 8　The carbon absorption flux of arbleland of the different districts in Changsha City from 2009 to 2012

年份	2009			2010			2011			2012		
	面积 (hm²)	碳吸收量(10⁴t)	人均碳吸收量(t/人)	面积 (hm²)	碳吸收量(10⁴t)	人均碳吸收量(t/人)	面积 (hm²)	碳吸收量(10⁴t)	人均碳吸收量(t/人)	面积 (hm²)	碳吸收量(10⁴t)	人均碳吸收量(t/人)
芙蓉区	308.24	0.14	0.0034	280.60	0.11	0.0028	241.32	0.24	0.0059	210.05	0.33	0.0081
天心区	749.24	0.82	0.0201	733.33	0.83	0.0208	718.17	0.79	0.0198	715.21	0.83	0.0210
岳麓区	12298.74	16.64	0.2660	12048.02	17.85	0.2843	11595.96	16.18	0.2567	11355.33	17.07	0.2723
开福区	3377.30	4.68	0.1128	3307.73	4.43	0.1055	3257.02	4.17	0.0977	3154.47	3.83	0.0883
雨花区	545.85	0.04	0.0004	348.92	0.14	0.0003	242.88	0.03	0.0006	223.91	0.05	0.0009
望城区	33584.34	56.82	1.0502	33535.20	57.67	1.0596	33250.15	56.53	1.0239	33039.77	59.59	1.0696
合计	50863.71	79.14	0.2422	50253.80	81.04	0.2757	49305.50	77.94	0.2341	48698.74	81.70	0.2434

（2）长沙市园地碳汇量测算及分析

根据园地面积和碳汇系数，计算历年的园地碳汇结果（表5-9）。

表5-9　2009-2012长沙市区园地碳汇指标表

Table 5-9　The indexes of carbon absorption of garden land from 2009 to 2012 in Changsha City

年份	园地面积（hm^2）	碳汇系数（$t/hm^2 \cdot a$）	园地碳汇（$10^4 t$）
2009	1445.07	3.98	0.58
2010	1313.01	3.98	0.52
2011	1270.47	3.98	0.51
2012	1217.67	3.98	0.48

为了进一步了解各区碳吸收情况，根据公式5-7，对长沙市六区2009~2012年园地碳吸收通量以及园地人均碳吸收情况分别测算（表5-10）。

表5-10　2009-2012年长沙市各区园地碳吸收通量表

Table 5-10　The carbon absorption flux of garden land of the different districts in Changsha from 2009 to 2012

行政区	2009			2010			2011			2012		
	面积 (hm²)	碳吸收量 (10⁴t)	人均碳吸收量 (t/人)	面积 (hm²)	碳吸收量 (10⁴t)	人均碳吸收量 (t/人)	面积 (hm²)	碳吸收量 (10⁴t)	人均碳吸收量 (t/人)	面积 (hm²)	碳吸收量 (10⁴t)	人均碳吸收量 (t/人)
芙蓉区	44.04	0.0175	0.00043	39.55	0.0157	0.0004	36.68	0.0146	0.0004	34.69	0.0138	0.0003
天心区	24.10	0.0096	0.00024	21.46	0.0085	0.0002	19.29	0.0077	0.0002	19.09	0.0076	0.0002
岳麓区	585.16	0.2329	0.00372	483.10	0.1923	0.0031	454.79	0.1810	0.0029	424.53	0.1690	0.0027
开福区	124.17	0.0494	0.00119	120.56	0.0480	0.0011	119.95	0.0477	0.0011	119.59	0.0476	0.0011
雨花区	67.18	0.0267	0.00050	55.77	0.0222	0.0004	48.87	0.0195	0.0004	46.61	0.0186	0.0003
望城区	600.42	0.2390	0.00442	594.76	0.2367	0.0043	590.89	0.2352	0.0043	573.16	0.2281	0.0041

本研究采用方精云(1996)研究数据,园地年碳生产率为 3.98 t/hm² · a,长沙市区园地面积占总碳汇资源面积较小,且园地面积在不断减少,导致四年间长沙市园地碳吸收量减少了905t。

从表 5 – 10 中得出,4 年间望城区园地面积最大,园地的碳汇能力和人均碳汇能力最强,岳麓区园地的碳汇能力接近望城区,但岳麓区园地的年均减少率高于望城区,而天心区园地碳吸收量均最小。人均碳吸收量芙蓉区、雨花区与天心区基本持平且较小,望城区为最大。

(3)长沙市林地碳汇量测算及分析

根据林地面积和碳汇系数,计算历年的林地碳汇结果(表 5 – 11)。

表 5 – 11　2009 – 2012 长沙市区林地地碳汇指标表

Table 5 – 11　The indexes of carbon absorption of forest

land from 2009 to 2012 in Changsha City

年份	林地面积（hm²）	碳汇系数(t/hm² · a)	林地碳汇（10⁴t）
2009	51195. 05	11. 412	58. 42
2010	50108. 89	11. 412	57. 18
2011	49303. 13	11. 412	56. 26
2012	48956. 98	11. 412	55. 87

为了进一步了解各区碳吸收情况,根据上述公式 5 – 7 公式,对长沙市区六区 2009 ~ 2012 年林地碳吸收通量以及林地人均碳吸收情况分别测算(表 5 – 12)。

表 5 – 12　2009 – 2012 年长沙市区各区林地碳吸通量表

Table 5 – 12　The carbon absorption flux of forest land of the different districts in Changsha from 2009 to 2012

行政区	2009			2010			2011			2012		
	面积（hm²）	碳吸收量（10⁴t）	人均碳吸收量（t/人）	面积（hm²）	碳吸收量（10⁴t）	人均碳吸收量（t/人）	面积（hm²）	碳吸收量（10⁴t）	人均碳吸收量（t/人）	面积（hm²）	碳吸收量（10⁴t）	人均碳吸收量（t/人）
芙蓉区	43.33	0.05	0.0012	42.28	0.05	0.0012	36.37	0.04	0.0010	34.72	0.04	0.0010
天心区	213.59	0.24	0.0060	199.35	0.23	0.0057	181.73	0.21	0.0052	177.78	0.20	0.0051
岳麓区	19883.45	22.69	0.3628	19632.90	22.41	0.3569	19308.62	22.03	0.3496	19159.61	21.86	0.3487
开福区	3739.96	4.27	0.1029	3686.25	4.21	0.1002	3633.65	4.15	0.0972	3593.33	4.10	0.0946
雨花区	1575.64	1.80	0.0335	1291.96	1.47	0.0273	1157.31	1.32	0.0240	1126.16	1.29	0.0231
望城区	25739.08	29.37	0.5429	25256.15	28.82	0.5295	24985.45	28.51	0.5164	24865.38	28.38	0.5093

　　林地作为最主要的碳汇指标,据赵林等(2008)统计,全球林地面积占土地总面积 27%,林地的碳汇量占全球生态系统的 77%,而这几年土地利用结构变化的最主要特征就是林地下降较快,长沙市区 2009 年林地面积约占土地总面积 27%,而到了 2012 年林地面积下降为 25%,随着林地面积的减少,长沙市林地碳汇能力不断下降。

　　从表 5 - 12 可以看出,林地碳汇资源分布不均,各区总体碳吸收量差异较大。芙蓉区的林地面积最小,碳吸收量最小;望城区的林地面积最大,碳汇能力最强。以 2012 年为例,岳麓区的碳吸收量为芙蓉区的近 600 倍。而芙蓉区的人均碳吸收量也最小,望城区最大,岳麓区次之。

　　(4)长沙市草地碳汇量测算及分析

　　根据草地面积和碳汇系数,计算历年的草地碳汇结果(表 5 - 13)。

表 5 - 13　2009 - 2012 长沙市区草地碳汇指标表

Table 5 - 13　The indexes of carbon absorption of medow land from 2009 to 2012 in Changsha City

年份	草地面积（hm²）	碳汇系数(t/hm²·a)	草地碳汇（10⁴t）
2009	698.93	1.58	0.110
2010	655.68	1.58	0.104
2011	604.21	1.58	0.095
2012	591.17	1.58	0.093

　　为了进一步了解各区碳吸收情况,根据公式 5 - 7,对长沙市区六区 2009 ~ 2012 年草地碳吸收通量以及草地人均碳吸收情况分别测算(表 5 - 14)。

　　长沙市草地面积相对于其他碳汇资源面积较小,碳吸收能力非常有限。2012 年草地面积约占土地总面积 0.3%,随着草地面积不断减少,草地碳吸收量不断减少,4 年间下降 15.4%。

　　从表 5 - 14 可以看出芙蓉区的草地碳吸收量和人均碳吸收量最小,而望城区的草地碳吸收量和人均碳吸收量最大,但各区的草地碳吸收量和人均碳吸收量均处于不断下降中。

（城市土地低碳利用研究　>>>）

表 5 - 14　2009 - 2012 年长沙市区各区草地碳吸收通量表

Table 5 - 14　The carbon absorption flux of medow land of the different districts in Changsha from 2009 to 2012

行政区	2009			2010			2011			2012		
	面积 (hm²)	碳吸收量 (10⁴t)	人均碳吸收量 (t/人)	面积 (hm²)	碳吸收量 (10⁴t)	人均碳吸收量 (t/人)	面积 (hm²)	碳吸收量 (10⁴t)	人均碳吸收量 (t/人)	面积 (hm²)	碳吸收量 (10⁴t)	人均碳吸收量 (t/人)
芙蓉区	12.53	0.0020	0.00005	10.75	0.0017	0.00004	10.00	0.0016	0.00004	9.90	15.64	0.00004
天心区	50.09	0.0079	0.00019	47.81	0.0076	0.00019	44.54	0.0070	0.00018	43.51	68.75	0.00017
岳麓区	180.90	0.0286	0.00046	177.22	0.0280	0.00045	163.60	0.0258	0.00041	159.58	252.14	0.00040
开福区	18.44	0.0029	0.00007	15.38	0.0024	0.00006	12.98	0.0021	0.00005	12.90	20.38	0.00005
雨花区	76.33	0.0121	0.00022	61.22	0.0097	0.00018	44.28	0.0070	0.00013	40.52	64.02	0.00012
望城区	360.64	0.0570	0.00105	343.30	0.0542	0.00100	328.81	0.0520	0.00094	324.76	513.12	0.00092

（5）长沙市城市园林绿地碳汇量测算及分析

根据城市园林绿地面积和碳汇系数,计算历年的城市园林绿地碳汇结果(表 5 - 15)。

表 5 - 15　2009 - 2012 长沙市区城市园林绿地碳汇指标表

Table 5 - 15　The indexes of carbon absorption of greenland

from 2009 to 2012 in Changsha City

年份	城市园林绿地面积(hm^2)	碳汇系数($t/hm^2 \cdot a$)	城市园林绿地碳汇($10^4 t$)
2009	8134.00	10.12	8.23
2010	8598.00	10.12	8.70
2011	9188.00	10.12	9.30
2012	9293.00	10.12	9.40

近年来,随着长沙市建立打造生态城市提升长沙形象,城市园林绿地面积不断增加,2009 年至 2012 年间,仅城市公园面积就增加了 250 hm^2。四年间,绿地碳吸收量增加了 11729 hm^2。

5.4.3　长沙市土地利用的碳源/碳汇以及净碳排放量测算及分析

净碳排放量 = 土地碳排放量 - 土地碳吸收量,根据 5.4.1 和 5.4.2 得出长沙市 2009 年 ~ 2012 年净碳排放量(表 5 - 16)。

表 5-16 2009 年~2012 长沙市区碳收支平衡表

Table 4-16 The balance sheet of carbon emission and carbon absorption of Changsha City

单位:10^4t

年份	净碳排放量	总碳排放量	碳源				总碳吸收量	碳汇					
			居民用地	交通用地	工业用地			草地	耕地	园地	林地	城市园林绿地
2009	703.62	850.08	412.97	53.47	383.64		146.49	0.11	79.14	0.58	58.42	8.23
2010	772.75	920.18	436.51	61.03	422.64		147.55	0.10	81.04	0.52	57.18	8.70
2011	857.13	1001.24	509.93	56.19	435.12		144.11	0.10	77.94	0.51	56.26	9.30
2012	924.80	1072.36	550.88	58.84	462.64		147.55	0.09	81.70	0.48	55.87	9.40

　　从表5-16可以得出,长沙市区碳排放要远远大于碳吸收量,碳收支不平衡,且这种不平衡逐年加剧。长沙市2009~2012年净碳排放量呈显著增长趋势,4年间从703.62×10⁴t增长到924.80×10⁴t,增加了221.18×10⁴t,年均增加率为9.54%;居民用地、工业用地碳排放两个主要碳源指标总体呈增长趋势;碳汇资源除城市园林绿地逐年增加,其他碳汇指标均呈下降趋势,特别是耕地和林地碳吸收量下降速度较快。造成净碳排放量不断增大的原因是碳源逐年增加,而碳汇逐年减少。

　　从各区的碳排放量(图5-5)可知,雨花区最大,达293.50×10⁴t;天心区最小,为109.74×10⁴t。

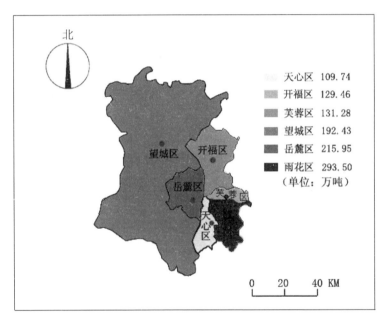

图5-5　2012年长沙市区土地碳排放总量分布图

Fig. 5-5　The total carbon emission of Changsha City in 2012

　　根据净碳排放量的测算,参考地区生产总值,长沙市区面积,可以进一步计算出长沙市单位GDP碳排放量、源汇比以及地均碳排放量(表5-17,图5-6)。

表 5 − 17   2009 年 ~ 2012 长沙市区年净碳排放量与碳排放强度指标表

Table 5 − 17   The indexes of net carbon emission and carbon emisson intensity of Changsha City from 2009 to 2012

年份	碳源（10⁴t）	碳汇（10⁴t）	净碳排放量（10⁴t）	源汇比	GDP（亿元）	单位GDP碳排放量（t/亿元）	市区土地面积（km²）	地均碳排放总量（10⁴t/hm²）
2009	850.08	146.47	703.61	5.80	2443.52	2879.50	1909.86	0.37
2010	920.18	147.43	772.75	6.24	2870.72	2691.84	1909.86	0.40
2011	1001.24	144.11	857.13	6.95	3540.12	2421.19	1909.86	0.45
2012	1072.36	147.55	924.81	7.27	4033.60	2292.76	1909.86	0.48

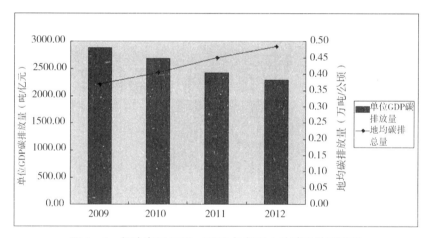

图 5 − 6   长沙市区 2009 ~ 2012 年各区土地碳排放强度图

Fig. 5 − 6   The carbon emission of different districts of Changsha City from 2009 to 2012

从表 5 − 17 和图 5 − 6 可以看出，长沙市区 2009 年碳源汇比为 5.80：1，而到了 2012 年为 7.27：1，这是由于工业化进程加快，长沙市区建设用地增加，而建设用地为主要碳源地，特别是工业用地和交通用地，而作为碳汇系统的林地、耕地、园地面积等却不断减少。地均碳排放量与碳排放总量呈正相关，但增长趋势缓慢，也说明了长沙市区建设用地供用量在可控范围内。

而长沙市区单位 GDP 碳排放量与土地总碳排放呈负相关，说明长沙市经济发展与土地碳排放量出现脱钩状态。2011 年以来，随着长沙市产业结构的调整，淘汰落后高耗能企业,单位 GDP 能耗下降,单位 GDP 碳排放量减少。单位 GDP 碳排放量反映了一个地区产业结构是否合理,单位 GDP 碳排放的减少反映出长沙市经过产业结构调整后经济逐步迈向健康绿色发展道路。

5.4.4　长沙市不同土地空间的碳足迹

本研究碳足迹是指碳排放的生态足迹,即指消纳碳排放所需的生产性土地(植被)的面积。本研究的碳排放指标包括交通用地碳排放、工业用地、居住用地碳排放。参照赖力等(2011)的研究,将估计碳足迹模型经过适当改进,采用以下方法计算:

$$CF = C_i \times \left(\frac{P_f}{NEP_f} + \frac{P_m}{NEP_m} + \frac{P_a}{NEP_a} + \frac{P_g}{NEP_g} + \frac{P_u}{NEP_u} \right) \tag{5-9}$$

其中: CF——碳总排放量带来的碳足迹;

P_f, P_m, P_a, P_g, P_u 分别指林地、草地、耕地、园地、城市园林绿地碳吸收在总量中的比重;

NEP_f, NEP_m, NEP_a, NEP_g, NEP_u 分别指林地、草地、耕地、园地、城市园林绿地的净生产量;

林地、草地、耕地、园地、城市园林绿地的净生产力参照赵荣钦(2012)年统计数据。农田的净生产力计算方法为:

$$NEP_a = C_s/S = \sum_i C_d/S \tag{5-10}$$

其中 C_s——农作物生育期吸收总碳量

　　S——耕地面积

　　C_d——某作物生育期对碳的吸收量

各地类面积数据来源于长沙市国土局信息中心,由此得出不同地类碳足迹总量,不同地类的碳足迹除以该地类面积可以得到不同地类单位面积的碳足迹(表 5-18)。

由表 5-18 可以看出,4 年间,居民用地碳足迹最大,居民用地成为主要碳足迹区域,居民用地的涨幅也最大,4 年间增加了 $21.95 \times 10^4 hm^2$。工业用地次之,工业用地碳足迹总体呈现不稳定趋势,2011 年出现下降趋势,而在 2012 年开始缓慢增长,2012 年比 2009 年增长了 $11.62 \times 10^4 hm^2$。而交通用地的碳足迹总体出现不稳定趋势,2010 年出现小幅度增长,2012 年比 2009 年增长 $0.62 \times 10^4 hm^2$。长沙市生态面积较小,生态赤字较大,随着生产性土地面积的不断减少,生态赤字每年不断扩大,生产性土地面积严重不足,难以补偿碳源土地的碳足迹,要实现生态盈余,任务十分艰巨。

表5-18 2009~2012年长沙市区不同土地碳足迹指标表

Table 5-18 The indexes of carbon footprint of different land types in Changsha City from 2009 to 2012

年份	居民用地碳排放量 (10^4t)	居民用地碳足迹 (10^4hm^2)	交通用地碳排放量总量 ((10^4t)	交通用地碳足迹 (10^4hm^2)	工业用地碳排放 (10^4t)	工业用地碳足迹 (10^4hm^2)	总碳足迹 (10^4hm^2)	生产性土地面积 (10^4hm^2)	生态赤字 (10^4hm^2)
2009	412.97	76.35	53.47	9.89	383.64	70.93	157.17	11.23	145.94
2010	436.51	79.23	61.03	11.08	422.64	76.71	167.02	11.09	155.93
2011	509.93	94.43	56.19	10.41	435.12	80.58	185.41	10.97	174.44
2012	550.88	98.30	58.84	10.50	462.64	82.55	191.35	10.88	180.48

从各区的碳足迹(表5-19,图5-7至图5-9)可以看出,2012年居民用地碳足迹总体差异不大,最高的为芙蓉区18.39×10^4hm^2,占总碳足迹的18.71%;芙蓉区人口和住房密度较大,家庭能耗也最大;开福区家庭平均生活能耗较小,碳足迹最小,占总碳足迹的14.81%。

交通用地的碳足迹总体差异较大。芙蓉区交通用地碳足迹为5.98×10^4hm^2,而天心区交通用地碳足迹为0.62×10^4hm^2,芙蓉区碳足迹为天心区碳足迹的11.45倍。芙蓉区高碳足迹与芙蓉区作为长沙市中心区域,人流物流集散地是分不开的。

全市雨花区工业用地碳足迹最大,高达31.44×10^4hm^2;而岳麓区次之;开福区最小,为4.71×10^4hm^2。随着近年来,长沙市工业园区进驻雨花区以及岳麓区,如雨花区环保科技园大型、岳麓区高新技术产业开发区等大型工业基地,工业碳排放不断增加,而工业碳足迹也不断增加。随着福区芙蓉区老工业区的退出,落后高耗能企业关停并转,开福区、芙蓉区老工业基地碳排放和碳足迹正在不断减少。

表5－19 2012年长沙市各区不同土地碳足迹指标表

Table 5－19 The indexes of carbon footprint of different land types in Changsha in 2012

行政区	居民用地碳排放量（10^4t）	居民用地碳足迹（10^4hm²）	交通用地碳排放量总量（10^4t）	交通用地碳足迹（10^4hm²）	工业用地碳排放（10^4t）	工业用地碳足迹（10^4hm²）
芙蓉区	103.07	18.39	33.51	5.98	37.25	6.65
天心区	84.49	15.08	2.93	0.52	43.89	7.83
岳麓区	93.08	16.61	3.44	0.61	82.51	14.72
开福区	81.55	14.55	9.82	1.75	26.40	4.71
雨花区	100.16	17.87	5.67	1.01	176.18	31.44
望城区	88.31	15.76	3.47	0.62	96.39	17.20
全市区	550.88	98.30	58.84	10.50	462.64	82.55

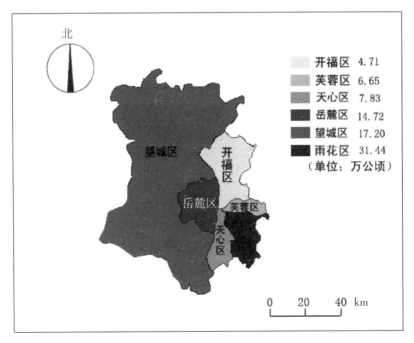

图5－7 2012年长沙市居民用地碳足迹图

Fig. 5－7 The carbon footprint of residential land of Changsha City in 2012

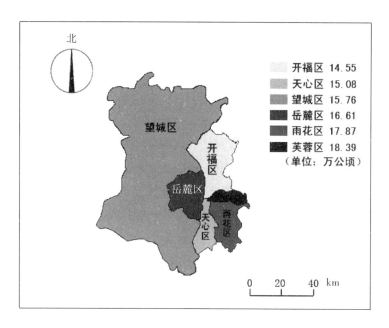

图 5 - 8　2012 年长沙市工业用地碳足迹图

Fig. 5 - 8　The carbon footprint of industrial land of Changsha in 2012

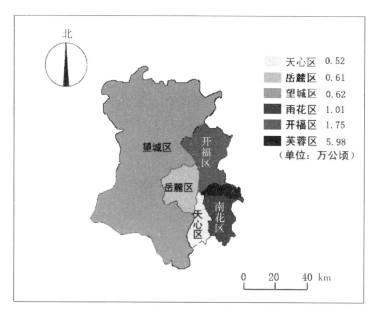

图 5 - 9　2012 年长沙市交通用地碳足迹图

Fig. 5 - 9　The carbon footprint of transportation land of Changsha in 2012

5.4.5 长沙市经济增长与城市土地碳排放量的脱钩分析

将脱钩理论运用于城市土地碳排放和城市 GDP 中,关系概括如图 5 – 10。

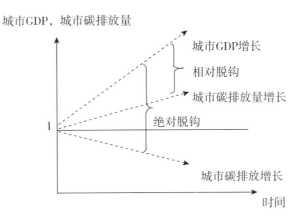

图 5 – 10 相对脱钩和绝对脱钩示意图

Fig. 5 – 10 The diagram of relative and absolute decouping

为了量化脱钩状态,OECD 提出了 OECD 脱钩指数,即将城市环境变化率和经济增长率的比值成为 OECD 脱钩指数,参照 OECD 脱钩理论来反映经济增长与碳排放量之间的关系,具体为一定时期内城市土地碳排放量变化率与经济增长率的比例关系。

$$DI_n = \frac{TI_n}{CI_n} = \frac{\text{本年度土地利用总碳排放量}}{\text{上年度土地利用总碳排放量}} \times \frac{\text{本年度城市 GDP}}{\text{上年度城市 GDP}} \qquad (5-11)$$

其中:DI_n 代表第 n 年城市经济增长与城市土地利用碳排放脱钩指数,TI_n 代表第 n 年城市土地利用碳排放环比比例速度,GI_n 代表第 n 年城市经济 GDP 环比比例速度

参照 OECD 脱钩理论,可以将 DI_n 理解为:

(1)当 $DI_n \geqslant 1$ 表示城市土地利用碳排放量和经济增长没有脱钩,二者出现耦合关系。

(2)$0 < DI_n < 1$ 时,表示城市土地利用碳排放量和经济增长出现脱钩。

为了进一步分析两者脱钩程度,Tapio 提出了基于弹性分析的 Tapio 脱钩指数法。

$$e(CO_2, GDP) = (\frac{\Delta CO_2}{CO_2}) * (\frac{\Delta V}{V} / \frac{GDP}{GDP}) \qquad (5-12)$$

其中:e——碳排放和经济增长的指标,等号后前半部分为碳排放和交通运输

量脱钩指标,后半部分为交通运输量和经济增长的脱钩指标。

Tapio(2005)脱钩指数法利用弹性系数进一步将脱钩状态分为脱钩、负脱钩、耦合三种状态,并且将三种状态细化为八种具体状态(表5-20)。

表5-20　Tapio脱钩类型表

Table 5-20　Tapio decoupling index types

脱钩状态		弹性值 e $\%(\Delta CE)/\%(\Delta GDP)$	经济增长 ΔGDP	环境压力变化 ΔCE
耦合	扩张性耦合	0.8 < e < 1.2	>0	>0
	衰退性耦合	0.8 < e < 1.2	<0	<0
脱钩	弱脱钩	0 < e < 0.8	>0	>0
	强脱钩	e < 0	<0	>0
	衰退性脱钩	1.2 < e	<0	<0
负脱钩	扩张性负脱钩	1.2 < e	>0	>0
	强负脱钩	e < 0	<0	<0
	弱负脱钩	0 < e < 0.8	<0	<0

基于Tapio碳脱钩指数法,结合长沙市区土地利用碳排放量数据和城市GDP数据,可以分析长沙市区经济增长与土地利用碳排放脱钩状态(表5-21)。

表5-21　2009-2012年长沙市地区生产总值碳排放脱钩分析情况表

Table 5-21　The analysis table of decoupling about Gross Regional Product in Changsha City from 2009 to 2012

年份	GDP (亿元)	碳排放 (10^4 t)	脱钩指数法			弹性分析法			脱钩分析
			DI	GI	TI	ΔGI	ΔTI	TG	
2009	2443.52	850.08	—	—	—	—	—	—	—
2010	2870.72	920.18	0.92	1.17	1.08	0.17	0.08	0.49	弱脱钩
2011	3540.12	1001.24	0.88	1.23	1.09	0.23	0.09	0.38	弱脱钩
2012	4033.60	1063.33	0.93	1.14	1.06	0.14	0.06	0.44	弱脱钩

从表5-21可以看出,长沙市区经济增长与土地利用碳排放量关系呈现弱脱钩状态,这说明长沙市土地利用的碳排放增长速度要小于经济增长速度,这也是长沙市区单位GDP碳排放量逐年下降的原因。但目前碳排放量还是呈缓慢增长

趋势,只有当经济水平发展到一定程度,才能实现经济增长和碳排放的绝对脱钩。

5.5 本章小结

运用系统论构建碳源子系统和碳汇子系统,并建立相应的指标层和模型估算长沙市 2009～2012 年城市土地利用类型及各区净碳排放量,分析了变化趋势以及原因,并运用脱钩理论分析了长沙市土地利用净碳排放和经济增长之间的关系,研究结论如下:

(1)长沙市城市土地低碳利用系统是一个综合系统,包含碳源子系统和碳汇子系统,其中,碳源子系统又包括交通用地碳排放、居住用地碳排放、工业用地碳排放三个指标层;碳汇子系统包括耕地碳汇、林地碳汇、园地碳汇、城市园林绿地碳汇、草地碳汇五个指标层。

(2)运用 Kaya 模型对长沙市碳排放量进行测算,工业用地和交通运输用地采用 GDP 和碳排放系数测算出碳排放量,而居民生活能耗采用家庭平均生活能耗计算得出。通过测算分析得到:长沙市总碳排放量 4 年间增加 222.28 $\times 10^4$ t,年均增长率 8.05%,其中,居民用地碳排放量占总碳排放量比重最大,工业用地其次,交通用地相对较少,地均碳排放量呈缓慢增长趋势。要减少碳排放量,就要减少居民家庭生活能耗,特别是电耗。要优化工业结构,推进新能源低碳排放企业发展,同时,严格土地用途管制,控制建设用地面积。

(3)运用碳汇系数法估算长沙市碳汇量。长沙市主要碳汇资源为林地、耕地,耕地为最重要的碳汇指标层,每年其碳汇贡献率达 55%左右,因此,要增强耕地保护力度。同时要保护林地生态系统,防止草地资源、园地资源减少流失,增加城市园林绿地面积,增加公园数量,增加小区绿化率。

(4)长沙市区 2009 年净碳排放量 703.62 $\times 10^4$ t,而 2012 年为 924.80 $\times 10^4$ t,年平均增长率为 9.54%,碳排放逐年增加,而碳吸收量减少导致净碳排放量逐年上升。

(5)长沙市区碳排放总量逐年上升,而单位 GDP 碳排放总量却呈下降趋势,这表明长沙市区经济增长与碳排放量增长出现"脱钩"现象。综合脱钩指数和弹性系数可以得出长沙市区经济增长和碳排放量增长呈现"弱脱钩"的现象,这表明长沙市土地碳排放量增长速度小于城市经济增长速度。

第6章 基于生命周期评价方法的长沙市住宅用地碳盘查

6.1 研究内容概述

住宅用地是城市用地的主要组成因子,承载着重要的功能,它有着数量多、建设量大等特征。本研究在长沙市内,选取 3 个典型住宅区,通过问卷调查、资料查阅等方法得到这些住宅区建设碳排放和居民生活碳排放数据,并通过数据整理分析得到城市住宅用地碳排放的数据,研究这些住宅区碳排放的影响因素,最后提出对城市住宅用地低碳利用行之有效的对策。

(1)城市住宅用地碳盘查

城市住宅用地碳盘查是在产品碳盘查原则的基础上,将生命周期评价方法应用到城市住宅用地碳盘查中去,制定出城市住宅用地碳盘查的技术路线。把住宅用地的生命周期划分为土地开发、土地运行、拆除废弃(或循环利用)3 个阶段,其中土地开发阶段主要指住宅用地的五通一平和建筑建造;土地运行阶段的主要活动是住宅装修、人们的生活以及住宅维护;拆除废弃或循环利用阶段则是指拆除住宅和循环利用的过程,本研究将主要采取排放系数法分别计算各阶段的 CO_2 排放量。

(2)分析研究城市住宅用地碳排放时空分布规律及其影响因素

在掌握城市住宅用地全生命周期的碳排放情况后,首先对每个阶段内各种碳源排放量进行分析,探究住宅用地土地开发、土地运行、拆除废弃(或循环利用)3 个不同阶段内的碳排放情况及规律;其次,空间分布将通过实例调查,结合长沙市五个区的住宅用地情况来确定空间分布规律,最后探讨住宅用地碳排放的主要影响因子。

6.2 研究方法和技术路线

6.2.1 研究方法

(1)文献研究法

文献研究法是根据一定的研究内容,通过查阅、研究文献来获得资料,从而有效地帮助解决研究问题的一种方法。通过学校图书馆和电子网络资源大量查阅了国内外相关研究文献和参考资料,在对相关文献进行梳理的基础上,获取有意义的成果与方法,为本研究提供参考和借鉴。

(2)实地调查法

通过对长沙市国土资源管理部门、湖南建工集团以及其他相关部门和公司进行调研,得到长沙市住宅用地数据、相关小区各类建筑材料和机械的用量及能耗等资料。设计长沙市城区住宅用地居民碳排放调查问卷,于 2014 年 9 月份在选定小区发放 100 份调查问卷,共回收有效调查问卷 95 份。

(3)定性和定量分析相结合研究法

本研究将住宅用地的生命周期进行了定性划分,阐述了城市住宅用地碳盘查的概念和方法,并运用生命周期评价法计算研究对象各阶段的温室气体排放量,以数据、图表的形式说明,再利用 EXCEL 统计软件对数据进行分析,分析温室气体排放影响因子。

6.2.2 技术路线

研究的技术路线如图 6 - 1。

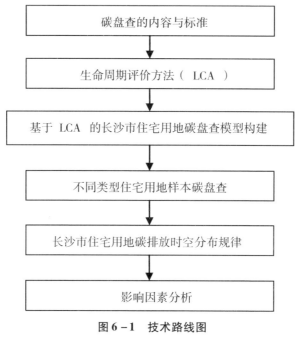

图 6 - 1　技术路线图

Fig. 6 - 1　The technological roadmap

6.3　城市住宅用地碳盘查方法研究

6.3.1　碳盘查的主要内容和标准

（1）碳盘查的主要内容

目前学术界暂时没有统一碳盘查的概念，主要有两种观点：第一种观点，碳盘查，又可称为碳计量，是指在确定的空间和时间边界内，计算碳足迹的过程；第二种观点，碳盘查主要指以政府、企业等为单位计算其在社会和生产活动中各环节直接或者间接排放的温室气体，又可称作编制温室气体排放清单。这两种定义的主要区别在于碳盘查结果的呈现到底是以综合还是分散的形式呈现碳排放，但无论哪种定义的碳盘查，其研究对象和分类都一致。本研究采用的是第一种概念。

首先，碳盘查的研究对象是温室气体。《京都议定书》附件 A 给出了人类排放的温室气体主要有 6 种，即二氧化碳（CO_2）、甲烷（CH_4）、氧化亚氮（N_2O）、氢氟碳化物（HFCs）和全氟碳化（PFCs）和六氟化硫（SF_6）。其次，碳盘查的分类，可分为组织、项目、产品和区域四类，组织层面的碳盘查是指整个公司的碳排放量；项目层面的碳盘查是指对碳减排项目进行量化,比如土地利用、土地利用变化项目的碳排放量等等;对于产品碳盘查而言,则是通过量化产品生命周期内的碳排放实现产品的碳标签(生态标签)目标;而区域碳盘查则是指一定地域空间内的碳排放。

城市住宅用地碳盘查是指在城市住宅用地的范围内进行碳排放核算,它既可看做区域层面上的碳盘查,又可看作产品碳盘查。通过探究住宅用地生命全周期内,即土地开发、土地运行、拆除废弃(或循环利用)3个不同阶段内的温室气体排放特性,协助政府、企业管理住宅利用过程中所产生的 CO_2,寻找其在土地开发、土地运行等过程中降低 CO_2 排放的机会与成本,能最终促进更小碳足迹的新产品的开发。

(2)产品碳盘查的主要标准

世界范围内对碳足迹的关注度越来越高,很多国家和机构都制定了碳盘查的相关标准。就产品碳盘查而言,目前为止,世界上至少有 15 种不同的标准,如PAS2050(《商品和服务生命周期温室气体排放评估规范》)《产品生命周期计算与报告》、ISO 14067 等,许多产品的碳标签就是依据这些标准获得;而且英国、日本、新西兰等国家都颁布了自己的碳足迹核算标准。国际现行产品碳盘查主要标准及规范如表6-1所示。

表6-1　国际现行产品碳盘查主要标准及规范

Table 6-1　Standards of carbon inventory

颁布时间	国家/组织/机构	名称	方法论
2008 年	英国标准协会（BSI）	PAS 2050:2008 商品和服务在生命周期内的温室气体排放评价规范（Specification for the assessment of the life cycle greenhouse gas emissions of goods and services）	生命周期评价
2011 年	国际标准化组织(ISO)	ISO 14067《温室气体——产品的碳足迹——量化和信息交流的要求与指南》（Greenhouse gases —— Carbon footprint of products——Requirements and guidelines for quantification and communication ）	生命周期评价
2011 年	世界企业可持续发展协会（WBCSD）、世界资源研究院（WRI）	GHG Protocol（温室气体核算标准）	生命周期评价

PAS 2050 是全球第一个用于评价产品碳足迹的方法学体系,它对产品碳足迹的定义、如何评价碳足迹以及温室气体排放的相关数据做了详细介绍,但是这个标准不适宜长寿命的产品,而且忽略了维护和回收的环节。

ISO 14067 是以 PAS 2050 为主要参考,主要解决了"碳足迹"具体计算方法的问题,它涉及的温室气体包括京都议定书规定的六种气体二氧化碳(CO_2)、甲烷(CH_4)、氧化亚氮(N_2O)、全氟碳化物(PFCs)、六氟化硫(SF_6)以及氢氟碳化物(HFCs)外,也包含蒙特利尔议定书中管制的气体等共63种气体。

GHG Protocol(温室气体核算标准)是一系列温室气体核算与报告的标准和指南,被称为温室气体排放核算的最高标准,它的第四部分就是产品全周期碳盘查与报告标准,可以用于了解产品全生命周期内的碳排放以及帮助发现温室气体减排的机会。

6.3.2 生命周期评价方法

世界上几乎所有产品碳盘查的标准都是以生命周期评价(Life Cycle Assessment,LCA)为方法论,通过计算原料开采、到产品生产、使用、维护、废弃等产品各生命阶段的碳足迹来评价产品全生命周期的碳排放。

(1)生命周期评价方法的内涵

生命周期评价法首次被正式提出是在 1990 年国际环境毒理学和化学学会(SETAC)的国际研讨会上,对它的定义虽然不同的机构有不同程度的差别,但是对其核心内涵都是认定的。

国际环境毒理学和化学学会(SETAC)认为生命周期评价法是:一种通过对产品、生产工艺及活动的物质、能量的利用及造成的环境排放进行量化和识别而进行环境负荷评价的过程;是对评价对象能量和物质消耗及环境排放进行环境影响评价的过程;也是对评价对象改善其环境影响的机会进行识别和评估的过程。

国际标准化组织(ISO)认为生命周期评价是对一个产品系统的生命周期中输入、输出及其潜在环境影响的汇编和评价。

联合国环境规划署(United Nations Environment Programme,UNEP)则认为:生命周期评价是评价一个产品系统生命周期整个阶段——从原材料的提取和加工,到产品生产、包装、市场营销、使用、再使用和产品维护,直至再循环和最终废物处置——的环境影响的工具。

(2)生命周期评价方法的技术框架

1993 年,国际环境毒理学和化学学会根据在葡萄牙的一次学术会议的主要结论,出版了《生命周期评价(LCA)纲要:实用指南》。这本书提出了的生命周期评价的基本技术框架,成为生命周期评价方法论研究的一个里程碑。随着研究的发展,各机构对于生命周期评价技术框架都有些不同见解,但都以国际环境毒理学和化学学会的理论框架为基础,现在通行的是国际标准化组织颁布的 ISO 14040/44 系列标准中制定的标准评价架构及步骤(图6－2)。与国际环境毒理学和化学学会的理论框架相比,去掉了改善评价阶段而增加了生命周期解释环节,而每个阶段的结果解释都是为改进措施的提出作参考的,这些改进措施反过来又对生命周期的各个阶段产生影响,这样生命周期评价就成了一个相互联系、反复交互的过程。

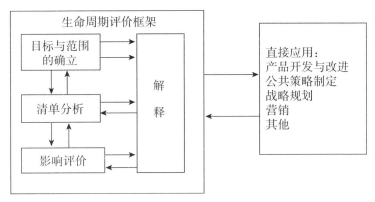

图6－2　生命周期评价框架

Fig. 6－2　Framework of life cycle assessment

①目标与范围的确定

目标和范围的确定是评估的出发点和立足点,也是 LCA 研究的第一步。明确评价目标和范围就是清楚地说明开展此项生命周期评价的原因、目的,以及结果公布的范围,即解释此项评价结果能够回答什么问题、不能回答什么问题,为下面各阶段服务。

进行生命周期评价的目的不是绝对的,它与评价对象以及决策有关,既可以通过给产品贴上碳标签,鼓励消费者选购对环境影响小的商品,也可以帮助生产者通过确立对环境影响大的阶段生产更多环境负荷小的产品。一般来说,评价的目的是评价特定的产品或流程对环境所产生的影响。

生命周期评价范围,按其特性可以将其分为以下几种类型:生命周期范围;细节标准范围;自然生态系统范围;时间和空间范围。生命周期范围有两种情况,如图6－3所示,一种是 B2B:即所谓的"从摇篮到大门",是指生产的是中间产品,最后要到达一个新的组织,包括分销和运输到客户所在地;另一种是 B2C:即"从摇篮到坟墓",是指评价内容从原材料获取阶段、生产制造阶段、包装和运输阶段、使用阶段以及最终处理和再生利用5个阶段。研究目标和范围的确定需要着重考虑目的、范围、系统边界、数据质量和关键复核过程这几个方面的问题。

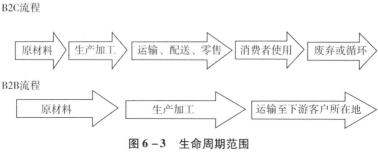

图6-3　生命周期范围

Fig. 6-3　Life cycle range

②清单分析

研究目标与范围的确定为开展生命周期评价提供了一个初步计划。生命周期清单分析(life cycle inventory, LCI)通过收集数据,计算出该产品系统内的各种输入输出,描述系统内外物质流和能量流。清单分析方法主要有3类:基于经济投入产出分析的清单分析、基于过程的清单分析和混合清单分析,本研究采用基于过程的清单分析。

从理论上来说,经济投入产出分析过程更为全面,并可消除过程分析在界定边界系统时的主观影响,但不适合单个产品的生命周期评价,复合的生命周期评价是将工艺过程数据转换为投入产出分析数据再进行量化分析,目前由于缺乏有效的数据库支持,还必须依赖经济投入产出表,因而也限制了它在单个产品中的应用,所以这里只介绍基于过程的清单分析。

基于过程的清单分析,就是以过程分析为基础,将产品生命周期过程确定为系统范围,通过对过程的输入、输出分析建立相应的数据清单,通常系统输入的是原材料和能源,输出的有产品,还有向大气、水和土壤的排放的废弃物(废水、废气等等),过程如图6-4所示。

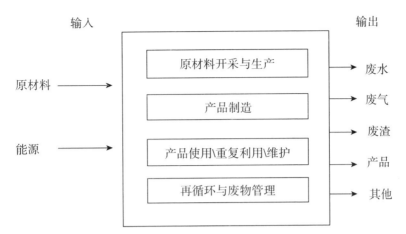

图6-4 生命周期清单分析的系统输入与输出

Fig. 6-4 the system input and output of life cycle inventory analysis

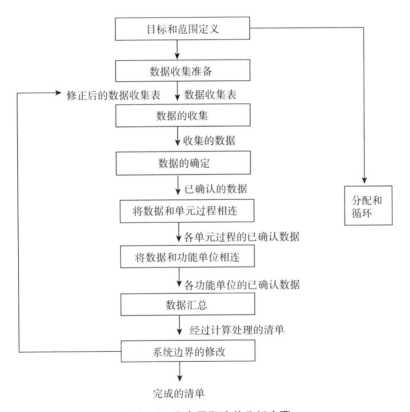

图6-5 生命周期清单分析步骤

Fig. 6-5 the procedure of life cycle inventory analysis

清单分析是一个循环往复的过程,它的步骤包括数据收集的准备、数据收集、数据确定、数据与单元过程和功能过程的相关联、数据汇总以及修改等,如图 6 – 5 所示。

③影响评价

生命周期影响评价(Life Cycle Impact Assessment, LCIA),即采用全生命周期清单分析的结果来评估因投入产出而导致的环境影响。因为清单分析完成的清单数据很多,而且很难直观地看出各要素对环境影响的贡献程度,所以需要建立相关标准估算对环境的潜在影响。LCIA 作为整个 LCA 的非常重要的一部分,可以用于识别改进产品系统的机会并帮助确定其优先排序;也可以通过对不同产品系统的单元过程进行特征描述或建立参照基准,对不同产品系统进行相对比较,为决策者提供理论数据或信息支持。

目前国际标准组织(ISO)、环境毒理学与化学学会(SETAC)和美国环境保护局(EPA)等机构和组织都倾向于把影响评价定义为一个三步走的模型,即:分类、特征化和量化。

分类是将清单中的输入和输出数据根据其对环境影响的结果划分成不同类型,通常包括资源耗竭、生态影响和人类健康影响三大类,在每一大类下又有许多亚类,比如,在生态影响类下细分出了全球变暖、水体富营养化、噪声以及酸雨等许多小类。

特征化就是按照分类对各类型进行定量分析,因为各类型包含的各要素、各类目之间可能不可比,所以需要找到一个基准物质,其他要素通过转化成这个基准物质来进行定量比较,比如说 CO、CO_2、CH_4 等都是影响全球变暖的环境因子,我们通常会选择以 CO_2 为标准,将其他因子转化为 CO_2 当量来表示全球变暖影响大小。

量化是通过确定不同环境影响类型的相对贡献大小或权重,对环境影响评价的数据进行综合和解释,从而得到总的环境影响水平的过程。它包括标准化和加权两个步骤。

④结果解释

结果解释是生命周期评价的最后一个阶段,是在目标和范围边界内,将清单分析和影响评估的结果结合在一起,得出结论和建议的过程。它包括三个要素,即识别、评估和报告。识别主要是在生命周期评价中的清单分析和影响评价的结果中发现存在的问题;评估主要是对整个生命周期评价过程中的敏感性、完整性和一致性进行检查;报告主要是形成结论,提出建议。为了满足目标和范围的要求,整个解释过程在生命周期评价系统内需要不断重复。

6.4 城市住宅用地碳盘查模型构建

6.4.1 确定目标

对城市住宅用地进行碳盘查,主要目的在于全面、系统的量化并分析住宅用地生命周期各阶段的资源、能源消耗以及温室气体排放情况,从而发现碳排放量大的关键环节和影响因素,为低碳利用城市住宅用地提供理论和数据支持。

6.4.2 进程图和系统边界

系统边界决定生命周期评价包含哪些基本功能单元。基于生命周期评价方法,城市住宅用的碳盘查系统包含土地开发、土地运行和土地废弃三个基本单元,其中土地开发包含土地平整和建筑建造两个项目,土地使用包含建筑使用和建筑维护两个项目,土地废弃则有变成垃圾和循环利用两种不同方式。进程图(如图6-6)包括能源流、物质流和废料流,确认对所选产品生命周期有影响的材料、活动及过程。如图6-6,框内是系统边界。

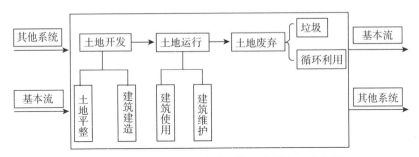

图6-6 城市住宅用地生命周期评价碳盘查进程图

Fig. 6-6 carbon inventory process of life cycle assessment of urban residential land

6.4.3 清单分析

城市住宅用地的清单分析是一种基于过程的清单分析方法,旨在通过分析住宅用地各个阶段的碳源,得出可搜集、易量化的资料清单,方便下一步的计算(如图6-7所示)。

住宅用地生命周期　　　　碳排放因子　　　　资料清单

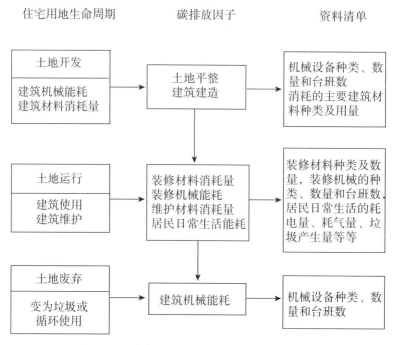

图6-7　城市住宅用地产品生命周期清单分析

Fig. 6-7　life cycle inventory analysis of products of urban residential land

6.4.4　数据计算

考虑到住宅用地的利用主要是对建造在其上面的建筑物的利用,而建筑物的理论寿命可达150—300年,与我国规定住宅用地的使用年限只有70年相矛盾,存在住宅用地到期但建筑物还能使用的情况;另一方面从土地审批通过到住宅建设中间还有一段时间,所以本书在研究住宅用地生命周期时假设建筑物的生命长度要比住宅用地的生命长度短,住宅用地的生命周期长度取70年。

建筑物所需要的建筑材料种类繁杂,数量不一,很难做出详细而精确的计算,因研究条件所限,选取主要建筑材料进行计算。

$$C = C_1 + C_2 + C_3 \qquad\qquad (6-1)$$

C:碳排放总量;

C_1:土地开发阶段碳排放总量;

C_2:土地运行阶段碳排放总量;

C_3:土地废弃阶段碳排放总量。

(1)土地开发阶段碳排放计算

本研究的土地开发阶段包含土地平整和建筑建造两个过程,在这个阶段涉及碳排放的活动主要是建筑材料的使用,工程机械的耗能两个方面。

$$C_1 = C_{1a} + C_{1b} \tag{6-2}$$

C_{1a}:建筑材料消耗碳排放量;

C_{1b}:工程机械使用排放量。

$$c_{1a} = \sum_{i=1}^{n} e_i x_i \tag{6-3}$$

i:建设材料种类;

e_i:材料 i 的二氧化碳排放系数;

x_i:材料 i 的消耗量。

$$C_{1b} = e_k \sum_{j=1}^{n} \sum_{k=1}^{n} a_{jk} y_{jk} \tag{6-4}$$

j:所使用的施工机械种类;

k:施工机械所消耗的能源种类;

e_k:能源 k 的二氧化碳排放系数;

Y_{jk}:每项工程中每台班施工机械 j 对于能源 k 的消耗系数;

a_{jk}:每项工程中消耗机械 j 的总台班数。

住宅建造和装修所需要的建筑材料种类繁杂,数量不一,很难做出详细而精确的计算,因研究条件所限,选取主要建筑材料和主要机械进行计算。

(2)土地运行阶段碳排放计算

本研究的土地运行阶段仅指住宅居住阶段,从装修到拆迁的这段时间,此时的碳排放主要是由于装修、居民家庭生活以及家庭装修材料维护更换引起的。此外,在维护更新材料时大部分由人工完成所以不计算此段的机械碳排放量,而居民交通出行超过住宅用地范围,也不计算在内。

$$C_2 = C_{2a} + C_{2b} + C_{2c} \tag{6-5}$$

C_{2a}:住宅装修碳排放量;

C_{2b}:居民生活碳排放量;

C_{2c}:住宅维护碳排放量。

$$C_{2a} = \sum_{j=1}^{n} e_f x_f + e_p \sum_{m=1}^{n} \sum_{p=1}^{n} a_{mp} y_{mp} \tag{6-6}$$

f:装修材料种类;

e_f:材料 f 的二氧化碳排放系数;

x_f:材料 f 的消耗量;

m:所使用的施工机械种类;

p:施工机械所消耗的能源种类;

e_p:能源 k 的二氧化碳排放系数;

y_{mp}:每项工程中每台班施工机械 j 对于能源 k 的消耗系数;

a_{mp}:每项工程中消耗机械 j 的总台班数。

$$c_{2b} = \sum_{l=1}^{n} e_l x_l \tag{6-7}$$

e_l:家庭生活能源 l 的二氧化碳排放系数;

x_l:家庭生活能源 l 的消耗量;

$$C_{2c} = \sum_{o=1}^{n} e_o x_o \tag{6-8}$$

e_o:各种维护材料 o 的二氧化碳排放系数;

x_o:维护材料 o 的消耗量。

(3)土地废弃阶段碳排放计算

土地废弃阶段是土地全生命周期的一部分,所以本研究假设在 70 年的全生命周期内必须完成拆除,结合实际情况,假设提前 2 年进行拆迁,该阶段的碳排放主要由拆除住宅时的机械能耗产出。

$$C_3 = e_r \sum_{q=1}^{n} \sum_{r=1}^{n} a_{qr} y_{qr} \tag{6-9}$$

q:所使用的施工机械种类;

r:施工机械所消耗的能源种类;

e_r:能源 r 的二氧化碳排放系数;

y_{qr}:每项工程中每台班施工机械 q 对于能源 r 的消耗系数;

a_{qr}:每项工程中消耗机械 q 的总台班数。

6.4.5 二氧化碳排放系数的选择

(1)主要能源的二氧化碳排放系数

目前,国内外很多相关机构给出了不同能源的二氧化碳排放系数,它们也存在着很大的差异,其中,比较全面和较早的二氧化碳排放数据库为 IPCC,该数据库相对其他数据库而言比较完善,该课题的研究主要基于该数据库来作为参考,其中部分数据来自中国工程院(表 6 – 2)。

表 6 – 2 主要能源的二氧化碳排放系数

Table 6 – 2 **Coefficient of carbon dioxide emissions of main energies**

能源	来源	单位	排放系数 (kg – CO_2/单位)
汽油	IPCC	kg	2. 0306

能源	来源	单位	排放系数 （$kg-CO_2$/单位）
煤油	IPCC	kg	2.0951
柴油	IPCC	kg	2.171
液化石油气	IPCC	kg	1.8487
煤气	IPCC	m^3	1.3009
电	中国工程院	kwh	0.9533
天然气	中国工程院	m^3	1.5033
煤炭	中国工程院	kg	2.4933

（2）建筑材料的二氧化碳排放系数

本课题研究的建筑材料二氧化碳排放系数主要来自美国标准和技术研究院开发的 BEES、德国的 GABI 及四川大学开发的 eblance 软件（表6-3）。

表6-3 建筑材料的二氧化碳排放系数

Table 6-3 Coefficient of carbon dioxide emissions of building materials

材料名称	单位	排放系数（$kg-CO_2$/单位）
普通硅酸盐水泥42.5级	t	920.028
混凝土	m^3	260.2
建筑砂浆	kg	0.1034
石膏	kg	0.329
玻璃	t	748
实心黏土砖	1000块	504
砌块	m^3	146
黄沙	m^3	3.11
碎石	t	1
钢材	kg	2.5
保温板	kg	17.07
防水卷材	m^2	47.48
铝合金型材	m^2	26.5
花岗石板材	m^2	101.57

材料名称	单位	排放系数（kg－CO$_2$/单位）
面砖	m^2	7.9
乳胶漆	m^2	5.06
PVC 管	kg	2.535

（3）家电的二氧化碳排放系数

本课题研究的家电的二氧化碳排放系数主要来自美国标准和技术研究院开发的 BEES、德国的 GABI 及四川大学开发的 eblance 软件（表6－4）。

表6－4　家电的二氧化碳排放系数

Table 6－4　coefficient of carbon dioxide emissions of household appliances

部品名称	单位	排放系数（kg－CO$_2$/单位）
电视机	台	62.59
电脑	台	33.7
电冰箱	台	126.2
洗衣机	台	144.43
空调	台	231.09
坐便器	个	140
洗脸池	个	14
家具（木质）	个	105.99

6.5　长沙市住宅用地碳盘查样本分析

6.5.1　住宅用地样本介绍

考虑到不同位置均存在不同等级的住宅小区，所以在选择住宅用地样本时以档次为分界，分别在长沙市选择了高、中、低档各一个小区为研究对象；小区的分级指标主要从房屋情况、物业管理情况以及业主相关情况这三个方面考虑；最后高档小区选择了一个别墅小区——普瑞斯堡；中档小区选择了一个商品楼盘——世界1区；低档小区选择了一个经济适用小区——骑龙小区，这几个小区都是在

2008 年到 2012 年之间建设完成,建筑设计方案等资料比较完整,具有一定的代表性,能够较好的进行研究论证和对比分析。根据实地调查,各个小区的基本信息统计如表 6 - 5。

表 6 - 5 住宅小区基本情况调查统计表

Table 6 - 5 Statistics of the basic information of the residential districts

	项目	普瑞斯堡	世界 1 区	骑龙小区
房屋情况	建成时间	2008 年	2010 年	2012 年
	占地面积(hm²)	150.6	2.36	3.12
	建筑面积(10⁴m²)	185	4.2	7.5
	户数	3128	360	680
	建造期	3 年	1 年	1 年
	建筑密度(%)	12	24	32
	绿化率(%)	66.5	40.2	32.8
	主要户型	200——600 m² 独栋别墅	120 m² 大三房和 90 m² 小三房	100 m² 三房
	栋数	3128	2	18
	净层高(m)	4	3	2.8
	整套价格	100 万以上	40 万以上	35 万以下
	配套设施	齐全	完善	基本满足
物业管理情况	物业公司资质	甲级	乙级	无
	物业管理费(元/m²)	3	2.2	无
业主情况	家庭年收入	50 万	20 万	10 万
	主要从事职业	企业金领、教授等	公司白领、个体户等	附近工厂工人、摊贩商人等
	居住人口流动性	小	小	大

6.5.2 住宅用地生命周期碳盘查及分析

(1)住宅用地开发阶段碳盘查

在住宅用地的开发阶段,以上调研的三个小区的碳排放主要包括有建筑材料和机械两个方面,其中建筑材料包含有近上百种,在本研究中,我们选取了其中一些主要材料的碳排放作为统计对象。在具体的建筑施工阶段,选取了主要的施工机械在施工过程中产生的碳排放,并做出了相应的计算。三个小区住宅用地开发阶段的碳排放统计结果分别见表6-6、6-7,6-8、6-9,6-10、6-11。

表6-6　普瑞斯堡土地开发阶段建筑材料碳排放

Table 6-6　Carbon inventory of Prisburg's building materials in land development phase

材料名称	单位	使用材料量	使用材料碳排放量(kg)	单位占地面积碳排放量(kg/m²)
普通硅酸盐水泥42.5级	t	148000	136164144	90.41
混凝土	m³	647500	168479500	111.87
建筑砂浆	kg	111000	11477.4	0.01
玻璃	t	425500	318274000	211.34
实心黏土砖	千块	666	335664	0.22
砌块	m³	370000	54020000	35.87
黄沙	t	188700	586857	0.39
碎石	t	97680	97680	0.06
钢材	kg	64750000	161875000	107.49
保温板	kg	7400000	126318000	83.88
防水卷材	m²	616000	29247680	19.42
铝合金型材	t	936	24804	0.02
花岗石板材	m²	925000	93952250	62.39
合计			1089387056	723.36

由表6-6数据可知,该楼盘的使用材料碳排放量达到1089387056 kg,但单位占地面积碳排放量为723.36kg/m²。

表6-7　普瑞斯堡土地开发阶段施工机械碳排放

Table 6-7　Carbon inventory of Prisburg's building machinery in land development phase

机械名称	数量	台班能源消耗			总台班数	碳排放量(kg)	单位占地面积碳排放量(kg/m²)
		汽油	柴油	电			
履带式推土机	20	\	41.00	\	600	53406.60	0.04
混凝土汽车输送泵	391	\	\	347.80	4692	1555668.92	1.03
反铲挖掘机	100	\	33.70	\	3000	219488.10	0.15

机械名称	数量	台班能源消耗			总台班数	碳排放量（kg）	单位占地面积碳排放量（kg/m²）
		汽油	柴油	电			
自卸汽车	400	\	36.26	\	6000	472322.76	0.31
平板车	782	\	45.39	\	3128	308238.41	0.20
振动棒	300	\	\	1.50	9000	12869.55	0.01
钢筋切断机	104	\	\	3.00	31200	89228.88	0.06
弯曲机	104	\	\	3.00	31200	89228.88	0.06
钢筋对焊机	104	\	\	100.00	6240	594859.20	0.39
木工压刨	104	\	\	3.00	3120	8922.89	0.01
木工电锯	104	\	\	3.00	93840	268373.02	0.18
砂浆搅拌机	104	\	\	43.52	31200	1294413.62	0.86
直流电焊机	10	\	\	90.80	4690	405964.71	0.27
空压机	40	\	\	41.80	125120	4985774.25	3.31
起重机	10	\	32.25	\	782	54751.53	0.04
升降机	260	\	\	4.00	23400	89228.88	0.06
合计						10502740.19	6.97

注："\"表示设备不消耗对应能源。

由表6－7得知，该楼盘施工机械造成的碳排放量为10502740.19kg，单位占地面积碳排放量为6.97kg/m²。

表6－8 世界1区土地开发阶段建筑材料碳排放

Table 6－8 Carbon inventory of World No. 1 Area's building materials in land development phase

材料名称	单位	使用材料量	使用材料碳排放量(kg)	单位占地面积碳排放量(kg/m²)
普通硅酸盐水泥42.5级	t	2940	2704882.32	114.61
混凝土	m³	12600	3278520	138.92
建筑砂浆	kg	2604	269.2536	0.01
玻璃	t	8400	6283200	266.24
实心黏土砖	千块	18.36	9253.44	0.39

材料名称	单位	使用材料量	使用材料碳排放量(kg)	单位占地面积碳排放量(kg/m²)
砌块	m³	10200	1489200	63.10
黄沙	t	4427	13767.97	0.58
碎石	t	2772	2772	0.12
钢材	kg	1470000	3675000	155.72
保温板	kg	125200	2137164	90.56
防水卷材	m²	11700	555516	23.54
铝合金型材	t	18.5	490.25	0.02
合计			20150035.23	853.82

由表6-8得知，该楼盘土地开发阶段建筑材料碳排放量为20150035.23kg，单位占地面积碳排放量为853.82kg/m²。

表6-9　世界1区土地开发阶段施工机械碳排放

Table 6-9　Carbon inventory of World No.1 Area's

building machinery in land development phase

机械名称	数量	台班能源消耗			总台班数	碳排放量(kg)	单位占地面积碳排放量(kg/m²)
		汽油	柴油	电			
履带式推土机	10	\	41.00	\	300	26703.30	1.13
混凝土汽车输送泵	1	\	\	347.80	50	16577.89	0.70
反铲挖掘机	1	\	33.70	\	15	1097.44	0.05
自卸汽车	4	\	36.26	\	60	4723.23	0.20
平板车	2	\	45.39	\	30	2956.25	0.13
振动棒	4	\	\	1.50	100	143.00	0.01
钢筋切断机	2	\	\	3.00	300	857.97	0.04
弯曲机	2	\	\	3.00	300	857.97	0.04
钢筋对焊机	2	\	\	100.00	50	4766.50	0.20
木工压刨	2	\	\	3.00	8	22.88	0.00
木工电锯	2	\	\	3.00	50	143.00	0.01

机械名称	数量	台班能源消耗			总台班数	碳排放量（kg）	单位占地面积碳排放量（kg/m²）
		汽油	柴油	电			
砂浆搅拌机	2	\	\	43.52	360	14935.54	0.63
直流电焊机	2	\	\	90.80	50	4327.98	0.18
空压机	12	\	\	41.80	120	4781.75	0.20
起重机	1	\	32.25		2	140.03	0.01
升降机	2	\	\	4.00	300	1143.96	0.05
塔吊	2	\	\	75.00	300	21449.25	0.91
合计						105627.93	4.48

注:"\"表示设备不消耗对应能源。

由表6-9得知,该楼盘土地开发阶段施工机械碳排放量为105627.93kg,单位占地面积碳排放量为4.48kg/m²。

表6-10 骑龙小区土地开发阶段建筑材料碳排放

Table 6-10 Carbon inventory of Qilong District's building materials in land development phase

材料名称	单位	使用材料量	使用材料碳排放量(kg)	单位占地面积碳排放量(kg/m²)
普通硅酸盐水泥42.5级	t	5250	4830147	154.81
混凝土	m³	22500	5854500	187.64
建筑砂浆	kg	4500	465.3	0.01
玻璃	m²	11250	8415000	269.71
实心黏土砖	千块	29.7	14968.8	0.48
砌块	m³	16500	2409000	77.21
黄沙	t	7650	23791.5	0.76
碎石	t	4050	4050	0.13
钢材	kg	2625000	6562500	210.34
保温板	kg	45000	768150	24.62
防水卷材	m²	13750	652850	20.92
铝合金型材	t	25	662.5	0.02

材料名称	单位	使用材料量	使用材料碳排放量（kg）	单位占地面积碳排放量（kg/m²）
合计			29536085	946.67

由表 6 - 10 可知，该楼盘土地开发阶段建筑材料碳排放量为 29536085kg，单位占地面积碳排放量为 946.67Kg/m²。

表 6 - 11 骑龙小区土地开发阶段施工机械碳排放

Table 6 - 11　Carbon inventory of Qilong District's building machinery in land development phase

机械名称	数量	台班能源消耗			总台班数	碳排放量（kg）	单位占地面积排放量（kg/m²）
		汽油	柴油	电力			
履带式推土机	18	\	41.00	\	18	1602.20	0.05
混凝土汽车输送泵	18	\	\	347.80	108	35808.24	1.15
反铲挖掘机	18	\	33.70	\	36	2633.86	0.08
自卸汽车	72	\	36.26	\	144	11335.75	0.36
平板车	18	\	45.39	\	36	3547.50	0.11
振动棒	36	\	\	1.50	216	308.87	0.01
钢筋切断机	18	\	\	3.00	720	2059.13	0.07
弯曲机	18	\	\	3.00	720	2059.13	0.07
钢筋对焊机	18	\	\	100.00	108	10295.64	0.33
木工压刨	18	\	\	3.00	18	51.48	0.00
木工电锯	18	\	\	3.00	216	617.74	0.02
砂浆搅拌机	18	\	\	43.52	2700	112016.56	3.59
直流电焊机	18	\	\	90.80	108	9348.44	0.30
空压机	18	\	\	41.80	1080	43035.78	1.38
起重机	18	\	32.25	\	18	1260.27	0.04
塔吊	18	\	\	75.00	3240	231651.90	7.42
合计						467632.47	14.99

注："\"表示设备不消耗对应能源。

由表 6 - 11 可知,该楼盘土地开发阶段施工机械碳排放量为 467632. 47kg,单位占地面积碳排放量为 14. 99kg /m²。

(2)住宅用地运行阶段碳盘查

住宅用地运行阶段的碳排放主要来自两个阶段,即使用阶段和维护阶段。下面分别将三个小区在该阶段产生的碳排放进行盘查。

①使用阶段碳排放

A. 装修阶段碳排放

在使用阶段,主要是住宅使用前的装修以及装修后居民生活带来的碳排放,其中装修阶段的碳排放主要来自装修材料以及装修机械带来的碳排放,居民生活带来的碳排放主要是居民用电和气等方面,下面分别将三个样本小区在使用阶段的碳排放进行盘查(表 6 - 12、6 - 13、6 - 14、6 - 15、6 - 18、6 - 17)。

表 6 - 12 普瑞斯堡土地使用阶段装修材料碳排放

Table 6 - 12 Carbon inventory of Prisburg's decorate material in land use phase

材料名称	单位	使用材料的量	使用材料的碳排放(kg)	单位占地面积碳排放量(kg/m²)
面砖	m²	297160	2347564	1.56
乳胶漆	m²	703800	3561228	2.36
PVC 管	kg	483776.42	1226373.225	0.81
插座	个	212704	26162.592	0.02
坐便器	个	9384	1313760	0.87
洗脸池	个	9384	131376	0.09
家具(木质)	个	15640	1657683.6	1.10
电视机	台	9384	587304.3429	0.39
电脑	台	6256	210827.2	0.14
电冰箱	台	3128	394753.6	0.26
洗衣机	台	6256	903545.1427	0.60
空调	台	15640	3614180.572	2.40
合计			15974758.27	10.61

由表 6 - 12 可知,该楼盘土地使用阶段装修材料碳排放量为 15974758. 27kg,单位占地面积碳排放量为 10. 61kg/m²。

表 6 - 13　普瑞斯堡土地使用阶段装修机械碳排放

Table 6 - 13　Carbon inventory of Prisburg's decorate machinery in land use phase

机械名称	数量	台班耗电量（kwh）	每户总台班数	每户装修碳排放量（kg）	总排放量（kg）	单位占地面积碳排放量（kg/m²）
电锤	2	4	4	15.25	47702	0.03
切割机	2	1	8	7.63	23866.64	0.02
气泵	2	8	6	45.76	143137.28	0.10
手枪钻	2	2	4	7.63	23866.64	0.02
热熔器	2	16	4	61.01	190839.28	0.13
合计				137.28	429411.84	0.29

由表 6 - 13 可知,该楼盘土地使用阶段装修机械碳排放量为 429411.84kg,单位占地面积碳排放量为 0.29kg/m²。

表 6 - 14　世界 1 区土地使用阶段装修材料碳排放

Table 6 - 14　Carbon inventory of World No. 1 Area's decorate material in land use phase

材料名称	单位	使用材料的量	使用材料的碳排放（kg）	单位占地面积碳排放量（kg/m²）
面砖	m²	34200	270180	11.45
乳胶漆	m²	81000	409860	17.37
PVC 管	kg	10983.17	27842.34	1.18
插座	个	24480	3011.04	0.13
坐便器	个	720	100800	4.27
洗脸池	个	720	10080	0.43
家具（木质）	个	1080	114469.2	4.85
电视机	台	720	45061.71	1.91
电脑	台	360	12132	0.51
电冰箱	台	360	45432	1.93
洗衣机	台	360	51994.29	2.20
空调	台	1080	249572.6	10.58

材料名称	单位	使用材料的量	使用材料的碳排放(kg)	单位占地面积碳排放量(kg/m²)
合计			1340435	56.80

由表 6-14 可知,该楼盘土地使用阶段装修材料碳排放量为 1340435kg,单位占地面积碳排放量为 56.80kg/m²。

表 6-15 世界 1 区土地使用阶段装修机械碳排放

Table 6-15 Carbon inventory of World No.1 Area's decorate machinery in land use phase

机械名称	数量	台班耗电量(kwh)	每户总台班数	每户装修的碳排放量(kg)	总排放量(kg)	单位占地面积碳排放量(kg/m²)
电锤	2	4	2	7.6264	2745.504	0.12
切割机	2	1	4	3.8132	1372.752	0.06
气泵	2	8	3	22.8792	8236.512	0.35
手枪钻	2	2	2	3.8132	1372.752	0.06
热熔器	2	16	2	30.5056	10982.016	0.47
合计				68.6376	24709.536	1.05

由表 6-15 可知,该楼盘土地使用阶段装修机械碳排放量为 24709.536kg,单位占地面积碳排放量为 1.05kg/m²。

表 6-16 骑龙小区土地使用阶段装修材料碳排放

Table 6-16 Carbon inventory of Qilong District's decorate material in land use phase

材料名称	单位	使用材料的量	使用材料的碳排(kg)	单位占地面积碳排放量(kg/m²)
面砖	m²	64600	510340	16.36
乳胶漆	m²	153000	774180	24.81
PVC 管	kg	19076	48357.66	1.55
插座	个	46240	5687.52	0.18
坐便器	个	680	95200	3.05
洗脸池	个	680	9520	0.31

材料名称	单位	使用材料的量	使用材料的碳排(kg)	单位占地面积碳排放量(kg/m²)
家具(木质)	个	2040	216219.6	6.93
电视机	台	680	42558.28572	1.36
电脑	台	680	22916	0.73
电冰箱	台	680	85816	2.75
洗衣机	台	680	98211.42855	3.15
空调	台	1360	314276.5714	10.07
合计			2223283.066	71.26

由表6-16可知,该楼盘土地使用阶段装修材料碳排放量为2223283.066kg,单位占地面积碳排放量为71.26kg/m²。

表6-17 骑龙小区土地使用阶段装修机械碳排放

Table 6-17 Carbon inventory of Qilong District's decorate machinery in land use phase

机械名称	数量	台班耗电量(kwh)	每户总台班数	每户装修的碳排放量(kg)	总排放量(kg)	单位占地面积碳排放量(kg/m²)
电锤	1	4	1	3.8132	2592.976	0.08
切割机	1	1	2	1.9066	1296.488	0.04
气泵	1	8	2	15.2528	10371.904	0.33
手枪钻	1	2	1	1.9066	1296.488	0.04
热熔器	1	16	1	15.2528	10371.904	0.33
合计				38.132	25929.76	0.83

由表6-17可知,该楼盘土地使用阶段装修机械碳排放量为25929.76kg,单位占地面积碳排放量为0.83kg/m²。

B. 居民生活阶段碳排放

居民生活的碳排放受多种因素的影响,如居民生活习惯、小区的条件和居民的收入水平等等,考虑到选取指标的可操作性,本研究选取了三个要素,具体为居民家庭电力、天然气和液化气碳排放,将它们相加求出居民生活碳排放量(表6-18、6-19、6-20)。根据各小区的问卷调查得到普瑞斯堡的家庭平均每户每月用电480 kwh,平均每户每月消耗天然气32.65 m³,世界1区的家庭平均每户每月用电 220 kwh,平均每户每月消耗天然气 20.14 m³,骑龙小区的家庭平均每户每月用电 300 kwh,该小区没有通天然气,平均每户每月燃烧 1 罐液化气,约 13 kg,小区的耗电量由家庭耗电量加公共耗电量组成。

表 6 – 18　普瑞斯堡土地使用阶段家庭居民生活碳排放

Table 6 – 18　Carbon inventory of Prisburg's families living in land use phase

名称	单位	平均每户每月消耗量	小区全年消耗量	小区全年碳排放量（kg）	使用期内总碳排放量（kg）	单位占地面积排放量（kg/m²）
耗电量	kwh	480	18017280	17175873.02	1099255874	729.92
天然气消耗量	m³	32.65	1225550.40	1842369.92	117911674.6	78.29
液化气消耗量	kg	0	0	0	0	0
总计				19018242.94	1217167548	808.21

表 6 – 19　世界 1 区土地使用阶段居民家庭生活碳排放

Table 6 – 19　Carbon inventory of World No. 1 Area's families living in land use phase

名称	单位	平均每户每月消耗量	小区全年消耗量	小区全年碳排放量（kg）	使用期内总碳排放量（kg）	单位占地面积碳排放量（kg/m²）
耗电量	kwh	220	950400	906016.32	59797077.12	2533.77
天然气消耗量	m³	20.14	87004.80	130794.32	8632424.85	365.78
液化气消耗量	kg	0	0	0	0	0
总计				1036810.64	68429501.97	2899.56

表 6 – 20　骑龙小区土地使用阶段家庭居民生活碳排放

Table 6 – 20　Carbon inventory of Qilong District 's families living in land use phase

名称	单位	平均每户每月消耗量	小区全年消耗量	小区全年碳排放量（kg）	使用期内总碳排放量（kg）	单位占地面积碳排放量（kg/m²）
耗电量	kwh	300	2448000	2333678.40	154022774.40	4936.63
天然气消耗量	m³	0	0	0	0	0
液化气消耗量	kg	13	106080	196110.10	12943266.34	414.85
总计				2529788.50	166966040.74	5351.48

　　注:使用期＝全生命长度－开发建设期－装修期－搬迁拆除期,其中设装修期为 1 年,搬迁拆除期为 2 年。

②维护阶段碳排放

根据建筑材料的使用寿命,对一些主要的产品在达到预期的使用年限后进行更换和维护,此阶段产生的碳排放主要包括建材消耗、施工机械等方面,而施工机械带来的碳排放主要是在更换门窗、管道维修以及外墙维护等方面,大部分工作主要是由人工来完成,因此,在本研究中没有考虑机械设备的排放。各个小区主要替换材料的碳排放盘查结果见表6-21、6-22、6-23。

表6-21 普瑞斯堡土地维护阶段替换材料碳排放

Table 6-21 Carbon inventory of Prisburg's replace material in land maintenance phase

材料名称	单位	材料使用年限	材料替换率	替换材料量	维护材料碳排放量(kg)	单位占地面积碳排放量(kg/m²)
面砖	m²	30-40年	1	297160	2347564.00	1.56
PVC管	kg	30-40年	1	483776.42	1226373.23	0.81
坐便器	个	10-30年	4	9384	5255040.00	3.49
洗脸池	个	10-30年	4	9384	525504.00	0.35
家具(木质)	个	10-30年	4	15640	6630734.00	4.40
电视机	台	10-30年	4	9384	2349217.00	1.56
电脑	台	10-30年	4	6256	843308.80	0.56
电冰箱	台	10-30年	4	3128	1579014.00	1.05
洗衣机	台	10-30年	4	6256	3614181.00	2.40
空调	台	10-30年	4	15640	14456722.00	9.60
总计					38827658.03	25.78

由表6-21可知,该楼盘土地使用阶段建筑维护替换材料碳排放量为38827658.03kg,单位占地面积碳排放量为25.78 kg/m²。

表6-22 世界1区土地维护阶段替换材料碳排放

Table 6-22 Carbon inventory of World No. 1 Area's replace material in land maintenance phase

材料名称	单位	材料使用年限	材料替换率	替换材料量	维护材料碳排放量(kg)	单位占地面积碳排放量(kg/m²)
面砖	m²	30-40年	1	34200	270180.00	11.45

材料名称	单位	材料使用年限	材料替换率	替换材料量	维护材料碳排放量（kg）	单位占地面积碳排放量（kg/m²）
PVC 管	kg	30－40 年	1	10983.17	27842.34	1.18
坐便器	个	10－30 年	3	720	302400.00	12.81
洗脸池	个	10－30 年	3	720	30240.00	1.28
家具(木质)	个	10－30 年	3	1080	343407.60	14.55
电视机	台	10~30 年	3	720	135185.13	5.73
电脑	台	10－30 年	3	360	36396.00	1.54
电冰箱	台	10－30 年	3	360	136296.00	5.78
洗衣机	台	10－30 年	3	360	155982.87	6.61
空调	台	10－30 年	3	1080	748717.80	31.73
总计					2186647.74	92.65

由表 6－22 可知，该楼盘土地使用阶段建筑维护替换材料碳排放量为 2186647.74kg，单位占地面积碳排放量为 92.65 kg/m²。

表 6－23 骑龙小区土地使用阶段建筑维护主要材料碳排放

Table 6－23 Carbon inventory of Qilong District's replace material in land maintenance phase

材料名称	单位	材料使用年限	材料替换率	替换材料量	维护材料碳排放量（kg）	单位占地面积碳排放量（kg/m²）
面砖	m²	30－40 年	1	64600	270180.00	8.66
PVC 管	kg	30－40 年	1	19076	27842.34	0.89
坐便器	个	10－30 年	2	680	190400.00	6.10
洗脸池	个	10－30 年	2	680	19040.00	0.61
家具(木质)	个	10－30 年	2	2040	432439.20	13.86
电视机	台	10－30 年	2	680	85116.57	2.73
电脑	台	10－30 年	2	680	45832.00	1.47
电冰箱	台	10－30 年	2	680	171632.00	5.50
洗衣机	台	10－30 年	2	680	196422.86	6.30
空调	台	10－30 年	2	1360	628553.14	20.15
总计					2067458.11	66.26

由表 6 - 23 可知,该楼盘土地使用阶段建筑维护替换材料碳排放量为 2067458.11kg,单位占地面积碳排放量为 66.26kg/m²。

(3)住宅用地废弃或循环利用阶段碳盘查

住宅拆除废弃有很多不同方式,如整体爆破,机械拆除,人工拆除等等,不同位置不同结构采取的方式不同,采用的机械设备也不同,所以有很大不确定性,所以该阶段的碳排放量采用参考文献估算的方法。针对这一阶段的二氧化碳排放量计算,得到建筑拆除时平均单位建筑面积二氧化碳排放量为 58.86kg/m²,最终得出普瑞斯堡该阶段的碳排放量 105118800kg,平均占地面积碳排放量为 69.80kg/m²,世界 1 区该阶段的碳排放量为 2472100kg,平均占地面积碳排放量为 104.75kg/m²,而骑龙小区该阶段的碳排放量为 4414488kg,平均占地面积碳排放量为 141.49kg/m²。

(4)住宅用地生命周期总碳盘查分析

在以上选取的三个小区当中,生命周期内碳排放量最多的是普瑞斯堡小区,其次是骑龙小区,再次是世界 1 区。生命周期内碳排放量的多少首先与小区的建筑面积有关,由于普瑞斯堡建筑面积远远大于其他两个小区,因此碳排放量更多。世界 1 区小区和骑龙小区建筑面积相差不大,但骑龙小区的总能耗明显要高,这主要是由于该小区建筑密度大,居住的用户更多而导致的。虽然普瑞斯堡小区的总碳排放量要比其他两个小区更多,但从单位占地面积的碳排放量来看,该小区的碳排放量却是最少的,而骑龙小区的单位占地面积碳排放量最多,由此可知,开发定位相对较高的小区的单位占地面积碳排放量更少,定位较低的小区碳排放量则相对更多,这主要是由于在建筑的运行阶段,建筑单位占地面积居民更多的小区将产生更多的碳排放,这一阶段也是决定单位占地面积碳排放总量的关键所在。三个小区总碳排放量对比如表 6 - 24 所示:

表 6 - 24　三个小区全生命周期碳排放量对比

Table 6 - 24　The contrast of full life cycle carbon inventory of the three districts

小区名称	占地面积($10^4 m^2$)	总碳排放量(kg)	单位占地面积碳排放量(kg/m²)
普瑞斯堡	150.6	2477400120	1645.02
世界 1 区	2.36	94687596	4012.61
骑龙小区	3.12	205700976	6592.98

在住宅用地的生命周期内,产生的总碳排放来自于住宅建筑施工阶段、运行阶段、维护阶段以及撤除与处理阶段。在这四个阶段中,碳排放最多的阶段是运

行阶段,达到了76.61%以上,其中使用阶段所占比例为75.10%,维护阶段仅占1.51%;其次为开发阶段20.81%,撤除与处理阶段为2.58%(图6-8)。以上三个小区在四个阶段的单位占地面积碳排放量统计见表6-25。

表6-25　三个小区各阶段单位占地面积碳排放量

Table 6-25　Each phase carbon inventory per unit area of three districts

单位:kg/m²

小区名称	开发阶段	运行阶段		废弃循环阶段	全生命周期
		使用阶段	维护阶段		
普瑞斯堡	730.33	819.11	25.78	69.80	1645.02
世界1区	857.80	2957.41	92.65	104.75	4012.61
骑龙小区	961.66	5423.57	66.26	141.49	6592.98
阶段合计	2549.79	9200.09	184.69	316.04	12250.61

三个小区在四个阶段的单位占地面积总碳排放分布比例如图6-8所示。

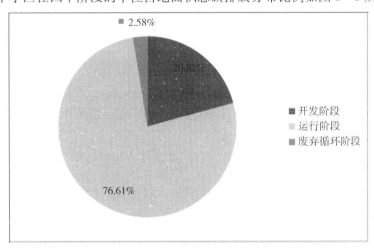

图6-8　三个小区(长沙市)单位占地面积碳排放各阶段比例

Fig. 6-8　The ratio of each phase carbon inventory of
unit area in three districts of Changsha

通过以上的分析得知,住宅用地的碳排放主要来自于运行阶段,而在此阶段中,主要的碳排放来自于使用阶段,因此,要有效地减少住宅用地的碳排放量,必须在此阶段上入手,才能从根本上降低碳排放,具体措施将在第八章中进行阐述。

6.6 长沙市住宅用地碳排放的演化趋势与影响因素分析

6.6.1 长沙市住宅用地碳排放演化趋势分析

根据以上三个小区的年均单位面积碳排放量,通过加权算法得到长沙市住宅用地的平均碳排放量为 $4083.54kg/m^2$,各区年度碳排放量 = 各区住宅用地面积 × 年均单位面积碳排放量。长沙市 6 区的近五年碳排放量计算结果见表 6 – 26。

表 6 – 26　长沙市各区近 5 年的碳排放量

Table. 6 – 26　Carbon inventory of the last five years in different

districts of Changsha City

单位:10^4t

年份	雨花区	芙蓉区	天心区	开福区	岳麓区	望城区	年均值
2010	70.25	80.65	71.26	72.43	65.30	45.27	67.53
2011	75.50	88.62	76.10	76.24	68.30	47.52	72.00
2012	80.33	95.26	79.23	78.56	71.20	50.32	75.82
2013	90.25	110.38	89.15	88.15	76.34	56.24	85.10
2014	98.34	120.50	97.30	96.58	82.62	60.30	92.61
合计	414.67	495.41	413.04	411.96	363.76	259.65	393.06
区年均值	82.93	99.08	82.61	82.39	72.73	51.93	/

从表 6 – 26 可知,空间分布上,处于城市中心的芙蓉区碳排放明显要高于其他区域,这与该区人口密度大、住宅用地多等都有密切关系,而处于河西的岳麓区和望城区相对来说,碳排放较少,特别是望城区,开发相对较晚,居住的人口也相对较少,因此碳排放在五区中是最少的。

在时间变化上,长沙市 6 区的年碳排放量与年均碳排放量均呈不断增长趋势,年均值从 $67.53 × 10^4$t 增加到 $92.61 × 10^4$t,增长了 37.14%。这与城市规模不断扩大、住宅用地不断增多以及人口不断增加等密切相关。

6.6.2 长沙市住宅用地碳排放影响因素分析

低碳住宅并不是一个狭义的概念,而是一个广义的概念,低碳住宅用地的开发必须全面地考虑到每一个影响因素。虽然在运行阶段对碳排放影响大,但是并不能单纯地考虑建筑运行阶段的影响因素,在建筑的规划设计阶段,对低碳建筑的影响是不容忽视的,在此阶段,建筑的规划师、工程师、项目经理等都责任重大,可以说,此阶段是建筑是否实现低碳排放的前提和保证。下面分阶段论述碳排放的影响因素。

(1)住宅用地开发阶段碳排放的影响因素

①规划设计阶段碳排放的影响因素

规划设计阶段虽然没有直接的碳排放,但对住宅用地后期的碳排放具有非常重要的影响,比如住宅地址的选择、建筑结构的设计、建筑材料的选取、建筑施工的方案等都与住宅用地的碳排放直接相关。住宅地址的选择直接影响到建筑的通风和采光效果,同时还可以避免因盲目开挖带来更多的碳排放,对日后的建筑施工碳排放也会产生一定的影响;建筑结构的设计是否合理,比如建筑外墙、窗户以及屋面等的设计都直接影响到住宅用地的碳排放;建筑材料是建筑的主体,对低碳住宅用地的影响很大,比如材料质量的优劣,材料数量的预算等;建筑施工的方案和实施将对工期、环境污染等方面带来直接影响,因此也与碳排放息息相关。

②施工阶段碳排放的影响因素

施工阶段是开发阶段直接带来碳排放的阶段,该阶段的周期较长,材料和能源的消耗量大,同时也会产生较多的建筑垃圾。建筑材料的消耗是在施工阶段最大的成本消耗,特别是建筑材料的浪费。能源消耗主要是施工人员的临时办公和住所所耗费的水、电以及施工机械的燃油消耗等,这些都直接带来一定的碳排放。此外,在施工的过程当中,还会产生大量的尘土、噪声、有毒气体和废弃物等,这也给当地的环境带来很大的影响。

(2)住宅用地运行阶段碳排放的影响因素

住宅在竣工交付使用后,碳排放涉及很多方面,这个阶段也是碳排放最多的阶段,同时也是当前住宅用地碳排放的研究重点。在该阶段,对于那些已经精装修的住宅来说,产生的碳排放都在开发商的施工阶段,但目前大多数住宅建筑都是毛坯,因此房屋装修带来了一定的碳排放,其中包括材料的消耗、能源及水资源的耗费以及室内空气的质量等因素。该阶段最重要的碳排放主要来自于居民生活,通过以上的案例分析得知,该阶段占整个住宅用地的碳排放量近80%,这主要是由于居民多年的生活所带来的水、电、气等资源的消耗,还有居民日常生活所造成的生活垃圾等,这些都将直接影响住宅用地生命周期的总碳排放量。此外,随着住宅的使用,在维修和维护阶段也会带来一定的碳排放,比如建筑维修需要材料耗费和机械施工,居民家电家具的更换等都是该阶段造成碳排放的影响因素。

（3）住宅用地撤除与处理阶段碳排放的影响因素

建筑物的撤除需要使用大量的机械设备,消耗的燃油能源带来大量的碳排放,同时还会产生大量的建筑垃圾,特别是固体废弃物,处理相当困难,据相关统计得知,我国建筑垃圾的回收利用率不到5%。

（4）其他影响因素

从长沙市近几年的碳排放量看来,各区之间的碳排放量有所差别,其中处于城市中心的芙蓉区最多,同时处于河东比较繁华的雨花区和开福区也较多,而处于河西的岳麓区和望城区相对较少。整体看来,长沙市区域的住宅用地碳排放量与住宅用地面积有直接关系,但该地区的经济规模、人口数量也是影响碳排放的关键因素,经济相对发达、居住人口较多的区域将在住宅的运行阶段带来更多的碳排放。此外,自然环境也是影响住宅用地碳排放的相关因素。

6.7　本章小结

（1）选取长沙市三个典型小区作为样本分析,分别是代表高档小区的普瑞斯堡、代表中档小区的世界1区以及代表普通小区的骑龙小区。运用生命周期法对开发阶段、运行阶段以及废弃阶段的材料消耗、机械能源消耗以及居民生活消耗等多个方面进行具体的清单分析和统计,并对三个小区的碳排放总量和单位占地面积碳排放量进行对比分析,结果表明:代表高档小区的普瑞斯堡因建筑面积大而导致碳排放量最多,但从单位占地面积碳排放量来看,该小区最少;世界1区和骑龙小区的建筑面积差别不大,但因小区的规划档次不同,骑龙小区的碳排放总量和单位占地面积碳排放量都比世界1区要高。此外,还得出了三个小区在三个阶段的单位占地面积总碳排放量分布比例,从三个小区的三个阶段均值看来,运行阶段产生的碳排放量最多,其中主要来自居民的生活碳排放。

（2）根据案例分析中的三个小区的年均单位面积碳排放量,通过加权算法得到长沙市住宅用地的平均碳排放量,从空间和时间上对长沙市六区的碳排放进行统计,并分为三个阶段对长沙市住宅用地碳排放影响因素进行了分析。其中住宅开发阶段从建筑设计阶段和施工阶段两个方面进行了分析,在此阶段中,规划设计阶段虽然没有直接的碳排放,但对住宅用地后期的碳排放具有非常重要的影响,施工阶段带来碳排放的主要因素是材料耗费、施工机械燃油消耗以及施工带来的大气、噪声以及垃圾污染等。在运行阶段,碳排放的主要来源是居民的生活所耗费的水、电、气等资源以及伴随的生活垃圾等,此外还有居民住宅的维修和家电家具的更换等。在住宅用地的撤除阶段,碳排放主要来自撤除建筑所需要使用到的机械设备带来的燃油消耗,还有就是大量的建筑固体垃圾,能够回收利用的很少,大量固体垃圾有待处理。最后,从长沙市整体来看,各区的经济水平、人口数量以及自然环境等都对碳排放量有一定的影响。

第7章　长沙市工业用地碳排放核算

7.1　研究内容概述

城市工业用地是城市土地利用系统的主要组成部分,其碳排放量严重影响整个城市的碳循环和碳平衡。本研究采用文献分析、实地调研、综合评价等多种方法,核算长沙市工业用地二氧化碳排放量,并分析其来源及影响因子,探讨实现城市工业用地低碳利用的途径,为应对气候变化的低碳城市策略的科学制定提供科学依据。

(1)长沙市工业用地碳排放调查与核算

在碳排放的测算方法上,综合考虑工业生产过程碳排放以及化石能源消耗碳排放,结合 IPCC(2006 年)清单指南、《中国省级温室气体清单编制指南》和部分实测数据选择排放因子,计算工业用地的碳排放量。

(2)长沙市工业用地碳排放时空变异规律分析

在掌握城市工业用地碳排放总量数据后,首先运用综合评价方法,对工业用地碳排放量、碳排放结构、碳排放强度和地均碳排放量进行评价,分析 2004—2013 年碳排放量的时间变化规律;然后,再分析长沙市 6 区碳排放量的空间差异。

(3)长沙市工业用地碳排放影响因素分析

结合已有的文献,从规模、投资、技术和结构四个角度,选取 5 个主要影响因素,运用相关关系和灰色关联度分析法,判定各因素与碳排放强度的正负相关性,并计算各因素与工业碳排放强度的灰色关联度,探讨大中型企业比例、工业固定资产投资、工业能源强度、国有企业比例、重工业企业比例 5 个因素对工业碳排放强度变化的影响程度。

(4)长沙市工业用地低碳利用的演化博弈分析与对策研究

运用演化博弈复制动态分析方法,分析工业用地低碳利用所涉及的政府、企业和消费者等多个利益主体的博弈关系,建立三方博弈模型,考察城市工业用地低碳利用中三者的互动机制。在假定三方在不同策略组合下各自的成本和收益的基础上,分析演化博弈稳定性策略。并结合工业用地碳排放规律和影响因素分析,探讨实现工业用地低碳利用的对策。

7.2　研究方法与技术路线

7.2.1　研究方法

(1)文献综合分析法

通过对城市土地低碳利用研究、工业用地碳排放研究、工业低碳利用途径研究等方面的期刊论文、硕博学位论文进行文献搜集与阅读,了解目前国内外的研究现状,并以此为切入点,展开本研究。

(2)定性与定量分析相结合的方法

在定性分析的基础上,收集数据对研究问题进行了定量计算和分析。首先,在工业用地碳排放方面,对不同工业产业的碳排放量、碳排放强度和地均碳排放量进行定量计算和分析;然后,在对工业碳排放强度影响因素进行定性描述的基础上,再运用定量方法,计算各影响因素对工业碳排放强度的影响程度。

(3)时间与空间分析相结合的方法

工业碳排放的演变是一个长期的过程,本研究对 2004—2013 年工业碳排量进行时间变化分析;同时,又由于区域间经济发展水平,发展着重点的不同,碳排放也存在空间差异,本研究对不同区域间碳排放的空间差异进行分析。从时间序列和空间格局两个角度透彻分析长沙市工业碳排放的演化规律和分布格局。

(3)数理分析方法

运用相关关系、灰色关联度分析等方法,对工业碳排放强度的影响因素进行分析。运用数理分析方法,对收集到的数据进行计算和整理,分析不同影响因素与碳排放强度的正负相关性,并定量描述影响程度的大小。

(4)博弈理论分析法

在探讨实现工业用地低碳利用的对策时,本研究建立政府、企业和消费者的三方博弈模型,运用演化博弈动态思想来探讨三个主体行为在工业用地低碳利用中的相互关系,深入研究博弈模型,分析其均衡条件以及均衡结果,以便为政府提供政策决策参考,更好地实现工业用地低碳利用。

7.2.2 技术路线

本研究以长沙市工业用地作为研究对象,首先对工业碳排放量进行核算,其次再对工业碳排放进行时间变化和空间格局分析,并对工业碳排放的主要影响因素进行分析,最后运用演化博弈理论方法,探索工业用地低碳利用的对策。具体技术路线如图7-1所示。

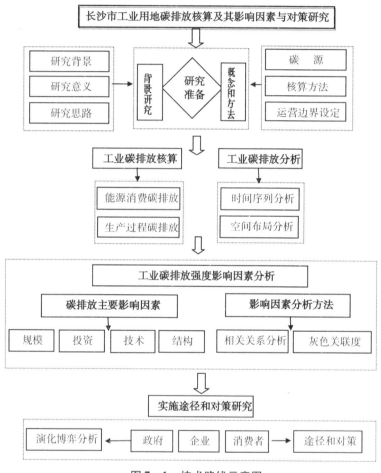

图 7 - 1　技术路线示意图

Fig. 7 - 1 The technology roadmap

7.3　工业碳排放核算方法

近年来,工业碳排放问题受到国际国内学术界的密切关注。西方城市对《京都议定书》中列入的6种温室气体进行核算,中国作为非附件缔约国,重点对城市能源活动、工业生产过程、农业活动、林业活动、城市废弃物处置和土地利用变化等产生的温室气体排放量进行估算。而城市工业用地的碳排放核算主要从工业能源活动、工业生产过程两个角度进行核算。

7.3.1　能源消耗碳排放核算方法

目前,国内外关于能源消耗碳排放核算的主要方法有:美国橡树岭国家实验室方法、IPCC 国家温室气体清单指南方法、IPCC 国家温室气体参考方法、国家发改委能源研究所方法及徐国泉(2006)提供的方法。相对而言,IPCC 参考方法对于燃料的分类更加细致,数据比较容易获取,目前,国内城市的能源统计体系尚不完善,因此本研究对于长沙市工业用地碳排放核算选取 IPCC 参考方法。

根据《中国能源统计年鉴》口径统计标准,叶懿文(2013)提出,最终消费的能源主要包括以下九种:原煤、焦炭、原油、汽油、煤油、柴油、燃料油、天然气和电力。本研究在长沙市工业能源碳排放核算公式选择上沿用 IPCC 参考方法,但燃料的排放因子采用《中国省级温室气体清单编制指南》数据,九类能源的折算系数和碳排放系数,如表 7-1 所示(通过 IPCC、《能源统计知识手册》计算整理而得)。

表 7-1　各类能源的折算系数和碳排放系数

Tab. 7-1　The carbon emission coefficient of different kind of energy

	原煤	焦炭	原油	汽油	煤油	柴油	燃料油	天然气	电力
标准煤折算系数	0.7143	0.9714	1.4286	1.4714	1.4714	1.4571	1.4286	13.3	1.229
碳排放系数	0.7476	0.1128	0.5854	0.5532	0.3416	0.5913	0.6176	0.4479	2.2132

表 7-1 中,折算系数的计量单位如下:电力单位为 t 标准煤/10^4 kwh、天然气单位为 t 标准煤/10^4 m^3,其他能源的单位为 kg 标准煤/kg;碳排放系数单位是 tCO_2/t 标准煤。

能源消耗碳排放主要是来源于富含碳的化石燃料燃烧,而燃烧过程中产生的 CO_2 与燃烧条件(燃烧效率,矿渣、炉灰等废物中碳残留)关系不大,所以碳排放量可以由燃料数量及燃料的排放因子确定,碳排放因子是指单位能源消耗量所带来的 CO_2 排放量,所以排放因子的大小由燃料的含碳量决定。基于此,能源消费碳排放的计算公式为:

$$E = \sum F_i \times \sum EF_i = \sum F_i \times (A_i \times B_i \times C_i \times \frac{44}{12}) \qquad (7-1)$$

公式7-1中 E 为工业碳排放总量;F 为能源实物消费量;EF 为燃料的排放因子;A 为能源净发热值;B 为能源单位热值含碳量;C 为碳氧化率;i 为各能源种类,固碳率假定为0。

7.3.2 工业生产过程碳排放核算方法

除了能源消耗会导致碳排放之外,部分工业生产中的化学反应或物理变化过程也会产生温室气体排放,在一些城市中工业生产中的温室气体排放比例较高,但却总是被有意或无意忽略。本研究按照《2006 年 IPCC 国家温室气体排放清单指南》统计方法,对部分工业生产过程中的碳排放量进行统计核算。生产过程具有碳排放的主要包括水泥、石灰、电石、合成氨、纯碱、玻璃、化学工业和金属冶炼等行业,考虑长沙市工业数据的可得性,仅对长沙市玻璃生产、电石、合成氨和纯碱的生产过程碳排放进行核算。通过对《2006 年 IPCC 国家温室气体排放清单指南》第二卷的内容进行筛选、加工和整理得到以下几方面的工业生产过程碳排放核算方法(表7-2)。计算过程中排放因子及其参数的选取,主要依据 IPCC 给定参数缺省值。

表7-2 工业生产过程中碳排放的核算方法

Table 7-2 The accounting methods of carbon emission in industrial production process

项目	计算公式	说明
玻璃生产	$E = M_g \times EF \times (1 - CR)$	M_g:生产的玻璃质量; EF:玻璃制造的缺省排放因子; CR:碎玻璃比率(缺省值)。
电石生产	$E = AD \times EF$	AD:活动水平数据,产品产量; EF:排放因子。
合成氨生产	$E = AP \times FR \times CCF \times COF \times 44/12 - R_{CO_2}$	AP:氨气产量; FR:每单位产出的燃料需求; CCF:燃料的碳含量因子; COF:燃料的碳氧化因子; R_{CO_2}:为下游使用回收的二氧化碳。

项目	计算公式	说明
纯碱生产	$E = AD \times EF$	AD:使用的天然碱矿或生产的纯碱量; EF:每单位天然碱矿输入或天然纯碱产出的排放因子。

7.3.3 工业碳排放强度核算方法

工业碳排放强度是指单位工业增加值所产生的碳排放量,工业碳排放强度的变化表明工业增长和碳排放量的变化趋势和强度。

$$T = \frac{\sum_i E_i}{\sum_i GDP_i} \tag{7-2}$$

公式 7-2 中 T 为碳排放强度;E 为工业碳排放总量,单位为 $10^4 tCO_2$;GDP 表示行业工业增加值,单位为亿元。

7.4 工业用地碳排放核算与分析

7.4.1 核算说明

(1)运营边界设定

由于温室气体的流动性和城市系统的开放性,碳排放量的精确核算是一项世界性难题,城市工业用地的碳排放量核算更为复杂。在核算边界的确定上,本研究借鉴了世界资源研究所(WRI)(2004)的范围思想,将长沙市工业排放源部门分为三个范围:范围 1 指行政边界内工业部门的直接碳排放;范围 2 指工业部门电力和热力消费引起的间接排放;范围 3 指除范围 2 之外的所有其他间接碳排放,如进出口工业原材料及半成品引起的碳排放。但受数据可获得性限制,这里仅仅研究范围 1 和范围 2 的碳排放。

(2)数据来源与处理

本研究所用数据主要包括长沙市社会经济数据、能源消费数据、土地利用相关数据等。

①社会经济数据和能源数据

长沙市社会经济数据、能源数据主要来源于《湖南省统计年鉴》、《长沙市统计年鉴》、长沙市年度社会统计公报、《湖南省工业统计年鉴》和长沙市能源网等门户网站。计算过程中排放因子的选取,主要依据《2006 年 IPCC 国家温室气体排放清单指南》给定参数。

②土地利用数据

长沙市土地利用数据主要来源于长沙市国土资源局、城乡规划局等相关职能部门的业务统计数据以及长沙市勘测设计研究院城乡规划编制中心的统计数据。

7.4.2 工业用地碳排放核算

(1)能源消费碳排放核算

根据《中国可持续发展能源及碳排放情景分析》的划分标准,参考曹孜(2011)的划分标准,将长沙市统计年鉴中的工业行业进行了整理再分类,分为采掘业、制造业、电力热力生产和供应业三大类,其中制造业又细分为重工业和轻工业。

根据《长沙市统计年鉴》能源数据统计出 2004 – 2013 年不同行业各能源类型消耗量,并根据 IPCC(2006)中的能源转换系数(表 7 – 1),将不同能源类型按照对应的系数折算为标准煤消耗量,整理得到长沙市工业标准煤消耗量(表 7 – 3)。根据公式 7 – 1,参考 IPCC(2006)标准煤的碳排放因子(表 7 – 1),计算得出 2004—2013 年十年间长沙市采矿业、轻工业、重工业及其电力热力生产和供应各行业能源消费碳排放量及其长沙市工业能源消耗的碳排放量(表 7 – 4)。

表 7 – 3　2004—2013 年长沙市工业能源消耗量

Table 7 – 3　The industrial energy consumption of Changsha from 2004 to 2013

单位:10^4t 标准煤

年份	采矿业	制造业		电力热力业	合计
		轻工业	重工业		
2004	27.09	152.02	287.79	15.05	481.95
2005	26.07	141.66	283.34	16.31	467.38
2006	25.31	159.35	323.74	20.34	528.74
2007	25.27	158.16	361.9	35.49	580.82
2008	22.89	116.56	275.22	143.22	557.89
2009	14.85	114.72	279.22	159.56	568.35
2010	23.22	110.9	292.73	179.91	606.76
2011	15.65	106.65	278.53	246.22	647.05
2012	10.3	115.12	258.72	178.97	563.11
2013	8.89	111.29	266.62	213.08	599.88

表7-4 2004—2013年长沙市工业能源消费碳排放量

Table 7-4 The carbon emissions of energy consumption of Changsha from 2004 to 2013

单位:10^4t

年份	采矿业	制造业		电力热力业	合计
		重工业	轻工业		
2004	20.26	215.15	113.65	11.25	360.3
2005	19.49	211.82	105.91	12.19	349.42
2006	18.92	242.03	119.13	15.21	395.28
2007	18.89	270.56	118.24	26.54	434.23
2008	17.12	205.75	87.14	107.07	417.08
2009	11.10	208.75	85.76	119.29	424.9
2010	17.36	218.85	82.91	134.5	453.62
2011	11.70	208.23	79.73	184.08	483.73
2012	7.70	202.60	86.07	133.80	430.16
2013	6.65	210.72	83.2	159.3	459.86

由表7-4可知,长沙市工业能源消费碳排放量是工业碳排放的主要组成部分,其绝对量较大,研究期内,工业能源消费碳排放量从2004年的360.30×10^4t增加到2013年的459.86×10^4t,总体呈上升趋势。从行业上看,由于重工业对能源的依赖性较强,能耗量大,所以重工业的能源消费碳排放最大,其次是轻工业,而采矿业和电力热力生产及供应行业的能源消费碳排放量相对较小。

（2）生产过程碳排放估算

本研究在考虑长沙市工业数据的可得性的基础上,将部分工业生产中的化学反应或物理变化过程中产生的二氧化碳排放量纳入计算,对《2006年IPCC国家温室气体排放清单指南》中关于生产过程和产品使用章节的内容进行筛选、加工和整理得到玻璃、电石、合成氨和纯碱生产等方面的工业碳排放核算方法,并利用IPCC(2006)给定缺省参数和碳排放因子对长沙市玻璃、电石、合成氨和纯碱生产过程中的碳排放量进行计算分析。

根据IPCC(2006)行业划分,玻璃生产属于采矿业,电石、纯碱和合成氨生产属于重工业中的化工业,计算数据来源于2004—2013年《湖南省统计年鉴》和《长沙市统计年鉴》中的工业产品产量,采用表7-2中的公式和方法计算得出2004—2013年长沙市部分工业生产过程中的碳排放量(表7-5)。

表7-5　长沙市工业生产过程碳排放量

Table 7-5　The carbon emissions of production process of Changsha from 2004 to 2013

单位:10^4t

年份	采矿业	化学工业			合计
	玻璃	电石	合成氨	纯碱	
2004	12.80	0.00	9.20	0.27	22.27
2005	12.96	0.35	8.94	0.42	22.66
2006	13.12	0.00	10.70	0.76	24.58
2007	15.38	0.00	19.41	0.81	35.60
2008	14.45	0.00	29.65	0.79	44.89
2009	13.92	0.00	54.58	0.51	69.01
2010	14.59	0.00	49.24	0.58	64.41
2011	14.89	0.61	55.70	0.74	71.95
2012	15.46	0.00	51.03	0.82	67.31
2013	15.19	0.00	49.38	0.81	65.37

由表7-5可知,长沙市工业生产过程中的碳排放量从2004年的22.27×10^4t上升到2013年的65.37×10^4t,每年的碳排放绝对量较大,且有逐年增长的趋势,所以工业生产过程中的碳排放量也是不容忽视的部分。具体而言,由于长沙市2004—2013年电石和纯碱的产量相对较少,尤其是电石,仅在2005年和2011年有一定的生产量,所以其碳排放量也较少,相对而言,合成氨和玻璃的生产产量较高,其碳排放量也相对较高,且有逐年增长的趋势。

7.4.3　工业用地碳排放分析

(1)工业碳排放总量的时序变化

根据工业能源消费碳排放(表7-4)和工业生产过程碳排放(表7-5)求和,从而得到长沙市2004—2013年各工业行业碳排放量、长沙市工业碳排放总量,并依据长沙市2004—2013年市区工业用地面积,求得地均碳排放量(10^4t/km^2)(表7-6)。

表7-6 2004—2013年长沙市工业碳排放量

Table 7-6 The industrial carbon emissions of Changsha from 2004 to 2013

单位:10^4t

| 年份 | 采矿业 | | 制造业 | | | | 电力热力业 | | 合计 | | 地均碳排放量 (10^4t/km²) |
| | | | 重工业 | | 轻工业 | | | | | | |
	碳排放 (10^4t)	占比 (%)	碳排放 (10^4t)	占比 (%)	碳排放 (10^4t)	占比 (%)	碳排放 (10^4t)	占比 (%)	碳排放 (10^4t)	占比 (%)	
2004	33.06	8.64	224.62	58.71	113.65	29.71	11.25	2.94	382.58	100.00	13.94
2005	32.80	8.82	221.17	59.44	105.91	28.46	12.19	3.28	372.07	100.00	13.07
2006	32.04	7.63	253.49	60.37	119.13	28.37	15.21	3.62	419.87	100.00	14.44
2007	34.27	7.29	290.78	61.89	118.24	25.17	26.54	5.65	469.83	100.00	15.69
2008	31.57	6.83	236.19	51.13	87.14	18.86	107.07	23.18	461.97	100.00	15.54
2009	25.02	5.07	263.84	53.42	85.76	17.36	119.29	24.15	493.91	100.00	16.94
2010	31.95	6.17	268.66	51.86	82.91	16.00	134.50	25.96	518.03	100.00	17.22
2011	27.20	4.90	264.68	47.63	79.73	14.35	184.08	33.13	555.69	100.00	18.20
2012	23.16	4.66	254.45	51.15	86.07	17.3	133.80	26.9	497.48	100.00	16.44
2013	21.84	4.16	260.90	49.67	83.20	15.84	159.30	30.33	525.24	100.00	20.78
平均值	29.291	6.42	253.88	54.53	96.174	21.14	90.323	17.91	469.67	100.00	16.226

由表7-6得知,2004—2013年长沙市工业碳排放量较高,分别为382.58×10^4t、372.07×10^4t、419.87×10^4t、469.83×10^4t、461.97×10^4t、493.91×10^4t、518.03×10^4t、555.69×10^4t、497.48×10^4t和525.24×10^4t。

2004—2013年10年间,长沙市工业碳排放量呈上升趋势,2004年工业碳排放量为382.58×10^4t,到2013年上升至525.24×10^4t;10年间,长沙市工业累计碳排放量4696.67×10^4t。年均碳排放量469.67×10^4t。工业碳排放总量累计增加142.66×10^4t,年均增加量为14.27×10^4t,尤其是从2005年开始长沙市工业碳排放量持续快速上升,到2011年增加到555.69×10^4t,达到这10年间的最高值;在2012年又有所回落,降至497.48×10^4t;2013年碳排放量又有所上升,增至525.24×10^4t。工业碳排放总量的增加,是长沙市工业发展、经济增长的必然,而2012年的回落则说明长沙市节能减排政策发挥了明显作用。

把长沙市2004年的工业碳排放量382.58×10^4t作为基数,则2005—2013年长沙市工业碳排放量分别为2004年的0.97、1.10、1.23、1.21、1.29、1.35、1.45、1.30和1.37倍。

2005—2013 年,长沙市工业碳排放的年增长率分别为 - 2.75%、12.85%、11.90%、- 1.67%、6.91%、4.88%、7.27%、- 10.48% 和 5.58%,由此可知,除 2005、2008 和 2012 年工业碳排放有所下降,其余年份,逐年增加。所以总体而言,长沙市工业碳排放量呈波动上升趋势,但增速呈下降趋势(图7-2)。

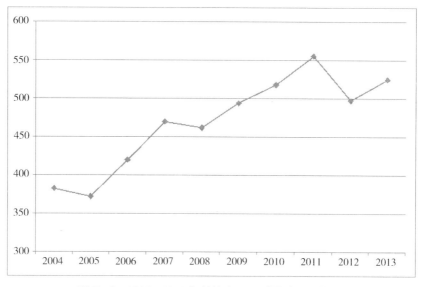

图 7 - 2　2004—2013 年长沙市工业碳排放量趋势图

Fig. 7 - 2　The change trend of industry carbon emissions of Changsha from 2004 to 2013

(2)工业碳排放结构的时序变化

由表 7 - 6 可知,不同行业碳排放量占比从高到低的顺序为重工业、轻工业、电力热力生产供应业和采矿业。

长沙市工业碳排放主要集中于重工业,其碳排放占总碳排放的比重高达 54.53%,这是因为重工业主要包括石油加工、钢铁、建材等众多高能耗高污染的产业,产值高,能耗也大,属于明显的高能耗产业,所以碳排放量高。同时,轻工业和电力热力生产及供应行业碳排放占总碳排放比重较大,但这两个行业产值占总工业产值比重却很低,这是由于生产节能技术较低,即整个行业排放量高、产值低、技术水平落后。采矿业的碳排放占总碳排放的比重最小,这与采矿业能源消费量及其产值占总工业产值的比重大小有关。

为了更加直观地表达不同行业碳排放量的时序变化情况,根据表 7 - 6 的数据作图 7 - 3。由图 7 - 3 可知,10 年间各个行业的碳排放量都存在一定的波动。10 年间,电力热力生产和供应业碳排放量增长幅度最大,其碳排放量在整个工业碳排放中的比重也增长较快,与煤炭、石油和天然气等传统能源相比,电力的供能效率更高,然而目前的电力生产大多是火力发电,火力发电的能源碳排放系数比其他化石能源更高,因此迫切需要提高能源效率,改进火电生产技术,减少火力发电的能源消耗量和碳排放量。重工业碳排放量也有波动上升的趋势,且其碳排放在工业碳排放量中的比重一直居高不下,因为重工业属于高能耗高污染的产业,产值高,能耗也大,所以需要增加投入,改进生产技术,提高能源利用率,实现重工业的低碳减排。另外,研究期内,采矿业和轻工业的碳排放量在波动中有略微下降。

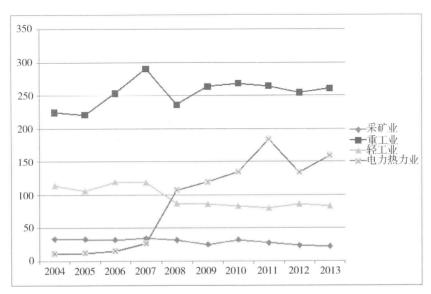

图 7-3 2004—2013 年长沙市各工业行业碳排放量时序变化

Fig. 7-3 The temporal changes of carbon emissions in each industry of Changsha

(3)工业碳排放强度的时序变化

利用公式 7-2,计算结果如表 7-7 所示,根据工业碳排放量和工业增加值,计算得出 2004—2013 年长沙市工业碳排放强度。碳排放强度,作为目前国际国内衡量碳排放的重要指标之一,是从经济效益的角度来衡量工业生产碳排放,体现工业生产的技术水平。考虑工业发展的资源与环境代价,而不仅仅只考虑工业发展的总量和速度,工业碳排放强度越低,表明工业发展的经济效益越高,工业增长的资源消耗和环境压力越小;反之,则工业增长的资源和环境压力越大。

从表 7-7 可以看出,工业碳排放量的增长趋势与工业增加值的增加密切相关,即从一定程度上说,工业的发展会导致碳排放量的增加。从 2004—2013 年,长沙市工业增加值从 329.53 亿元增长到 3352.34 亿元,增长了 3022.81 亿元,增

长率高达917.31%。同期,长沙市工业碳排放量由2004年的382.58×10⁴t增加
到2013年的525.24×10⁴t,增长了142.66×10⁴t,增长率为37.29%。在此期间,
工业碳排放量的增长速度明显小于工业增加值的增长速度,也就是说单位工业增
加值的碳排放量呈现下降趋势,这就是工业碳排放强度指标(图7-4)。

表7-7　2004—2013年长沙工业碳排放量、工业增加值和碳排放强度

Table 7-7　The industrial carbon emissions, the industrial added value and the
carbon intensity of Changsha from 2004 to 2013

年份	碳排放量(10⁴t)	工业增加值(10⁸元)	碳排放强度(t/10⁴元)
2004	382.58	329.53	1.161
2005	372.07	469.28	0.793
2006	419.87	584.41	0.718
2007	469.83	771.56	0.609
2008	461.97	1311.27	0.352
2009	493.91	1554.54	0.318
2010	518.03	2020.68	0.256
2011	555.69	2662.47	0.209
2012	497.48	3051.94	0.163
2013	525.24	3352.34	0.157

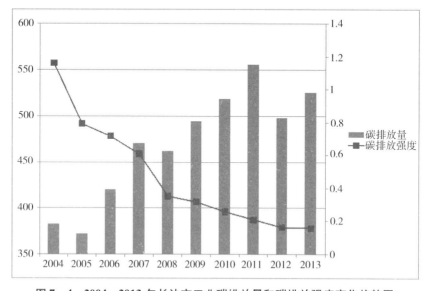

图7-4　2004—2013年长沙市工业碳排放量和碳排放强度变化趋势图

Fig.7-4　The change trend of industrial carbon emissions and
carbon intensity of Changsha from 2004 to 2013

如表7-7和图7-4所示,研究期内,工业碳排放强度以较大幅度持续下降,从2004年的1.161 t/万元下降到2013年的0.157 t/万元,10年间下降了1.004 t/万元,年均下降幅度达到10.04%。工业碳排放强度的降低,表明工业发展的经济效益有所提高,工业增长的资源消耗降低,环境压力减小,这也是近几年长沙市致力于走新型工业化道路,加强污染排放控制政策,提高能源效率,取得的明显成效,这种变化趋势正好符合长沙市工业节能减排政策要求。

(4)工业用地地均碳排放量的时序变化

从表7-6可知,从2004—2013年,工业用地地均碳排放量分别为13.94×10^4、13.07×10^4、14.44×10^4、15.69×10^4、15.54×10^4、16.94×10^4、17.22×10^4、18.20×10^4、16.44×10^4和20.78×10^4 t/km^2。

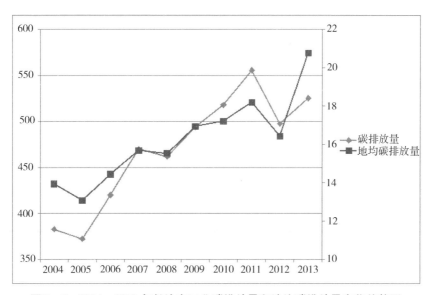

图7-5 2004—2013年长沙市工业碳排放量和地均碳排放量变化趋势图

Fig. 7-5 The change trend of industrial carbon emissions and land average carbon emissions of Changsha from 2004 to 2013

由表7-6和图7-5可知,2004—2013年10年间,与长沙市工业碳排放量的上升趋势几乎保持一致,工业用地地均碳排放量也呈现增长趋势。具体而言,地均碳排放强度从2004年的13.94×10^4 t/km^{2}上升到2013年20.78×10^4 t/km^2;其中2005年、2008年和2012年的地均碳排放强度有小的波动,但10年间,地均碳排放强度增加了6.84×10^4 t/km^2,年均增长率为4.91%。

（5）工业碳排放量的空间格局分析

把表7－6中长沙市2004—2013年工业用地地均碳排放量的计算结果作为长沙市市区碳排放的标准数据，再利用长沙市市区六大区工业用地面积，加权求和而得到2004—2013年长沙市六大区工业碳排放量（见表7－8）。

表7－8　2004—2013年长沙市六区工业碳排放量

Table 7－8　The industrial carbon emissions of the six districts of
Changsha from 2004 to 2013

单位:10^4t

年份	岳麓区	开福区	芙蓉区	天心区	雨花区	望城区
2004	82.12	61.35	26.21	59.95	78.91	74.03
2005	79.09	58.18	24.84	56.22	77.26	76.48
2006	88.51	64.40	27.58	62.09	85.62	91.68
2007	105.30	70.30	30.44	67.48	96.67	99.65
2008	101.19	69.33	30.16	66.84	95.75	98.70
2009	102.47	75.37	32.18	72.83	100.10	110.94
2010	109.36	76.98	32.72	74.05	109.53	115.39
2011	119.54	81.33	34.57	78.24	117.91	124.09
2012	108.51	73.49	31.24	70.69	101.11	112.45
2013	122.79	68.77	29.30	68.56	110.53	125.28
区平均值	101.89	69.95	29.92	67.70	97.34	102.87

从表7－8可知，长沙市市区工业碳排放量空间差异明显，六大区中碳排放量从高到低的顺序为:望城区、岳麓区、雨花区、开福区、天心区和芙蓉区。10年间六大区碳排放量的平均值分别为102.87 × 10^4、101.89 × 10^4、97.34 × 10^4、69.95 × 10^4、67.70 × 10^4和29.92 × 10^4，总体而言，长沙市市区西部的望城区、岳麓区碳排放量最高，市区南部和北部的雨花区、开福区碳排放量也较高，而市区中心的天心区和芙蓉区碳排放量相对较低，这是与每个区工业用地面积大小息息相关的，同时也说明了长沙市工业主要布局在市区西部及其市区外围区域，这也是长沙市工业用地低碳减排政策实施的重点区域。

7.5 工业用地碳排放影响因素分析

7.5.1 影响因素选取

在掌握了长沙市工业碳排放总量和工业碳排放强度数据结果后,还需要对工业碳排放强度的影响因素进行详细分析,才能更加有针对性地制定节能减排政策。

结合国内外学者的已有研究成果,本研究选取的主要影响因素有规模因素、投资因素、技术因素和结构因素(牛叔文等,2010),从以下五个指标进行分析:大中型企业比例、工业固定资产投资、工业能源强度、国有企业比例和重工业企业比例。考虑到数据的可获取性和研究区域的具体状况(数据来源于历年《湖南省统计年鉴》《长沙市统计年鉴》及长沙市年度社会统计公报),采用相关关系分析法和灰色关联度分析法对各个影响因素与碳排放强度的关系进行研究探讨。各解释变量定义如下:

企业规模,用大中型企业产值占工业总产值的比重表示,单位为百分比,预期符号为负。

投资因素直接选取工业固定资产投资来衡量,是表达对工业投资力度大小的指标,单位为亿元,预期符号为负。

技术因素选取工业能源强度,即单位工业增加值能耗,体现工业技术变化对碳排放的影响,单位为t标准煤/亿元,预期符号为正。

国有企业比例,即国有及其国有控股工业企业产值占全部工业总产值的比例,用以研究工业企业的产权结构对于工业碳排放强度的影响程度,单位为百分比,预期符号为正。

重工业企业比例,用重工业企业产值除以工业总产值表示,考察工业企业的轻重结构对工业碳排放强度的影响,单位为百分比,预期符号为正。

对于以上五个选定的指标,本研究首先利用相关关系分析法来求得每个指标与工业碳排放强度的相关系数,根据求得相关系数的正负大小,来判断影响因素与工业碳排放强度的正负相关关系。但是由于相关关系分析法,计算简单,计算结果不够精确,所以在定性判定各个影响因素与碳排放强度的正负相关性的基础上,再运用灰色关联度分析法,求得关联度,定量分析各个影响因素对于碳排放强度的影响程度。

7.5.2 相关系数分析法

相关系数分析法是运用数学方法测算出一个抽象化数值来表达两个对等经济数列之间的联系方向和联系程度,这个抽象化数值就是相关系数。

在相关系数计算中,设 x 和 x 为两个变量,代表成对变量值数目,则相关系数 r 的计算公式如下:

$$r = \frac{n\sum xy - \sum x \sum y}{\sqrt{\left[n\sum x^2 - (\sum x)^2\right]\left[n\sum y^2 - (\sum y)^2\right]}} \tag{7-3}$$

相关系数值在 +1 到 -1 这个值域区间内,当值为正数,表示两变量有同增同减的同方向变动关系;而当值为负数时,则表示两变量存在一增一减的异方向变动关系。同时,若值越接近值域两端,即越接近 ±1,表示两变量相关的程度越高;若值越接近于零,则两变量的相关程度越低。

通过查阅 2004—2013 年《湖南省统计年鉴》《长沙市统计年鉴》及长沙市年度社会统计公报,收集得到相关经济数据,并计算整理得到所需原始数据指标表(表 7-9)。

根据公式 7-3,利用 2004—2013 年长沙市工业碳排放强度影响因素指标表中的数据(表 7-9),计算得到五个指标:大中型企业比例、工业固定资产投资、工业能源强度、国有企业比例和重工业企业比例与碳排放强度的相关系数,分别为 -0.72、-0.84、0.99、0.42、0.30,这与预期符号一致。结果可知,大中型企业比例、工业固定资产投资与工业碳排放强度具有负相关关系,即增加规模、扩大投资能在一定程度上抑制工业碳排放强度;而工业能源强度、国有企业比例和重工业企业比例与工业碳排放强度有正相关关系,即单位工业增加值能耗的增加、国有企业比例的上升以及重工业比例的扩大会导致工业碳排放强度的增加。

表 7-9　2004—2013 年长沙市工业碳排放强度影响因素指标表

Table 7-9　The affecting factors data of industrial carbon intensity of Changsha from 2004 to 2013

年份	碳排放强度 （t/万元）	大中型企业 比例（%）	工业固定资产投资 （亿元）	工业能源强度 （吨煤/亿元）	国有企业 比例（%）	重工业企业比例 （%）
2004	1.161	0.482	155.53	14625.327	0.266	0.655
2005	0.793	0.476	177	9959.640	0.242	0.554
2006	0.718	0.464	233.78	9047.287	0.242	0.538
2007	0.609	0.461	329.63	7527.993	0.246	0.654

年份	碳排放强度 （t/万元）	大中型企业 比例（%）	工业固定资 产投资 （亿元）	工业能源 强度 （吨煤/亿元）	国有企业 比例（%）	重工业企业比例 （%）
2008	0.352	0.500	461.43	4254.545	0.268	0.59
2009	0.318	0.491	644.15	3656.104	0.253	0.609
2010	0.256	0.514	738.67	3002.765	0.256	0.609
2011	0.209	0.544	958.35	2430.249	0.241	0.608
2012	0.163	0.512	1162.75	1885.331	0.234	0.609
2013	0.157	0.555	1467.85	1834.888	0.247	0.543

7.5.3　灰色关联度分析法

（1）灰色关联度分析法简介

灰色系统理论是介于"白色系统"和"黑箱系统"之间的过渡系统理论。其研究对象为"信息不完全"系统，即部分信息已知、部分信息未知的系统；研究的重点在于"小样本""小数据"和"贫信息"不确定问题；主要研究内容是通过分析"已知信息"，从中生成、开发和提取有价值的新信息，依据信息覆盖原理，从而正确描述系统事物的演化规律，对系统事物的变化趋势进行有效监控。牛叔文等（2010）和夏炎等（2010）总结得出灰色系统理论的应用主要包括以下方法：灰色系统建模理论、灰色预测理论、灰色关联分析法、灰色系统控制理论、灰色规划方法等。其中灰色关联度分析法是一种重要的分析方法。

关联度是对不同事物、不同影响因素之间相关程度大小的量度，用来定量描述不同事物、不同影响因素间的相互变化情况，包括变化的幅度大小、方向以及速度等。若事物与影响因素之间的变化态势越一致，则说明相互之间的关联度越大；否则，关联度越小。关联度的数值一般在0和1之间，当关联度越接近1，表示两变量的相关程度越高；越接近于零，则表示二者的相关程度越低。

相对于回归分析、相关分析等方法而言，灰色关联度分析方法，计算所需数据相对较少，要求较低，实用性更强。参考Sun et al（2011）和张维迎（2012）的研究成果，得出灰色关联度分析法的主要计算步骤如下：

第一步，求原始序列的初始象。为了便于比较，在求关联之前需要对数据进行无量纲化处理，使所有序列有一个公共的交点，从而消除系统中各因素的物理意义。无量纲化处理的方法主要有：初值化、均值化和区间相对值化。

本研究采用均值化处理办法,先求出各原始数列的均值,再用此均值除该数列的各项值,得到原始数列中各项值相对于其均值的倍数数列,即均值化数列。

$$x'_i = x_i / \overline{x}_i \tag{7-4}$$

第二步,求差序列。计算各比较序列与参考序列在对应时期的绝对差,从几何角度而言,关联度的大小实质上指比较序列同参考序列曲线形状的相似度,曲线形状相似度越高,关联度越大;曲线形状相似度越低,则关联度越小。因此,关联度的大小可以用曲线形状的相似度,即曲线的差值来衡量。

$$\Delta_i(k) = |x'_i(k) - x'_i(k)| \tag{7-5}$$

第三步,求两级差。根据第二步得到的差序列,找到差值中的最大值与最小值。

$$M = \max_i \max_k \Delta_i(k) \qquad\qquad m = \min_i \min_k \Delta_i(k) \tag{7-6}$$

第四步,求取灰色关联系数。当差序列最大值过大可能导致关联系数失真,为了削弱这一影响,提高关联系数之间的差异显著性,人为地引入分辨系数,一般取值为0.5。

$$r_{li}(k) = \frac{m + \zeta M}{\Delta_i(k) + \zeta M} \tag{7-7}$$

第五步,求取灰色关联度。第四步中计算的关联系数,信息较为分散,不便从整体进行比较,所以需要运用均值法对关联信息进行集中处理,通过求取各时期关联系数的平均值而得到灰色关联度。

$$r_{li} = \frac{1}{n} \sum_{k=1}^{n} r_{li}(k) \tag{7-8}$$

(2)灰色关联度计算

首先对表7-9中的长沙市工业碳排放强度影响因素的指标数据进行均值化处理。根据公式7-4,用各数列的均值去除原始数列中的数据,从而得到均值化处理结果(表7-10)。

表7-10　原始数据均值化处理结果表

Table 7-10　The average processing data of the original data

年份	碳排放强度	大中型企业比例	工业固定资产投资	工业能源强度	国有企业比例	重工业企业比例
2004	2.451	0.964	0.246	2.512	1.066	1.097
2005	1.674	0.952	0.280	1.711	0.970	0.928
2006	1.516	0.928	0.369	1.554	0.970	0.901

年份	碳排放强度	大中型企业比例	工业固定资产投资	工业能源强度	国有企业比例	重工业企业比例
2007	1.286	0.922	0.521	1.293	0.986	1.096
2008	0.743	1.000	0.729	0.731	1.074	0.988
2009	0.671	0.982	1.018	0.628	1.014	1.020
2010	0.541	1.028	1.167	0.516	1.026	1.020
2011	0.441	1.088	1.514	0.417	0.966	1.019
2012	0.344	1.024	1.837	0.324	0.938	1.020
2013	0.332	1.110	2.319	0.315	0.990	0.910

其次,求差序列,即计算各影响因素数列与工业碳排放强度在同一时期的绝对差。根据公式7-5分别求得10年的绝对差,全部计算结果如表7-11。由公式7-6及表7-11,可知绝对差的最大值为2.206,最小值为0.007。

表7-11　各影响因素与工业碳排放强度的绝对差

Table 7-11　The absolute difference between each affecting factor and industrial carbon intensity

年份	大中型企业比例	工业固定资产投资	工业能源强度	国有企业比例	重工业企业比例
2004	1.487	2.206	0.060	1.385	1.354
2005	0.722	1.395	0.036	0.704	0.746
2006	0.588	1.147	0.038	0.546	0.615
2007	0.364	0.765	0.007	0.300	0.190
2008	0.257	0.014	0.013	0.331	0.245
2009	0.311	0.346	0.044	0.343	0.349
2010	0.488	0.627	0.025	0.486	0.480
2011	0.647	1.073	0.024	0.525	0.577
2012	0.680	1.493	0.020	0.594	0.676
2013	0.779	1.988	0.016	0.658	0.578

然后,根据公式7-7,利用各影响因素与工业碳排放强度的绝对差及其最大最小值(表7-11),求得每一年各个影响因素与工业碳排放强度的关联系数(表7

-12),其中分辨系数取值为0.5。

表7-12 各影响因素与工业碳排放强度关联系数

Table 7 - 12 The correlation coefficient between each

affecting factor and industrial carbon intensity

年份	大中型企业比例	工业固定资产投资	工业能源强度	国有企业比例	重工业企业比例
2004	0.429	0.335	0.954	0.446	0.452
2005	0.608	0.444	0.974	0.614	0.600
2006	0.656	0.493	0.973	0.673	0.646
2007	0.757	0.594	1.000	0.791	0.858
2008	0.816	0.994	0.995	0.774	0.823
2009	0.785	0.766	0.968	0.768	0.765
2010	0.698	0.642	0.984	0.699	0.701
2011	0.634	0.510	0.985	0.682	0.661
2012	0.623	0.428	0.988	0.654	0.624
2013	0.590	0.359	0.992	0.630	0.660
关联度	0.66	0.56	0.98	0.67	0.68

最后,求灰色关联度,根据表7-12中各影响因素与工业碳排放强度的关联系数,求平均值,得到各影响因素与工业碳排放强度的灰色关联度。

7.5.4 影响因素分析

根据表7-12,可知五个影响因素中,对工业碳排放强度的影响程度由强到弱的排序为工业能源强度、重工业企业比例、国有企业比例、大中型企业比例、工业固定资产投资,它们与工业碳排放强度的灰色关联度分别为0.98、0.68、0.67、0.66、0.56,灰色关联度都在0.5以上,尤其是工业能源强度灰色关联度高达0.98,说明选取的四大影响因素,即规模因素、技术因素、投资因素和结构因素都是影响工业碳排放强度的主要因素。

又根据相关系数分析法的结果,大中型企业比例、工业固定资产投资与工业碳排放强度具有负相关关系,即增加规模、扩大投资能在一定程度上抑制工业碳排放强度;而工业能源强度、国有企业比例和重工业企业比例与工业碳排放强度有正相关关系,即单位工业增加值能耗的增加、国有企业比例的上升以及重工业

比例的扩大会导致工业碳排放强度的增加。结合相关关系分析法和灰色关联度
分析法的结果,对工业碳排放强度的影响因素进行分析,具体分析如下:

工业能源强度,即单位工业增加值能耗对工业碳排放强度的影响最大,二者
具有正相关关系,灰色关联度高达0.98,说明工业能源强度的增加,会使工业碳排
放强度大幅度增加。一般而言,工业能源强度的降低是由于技术进步、能源使用
效率提高等因素带动(聂锐等,2010)。在研究期间,长沙市工业能源强度不断下
降,说明工业技术的改进对于实现低碳减排,抑制碳排放过快增长有所贡献。

重工业企业比例,也是影响工业碳排放强度的主要因素,它与工业碳排放强
度具有正相关关系,二者之间的灰色关联度为0.68。一般而言,重工业企业,包括
能源、钢铁、机械、化工等多种行业,对能源投入的依赖性较强,能源消耗量大,二
氧化碳排放多,会导致工业碳排放强度增加,所以要降低长沙市工业用地的碳排
放量,实现低碳减排,重工业行业是重中之重,一方面,调整产业结构,降低重工业
在整个工业中产值的比重;另一方面,加大重工业的技术投入,提高能源利用率,
降低能耗,减少 CO_2 排放量。

国有企业比例与工业碳排放强度的灰色关联度达到0.67,二者具有正相关关
系,即国有企业比例的增加,可能导致工业碳排放强度的增加,不利于实现工业的
低碳减排,因此,应调整产权结构,按市场经济原则,积极推进国有企业改革和重
组,促进和引导非公有制经济发展,为民营经济的发展创造宽松良好的外部环境,
以提高企业的经营绩效。

大中型企业比例也是影响工业碳排放强度的重要因素之一,二者具有负相关
关系,其灰色关联度为0.66,这表明,随着大中型企业比例的增加,工业碳排放强
度在一定程度上会降低。这是因为大中型企业在资金、技术、可利用资源等各方
面都具备一定优势,企业规模扩大对于提升碳排放绩效、降低碳排放量和碳排放
强度具有重要作用。所以地方政府可以努力促进企业之间的兼并重组,实现规模
经济,激励大中型企业发展和技术创新。

工业固定资产投资对工业碳排放强度也有一定的影响,二者具有负相关关
系,灰色关联度为0.56,即随着工业固定资产投资规模逐渐扩大,工业碳排放强度
可能会相应地减少。因为工业固定资产投资可能较多地集中在对生产设备、新生
产技术的引入和改进方面,这就有利于提高生产技术,实现低碳减排,降低工业生
产过程中的碳排放量,从而降低工业碳排放强度。

7.6　基于博弈分析的工业用地低碳利用对策研究

通过前文的分析可知,工业用地碳排放强度与企业规模、工业固定资产投资、工业能源强度、国有企业比例、重工业企业比例等因素息息相关,所以要实现工业用地低碳利用,就需要政府、企业、消费者以及各个社会组织等不同群体的共同努力。本研究主要从政府、企业和消费者角度,利用演化博弈论的方法,对工业用地低碳利用的实施对策进行分析。

在城市工业用地低碳利用过程中,政府、企业和消费者有着各自的利益追求和行为选择,三者从自身利益出发,各自根据相应行为主体的决策来采取自身策略,相互博弈,相互影响。对于企业而言,它作为追求自身经济利益最大化的行为主体,企业的生产方式受政府的政策导向以及消费者的选择态度的影响;对于消费者而言,政府的政策引导以及企业生产对消费的决定作用,也会影响消费者的消费方式;同时,企业和消费者的不同选择带来的不同社会福利,直接影响着政府的收益,因此,如何引导企业逐步走向低碳生产,如何帮助消费者形成低碳的生活方式,是政府面临的一项巨大挑战。

基于此,本研究通过建立三方博弈模型,并运用演化博弈动态思想来探讨政府、企业和消费者三个主体行为在工业用地低碳利用中的相互关系,对博弈模型进行深入研究,分析达到博弈均衡的条件和结果,为政府提供政策决策参考,更好地实现工业用地低碳利用。

7.6.1　政府、企业和消费者的演化博弈模型构建

（1）基本假设和相关定义

城市的土地低碳利用需要依靠政府、企业、消费者及社会等各组织的参与。为便于分析,在博弈模型构建过程中选取政府、企业和消费者作为参与主体。同时,假定三个参与主体都是理性"经济人",都追求自身利益最大化。

对于政府而言,有两种策略,即调控和不调控。"调控",即政府投入一定的成本对企业和消费者进行监督,对于实行低碳生产的企业和选择低碳产品的消费者给予补贴等鼓励措施,而对于不实行低碳生产的企业则将对其惩罚;"不调控",即政府不采取任何措施去影响和干预企业和消费者的行为。

企业也有两种策略,即实行和不实行:一是进行技术创新,开发低碳产品,实行低碳生产;二是以传统高消耗、高污染的生产方式,而不实行低碳生产,但这种

情况不符合工业用地低碳利用的要求,在政府监管的状态下,会受到政府的惩罚。

消费者的两种策略分别是:选择购买企业产品和不购买企业产品,无论企业是否选择实行低碳生产,消费者都自愿选择购买和不购买。

各个参与主体的收益都与其他参与主体的策略选择有重要联系。由于信息不完全,所以参与主体在做出决策时不能准确判断出是否是利于自身利益最大化的选择,但是,每个参与主体都是有限理性参与人,都具有学习和模仿能力,会根据别人的策略和选择,适时调整自身策略,并不断进行调整,以期获得最大收益。为研究不同策略组合下三方利益主体的成本和收益,需设定部分相关参数如下:

①政府的收益和成本:政府的调控成本记为 c_3,调控方式为补贴和罚款,其中对进行低碳生产的企业给予的补贴记为 s_1,对不进行低碳生产的企业实施罚款记为 f,对选择低碳产品的消费者给予的补贴记为 s_2,同时在政府进行调控的前提下,企业进行低碳生产,消费者购买低碳产品时给政府带来形象收益及社会福利分别为 r_3 和 r'_3。政府的策略集 $S_1 = (A_1, A_2)$。

②企业的收益和成本:企业实行低碳生产时产生的低碳设备和技术成本记为 c_1,获得的收益记为 r_1,在政府调控的情况下,获得补贴 s_1;企业不实行低碳生产时,成本为 c'_1,收益为 r'_1,政府调控时,被罚款记为 f,这里假设只要政府进行调控,必定会发现企业没有实行低碳生产的行为。企业的策略集 $S_2 = (B_1, B_2)$。

③消费者的收益和成本:根据消费者效用理论,消费者的收益包括直接收益、间接收益,直接收益主要是消费者接受低碳产品时政府给予的补贴,用 s_2 表示;间接收益,即消费者剩余,指消费者愿意支付的价格与实际价格之间的差额;假设消费者选择低碳生活方式的间接收益为 r_2,选择非低碳生活方式的间接收益为 r'_2。消费者的策略集 $S_3 = (C_1, C_2)$。

(2)三方博弈的策略组合及收益矩阵

乔根·W·威布尔(2006)提出政府、企业、消费者三方利益主体共有8种不同博弈组合,分别为(调控、实行、购买)、(调控、实行、不购买)、(调控、不实行、购买)、(调控、不实行、不购买)、(不调控、实行、购买)、(不调控、不实行、购买)、(不调控、实行、不购买)、(不调控、不实行、不购买)。通过分析,可以求得政府、企业和消费者在八种策略组合下的各自收益(表7-13)。

表 7-13 八种策略组合下三方主体的收益矩阵

Table 7-13 Pay-off matrix of three parties in eight kinds of strategy

策略组合	政府收益	企业收益	消费者收益
(A_1, B_1, C_1)	$-c_3 - s_1 - s_2 + r_3 + r'_3$	$-c_1 + r_1 + s_1$	$r_2 + s_2$
(A_1, B_1, C_2)	$-c_3 - s_1 + r_3$	$-c_1 + s_1$	0
(A_1, B_2, C_1)	$-c_3 + f + r'_3$	$-c'_1 + r'_1 - f$	r'_2
(A_1, B_2, C_2)	$-c_3 + f$	$-c'_1 - f$	0
(A_2, B_1, C_1)	0	$-c_1 + r_1$	r_2
(A_2, B_1, C_2)	0	$-c_1$	0
(A_2, B_2, C_1)	0	$-c'_1 + r'_1$	r'_2
(A_2, B_2, C_2)	0	$-c'_1$	0

7.6.2 政府、企业和消费者的演化博弈模型分析

假设政府选择"调控"策略的概率为 x，选择"不调控"的概率为 $1-x$；企业选择"实行低碳生产"的概率为 y，选择"不实行低碳生产"的概率为 $1-y$；消费者采取"购买"策略的概率为 z，采取"不购买"策略的概率为 $1-z$；且 x、y 和 z 分别满足 $0 \leq x \leq 1, 0 \leq y \leq 1$ 和 $0 \leq z \leq 1$。

设政府选择"调控"策略的期望得益及群体平均得益分别为 u_1 和 $\overline{u}_1$：

$$u_1 = yz(-c_3 - s_1 - s_2 + r_3 + r'_3) + y(1-z)(-c_3 - s_1 + r_3) + (1-y)z(-c_3 + f + r'_3) + (1-z)(1-y)(-c_3 + f)$$

$$\overline{u}_1 = xyz(-c_3 - s_1 - s_2 + r_3 + r'_3) + xy(1-z)(-c_3 - s_1 + r_3) + x(1-y)z(-c_3 + f + r'_3) + x(1-y)(1-z)(-c_3 + f)$$

设企业选择"实行低碳生产"策略的期望得益及群体平均得益分别为 u_2 和 $\overline{u}_2$：

$$u_2 = xz(-c_1 + r_1 + s_1) + x(1-z)(-c_1 + s_1) + (1-x)z(-c_1 + r_1) + (1-x)(1-z)(-c_1)$$

$$\overline{u}_2 = xyz(-c_1 + r_1 + s_1) + xy(1-z)(-c_1 + s_1) + x(1-y)z(-c'_1 + r'_1 - f) + x(1-y)(1-z)(-c'_1 - f) + (1-x)yz(-c_1 + r_1) + (1-x)y(1-z)(-c_1) + (1-x)(1-y)z(-c' + r'_1) + (1-x)(1-y)(1-z)(-c'_1)$$

设消费者选择"购买"策略的期望得益及群体平均得益分别为 u_3 和 $\overline{u}_3$：

$$u_3 = xy(r_2 + s_2) + x(1-y)(r'_2) + (1-x)y(r_2) + (1-x)(1-y)(r'_2)$$

$\overline{u}_3 = xyz(r_2 + s_2) + x(1-y)z(r'_2) + (1-x)yz(r_2) + (1-x)(1-y)z(r'_2)$

（1）政府采取"调控"策略的复制动态方程

构造政府群体采取"调控"策略的复制动态方程为：

$$F(x) = \frac{dx}{dt} = x(u_1 - \overline{u}_1) = x(1-x)\left[(r_3 - s_1 - f)y - s_2yz + r'_3z + f - c_3\right]$$

①若 $y = (c_3 - f - r'_3z)/(r_3 - s_1 - f - s_2z)$，则 $F(x) = 0$，所有水平都是稳定状态。

②若 $y \neq (c_3 - f - r'_3z)/(r_3 - s_1 - f - s_2z)$，令 $F(x) = 0$，得到 $x = 0$ 和 $x = 1$ 两个稳定点。对 $F(x)$ 求导，得到：

$$\frac{dF(x)}{dx} = (1-2x)\left[(r_3 - s_1 - f)y - s_2yz + r'_3z + f - c_3\right]$$

显然 $r_3 - s_1 - f - s_2z < 0$，此时又分为两种情况：

A. 当 $y > (c_3 - f - r'_3 - z)/(r_3 - s_1 - f - s_2z)$ 时，$\frac{dF(x)}{dx}|_{x=0} < 0$，$\frac{dF(x)}{dx}|_{x=0} > 0$，所以 $x = 0$ 是局部渐进平衡点，$x = 1$ 不是局部渐进平衡点。

B. 当 $(c_3 - f - r'_3 - z)/(r_3 - s_1 - f - s_2z) > y$ 时，$\frac{dF(x)}{dx}|_{x=0} > 0$，$\frac{dF(x)}{dx}|_{x=1} < 0$，所以 $x = 1$ 是局部渐进平衡点，$x = 0$ 不是局部渐进平衡点。 （7 − 9）

（2）企业采取"实行低碳生产"策略的复制动态方程

构造企业群体采取"实行低碳生产"策略的复制动态方程为：

$$F(y) = \frac{dy}{dt} = y(u_2 - \overline{u}_2) = y(1-y)\left[(s_1 + f)x + (r_1 - r'_1)z - c_1 + c'_1\right]$$

①若 $z = [c_1 - c'_1 - (s_1 + f)x]/(r_1 - r'_1)$，则 $F(y) = 0$，所有水平都是稳定状态。

②若 $z \neq [c_1 - c'_1 - (s_1 + f)x]/(r_1 - r'_1)$，令 $F(y) = 0$，得到 $y = 0$ 和 $y = 1$ 是 y 的两个稳定点。对 $F(y)$ 求导，得到：

$$\frac{dF(y)}{dy} = (1-2y)\left[(s_1 + f)x + (r_1 - r'_1)z - c_1 + c'_1\right]$$

由于 $r_1 - r'_1 > 0$，此时有两种情况：

当 $z > [c_1 - c'_1 - (s_1 + f)x]/(r_1 - r'_1)$ 时，$\frac{dF(y)}{dy}|_{y=0} > 0$，$\frac{dF(y)}{dy}|_{y=0} < 0$，所以 $y = 1$ 是局部渐进平衡点，$y = 0$ 不是局部渐进平衡点。

当 $z < [c_1 - c'_1 - (s_1 + f)x]/(r_1 - r'_1)$ 时，$\frac{dF(y)}{dy}|_{y=0} < 0$，$\frac{dF(y)}{dy}|_{y=0} > 0$，所以 $y = 0$ 是局部渐进平衡点，$y = 1$ 不是局部渐进平衡点。 （7 − 10）

（3）消费者采取"购买"策略的复制动态方程

构造消费者群体采取"购买"策略的复制动态方程为：

$$F(z) = \frac{dz}{dt} = z(u_3 - \overline{u_3}) = z(1-z)\left[(r_2 - r'_2)y + s_2xy + r'_2\right]$$

①若 $x = \left[(r'_2 - r_2)y - r'_2\right]/ys_2$，则 $F(z) = 0$，所有水平都是稳定状态。

②若 $x \neq \left[(r'_2 - r_2)y - r'_2\right]/ys_2$，令 $F(z) = 0$，得到 $z = 0$ 和 $z = 1$ 是 Z 的两个稳定点。对 $F(z)$ 求导，得到：

$$\frac{dF(z)}{dz} = (1-2z)\left[(r_2 - r'_2)y + s_2xy + r'_2\right]$$

显然 $ys_2 > 0$（当 $y \neq 0$ 时），此时又分为两种情况：

A. 当 $x > \left[(r'_2 - r_2)y - r'_2\right]/ys_2$ 时，$\frac{dF(z)}{dz}|_{z=0} > 0$，$\frac{dF(z)}{dz}|_{z=1} < 0$，所以 $z = 1$ 是局部渐进平衡点，$z = 0$ 不是局部渐进平衡点。

B. 当 $x < \left[(r'_2 - r_2)y - r'_2\right]/ys_2$ 时，$\frac{dF(z)}{dz}|_{z=0} < 0$，$\frac{dF(z)}{dz}|_{z=1} > 0$ 所以 $z = 0$ 是局部渐进平衡点，$z = 1$ 不是局部渐进平衡点。　　　　　　　（7-11）

（4）演化博弈均衡的演化稳定策略（ESS）分析

根据曾德宏（2012）关于多群体演化博弈均衡的渐进稳定性分析方法的研究成果，三群体非对称演化博弈的博弈方记为：A、B 和 C。A 的策略集为 $S_1 = (A_1, A_2)$；B 的策略集为 $S_2 = (B_1, B_2)$；C 的策略集为 $S_3 = (C_1, C_2)$。三群体 $2 \times 2 \times 2$ 非对称演化博弈的收益矩阵如表 7-14 和表 7-15 所示。

表 7-14　选择策略时的收益矩阵

Table 7-14　Pay-off matrix when C choose C_1

	B_1	B_2
A_1	(m_1, n_1, l_1)	(m_2, n_2, l_2)
A_2	(m_3, n_3, l_3)	(m_4, n_4, l_4)

表 7 – 15　选择策略时的收益矩阵

Table 7 – 15　Pay – off matrix when C choose C_2

	B_1	B_2
A_1	(m_5,n_5,l_5)	(m_6,n_6,l_6)
A_2	(m_7,n_7,l_7)	(m_8,n_8,l_8)

若演化博弈均衡 X 是渐进稳定状态,则 X 一定是严格纳什均衡,而严格纳什均衡又是纯策略纳什均衡,因此对于上述动态复制系统只要讨论 $E_1(0,0,0)$、$E_2(1,0,0)$、$E_3(0,1,0)$、$E_4(0,0,1)$、$E_5(1,1,0)$、$E_6(1,0,1)$、$E_7(0,1,1)$、$E_8(1,1,1)$ 这八个点的渐进稳定性,其他点都是非渐进稳定状态,显然这八个点是该动态复制系统的平衡点,它们分别对应着一个演化博弈均衡。

定理 1:当 $m_6 < m_8$,$n_7 < n_8$,$l_4 < l_8$ 时,动态复制系统的平衡点 E_1 是渐近稳定的,此时 E_1 为汇;否则,则为源或者鞍点。

定理 2:当 $m_6 > m_8$,$n_5 < n_6$,$l_2 < l_6$ 时,动态复制系统的平衡点 E_2 是渐近稳定的,此时 E_2 为汇;否则,则为源或者鞍点。

定理 3:当 $m_5 < m_1$,$n_7 > n_8$,$l_3 < l_7$ 时,动态复制系统的平衡点 E_3 是渐近稳定的,此时 E_3 为汇;否则,则为源或者鞍点。

定理 4:当 $m_2 < m_4$,$n_3 < n_4$,$l_4 > l_8$ 时,动态复制系统的平衡点 E_4 是渐近稳定的,此时 E_4 为汇;否则,则为源或者鞍点。

定理 5:当 $m_5 > m_7$,$n_5 > n_6$,$l_1 < l_5$ 时,动态复制系统的平衡点 E_5 是渐近稳定的,此时 E_5 为汇;否则,则为源或者鞍点。

定理 6:当 $m_2 > m_4$,$n_1 < n_2$,$l_2 > l_6$ 时,动态复制系统的平衡点 E_6 是渐近稳定的,此时 E_6 为汇;否则,则为源或者鞍点。

定理 7:当 $m_1 < m_3$,$n_3 > n_4$,$l_3 > l_7$ 时,动态复制系统的平衡点 E_7 是渐近稳定的,此时 E_7 为汇;否则,则为源或者鞍点。

定理 8:当 $m_1 > m_3$,$n_1 > n_2$,$l_1 > l_5$ 时,动态复制系统的平衡点 E_8 是渐近稳定的,此时 E_8 为汇;否则,则为源或者鞍点。

根据表 7 – 13,可得政府、企业和消费者三方博弈的收益矩阵如表 7 – 16、表 7 – 17。

表 7 - 16　选择策略时的收益矩阵

Table 7 - 16　Pay - off matrix when C choose C_1

	B_1	B_2
A_1	$\begin{bmatrix}(-c_3-s_1-s_2+r_2+r'_3,-c_1+r_1+s_1,r_2+s_2) & (-c_3+f+r'_3,-c'_1+r'_1-f,r'_2) \\ (0,-c_1+r_1,r_2) & (0,-c'_1+r'_1,r'_2)\end{bmatrix}$	
A_2		

表 7 - 17　选择策略时的收益矩阵

Table 7 - 17　Pay - off matrix when C choose C_2

	B_1	B_2
A_1	$\begin{bmatrix}(-c_3-s_1+r_3,-c_1+s_1,0) & (-c_3+f,-c'_1-f,0) \\ (0,-c_1,0) & (0,-c'_1,0)\end{bmatrix}$	
A_2		

分析可知:

$E_1(0,0,0)$只能是源或鞍点,因为 $n_7 < \eta_8, l_4 > l_8$。

$E_2(1,0,0)$也只能是源或鞍点,因为 $l_2 > l_6$。

$E_3(0,1,0)$也只能是源或鞍点,因为 $n_7 < n_8, l_3 > l_7$。

$E_4(0,0,1)$可能为汇。由已知条件可知 $l_4 > l_8$,所以当 $m_2 < m_4, n_3 < n_4$ 时,$E_4(0,0,1)$为汇,即 ESS(溃化稳定策略),即 $-c_3+f+r'_3 < 0$ 且 $-c_1+r_1 < c'_1 + r'_1$;亦即 $f+r'_3 < c_3$ 且 $r_1-r'_1 < c_1-c'_1$。

$E_5(1,1,0)$只能是源或鞍点,因为 $l_1 > l_5$。

$E_6(1,0,1)$可能为汇。由已知条件可知 $l_2 > l_6$,所以当 $m_2 > m_4, n_1 < n_2$ 时,$E_6(1,0,1)$为汇,即 ESS,即 $-c_3+f+r'_3 > 0$ 且 $-c'_1+r_1+s_1 < -c'_1+r'_1-f$;亦即 $f+r'_3 > c_3$ 且 $< r_1-r'_1+s_1+f < c_1-c'_1$。

$E_7(0,1,1)$可能为汇。由已知条件可知 $l_3 > l_7$,所以当 $m_1 < m_3, n_3 > n_4$ 时,$E_7(0,1,1)$为汇,即 ESS,即 $-c_3-s_1-s_2+r_3+r'_3 < 0$ 且 $-c_1+r_1 > -c'_1+r'_1$;亦即 $r_3+r'_3 < c_3+s_1+s_2$ 且 $r_1-r'_1 > c_1-c'_1$。

$E_8(1,1,1)$可能为汇。由已知条件可知 $l_1 > l_5$,所以当 $m_1 > m_3, n_1 > n_2$ 时,$E_8(1,1,1)$为汇,即 ESS,即 $-c_3-s_1-s_2+r_2+r'_3 < 0$ 且 $-c_1+r_1+s_1 > c'_1+r'_1-f$;亦即 $r_3+r'_3 > C_3+s_1+s_2$ 且 $r_1-r'_1, +s_1+f > c_1-c'_1$。

7.6.3　政府、企业和消费者的演化博弈均衡结果分析

本研究建立了政府、企业和消费者在工业用地低碳利用中三者之间的演化博

弈模型,分析博弈模型的均衡条件和均衡结果,具体如下:

（1）由公式7－9可知:当企业实行低碳生产的初始概率小于某一数值,政府采取调控策略的概率会慢慢增加到1;相反,当企业实行低碳生产的初始概率大于某一数值时,政府采取调控策略的概率逐渐减少到0。

（2）由公式7－10可知:当消费者选择购买策略的初始概率大于某一数值时,企业倾向于实行低碳生产;相反,当消费者选择不购买策略的初始概率小于某一数值时,企业倾向于不实行低碳生产。

（3）由公式7－11可知:当政府采取干预的初始概率大于某一数值时,消费者采取购买策略的概率逐渐增加到1,尤其是当企业采取实行低碳生产策略时,政府进行干预,就会对选择购买低碳产品的消费者进行补助,所以此时消费者更加倾向于选择购买策略。

（4）当 $f+r'_3 < c_3$ 且 $r_1-r'_1 < c_1-c'_1$ 时, $E_4(0,0,1)$ 是演化稳定策略（ESS）,即当政府调控的成本较大,大于对企业不实行低碳生产的罚款与消费者购买低碳产品的政府收益之和时,政府最终会采取不调控策略;当企业实行低碳生产和不实行低碳生产的收益差小于成本差时,企业最终会不实行低碳生产。

（5）当 $f+r'_3 > c_3$ 且 $r_1-r'_1+s_1+f < c_1-c'_1$ 时, $E_6(1,0,1)$ 是演化稳定策略（ESS）,即当政府调控的成本较小,小于对企业不实行低碳生产的罚款与消费者购买低碳产品的政府收益之和时,政府最终会采取调控策略;而当企业实行低碳生产和不实行低碳生产的收益差与企业的补偿和罚款之和都小于成本差时,企业最终会不实行低碳生产。

（6）当 $r_3+r'_3 < c_3+s_1+s_2$ 且 $r_1-r'_1 > c_1-c'_1$ 时, $E_7(0,1,1)$ 是演化稳定策略（ESS）,即当政府采取调控策略使得企业和消费者采取 B_1 和 C_1 时政府的收益较小,小于政府的调控成本以及对企业和消费者的补贴之和时,政府最终会采取不调控策略;而当企业实行低碳生产和不实行低碳生产的收益差大于成本差时,企业最终会实行低碳生产。

（7）当 $r_3+r'_3 > c_3+s_1+s_2$ 且 $r_1-r'_1+s_1+f > c_1-c'_1$ 时, $E_8(1,1,1)$ 是演化稳定策略（ESS）,即当政府采取调控策略使得企业和消费者采取 B_1 和 C_1 时政府的收益较大,大于政府的调控成本以及对企业和消费者的补贴之和时,政府最终会采取调控策略;而当企业实行低碳生产和不实行低碳生产的收益差与企业的补偿和罚款之和都大于成本差时,企业最终会实行低碳生产。

7.6.4 启示与策略建议

基于以上分析,实现城市土地低碳利用的目标,既需要政府政策的引导和推动,也需要企业低碳生产技术条件的提高,同时消费者也有必要自觉提高环保意识。

(1)政府角度

对政府而言,在市场经济条件下,如何使用好政府政策"这只看得见的手"逐步引导企业走向低碳生产,引导消费者养成低碳消费方式,成为目前政府面临的重要挑战,对此,本研究建议如下:

①一方面政府要运用经济手段进行调控,如采取罚款、补贴等政策,补贴包括对低碳生产、低碳产品的补贴和低碳消费的补贴,这有利于降低企业低碳产品单位成本,提高了企业的经济效益,也能有效促进消费观念的改变,鼓励消费者积极购买低碳产品;另一方面,政府也要制定限制碳排放等政策,加大对不实行低碳生产,碳排放超标企业的惩罚力度,采取行政手段进行调控;充分发挥"胡萝卜"加"大棒"的双重效果,才能有效地实现土地低碳利用的目标。

②政府在运用经济手段和行政手段进行土地低碳利用调控措施的同时,也应培育低碳绿色市场,为企业和消费者的绿色生产和消费模式创造良好的外部环境,充分调动积极性和主动性,实现政府、企业和消费者的互动,完善市场体制,建立碳交易市场,充分发挥市场对资源的配置作用,利用市场的力量迫使生产方式和消费方式的转变。

(2)企业角度

对企业而言,企业是追求自身经济利益最大化的行为主体,同时企业也应该认识到,自身的生存和发展离不开自然环境和社会环境的支持,所以企业在追求自身合理利润的同时也应该承担相应的低碳责任。

①积极研究低碳生产技术,开发低碳产品,降低企业进行低碳生产的相关成本。大力推进科技自主创新,对现有技术进行改造和升级,建立低碳技术支撑体系,从而降低成本,增加收益,实现企业在经济中的可持续发展。积极开发低碳产品也能为消费者提供品种多样的低碳节能产品,为低碳消费提供载体,刺激人们新的消费需求,从而引导消费者养成低碳消费方式。

②企业应该正确面对低碳转型,抢占先机,争取政策支持。国家实行低碳发展,政府会采取一系列激励和惩罚等措施,所以企业在加强自身努力,进行技术创新的同时,也要充分利用政策导向,争取政府的扶持,把实现企业的低碳生产纳入企业未来发展规划中,抓住低碳经济发展这一世界经济发展趋势带来的契机。从短期来看,企业实行低碳生产需增加投入,降低经济收益;但从长期来看,低碳生产能创造更多的经济效益、社会效益和生态效益,为企业创造持久价值,提升竞争力。

（3）消费者角度

马克思在《〈政治经济学批判〉导言》中指出："消费的需要决定着生产。不同要素之间存在着相互作用。每一个有机整体都是这样。"所以消费者的行为选择对于企业和自身的发展都起着至关重要的作用。

①积极响应国家低碳政策号召，转变消费观念，树立绿色低碳消费观，加强节能环保意识，增强社会责任感，养成良好的消费行为习惯和低碳消费方式，用实际行动倡导低碳生活方式，促进节约型社会的建设。

②在企业有低碳产品的情况下，积极选购低碳节能产品，充分发挥低碳消费对低碳生产的塑造和引导作用。当低碳消费成为一种时尚，低碳消费市场一旦形成，企业为了适应低碳消费的形式，必然将持续生产低碳产品作为企业发展方向，从而从生产和消费两个角度真正地实现了节能减排。

7.7 本章小结

工业用地是城市生态系统的主要组成单元之一，其碳排放量严重影响整个城市的碳循环和碳平衡，对未来气候变化也会产生重要影响。城市工业用地低碳利用研究，弥补了过去研究仅关注自然生态系统碳循环的不足，为研究人类活动对碳循环的影响提供了重要的研究方法和思路，可在一定程度上拓宽低碳经济的研究视角，将丰富与创新城市土地利用的成果，体现了土地科学研究的发展趋势。研究城市工业用地碳排放规律及其影响因素，为保障工业用地低碳利用顺利发展提供科学性与可操作性的途径与措施，对于巩固文明城市和生态城市建设具有举足轻重的作用。

（1）测算长沙市工业用地各行业的碳排放量、碳排放强度和工业用地地均碳排放量。结合 IPCC（2006）、《中国省级温室气体清单编制指南》和部分实测数据选择排放因子，综合考虑工业生产过程碳排放以及传统化石能源消耗碳排放，核算 2004—2013 年长沙市工业碳排放数据。

（2）对 2004—2013 年长沙市工业碳排放量、碳排放结构、碳排放强度和地均碳排放量进行时序分析。2004 年长沙市工业用地碳排放总量达到 382.58×10^4t，2013 年增加至 525.24×10^4t；2004 年长沙市工业碳排放强度为 1.161 t/万元，2013 年降至 0.157 t/万元；2004 年长沙市工业地均碳排放量为 13.94×10^4 t/km^2，2013 年增至 20.78×10^4t/km^2。

（3）利用长沙市工业用地地均碳排放量的计算结果和六大区工业用地面积，

求得长沙市六大区工业碳排放量,并对长沙市市区工业碳排放量空间分布进行分析,六大区中碳排放量从高到低的顺序为:望城区、岳麓区、雨花区、开福区、天心区和芙蓉区。总体而言,长沙市市区西部的望城区、岳麓区碳排放量最高,市区南部和北部的雨花区、开福区碳排放量也较高,而市区中心的天心区和芙蓉区碳排放量相对较低。

(4)运用相关关系分析法、灰色关联度分析法对长沙市工业用地碳排放强度的主要影响因素进行探讨。本研究从规模、投资、技术和工业结构四方面选取了五个影响因素,分别是大中型企业比例、工业固定资产投资、工业能源强度、国有企业比例、重工业企业比例,由相关关系分析法的结果可知,前两者与工业碳排放强度具有负相关关系;而后三者与工业碳排放强度有正相关关系。各因素对工业碳排放强度的影响程度由强到弱的排序为工业能源强度、重工业企业比例、国有企业比例、大中型企业比例、工业固定资产投资,它们与工业碳排放强度的灰色关联度分别为 0.98、0.68、0.67、0.66、0.56。

(5)构建了三方博弈模型,并运用演化博弈动态思想来探讨政府、企业和消费者三个主体行为在工业用地低碳利用中的相互关系,对博弈模型进行深入研究,分析达到博弈均衡的条件和结果,为政府提供政策决策参考,有利于更好地实现工业用地低碳利用。

第8章 长沙市土地低碳利用水平综合评价与时空变化规律研究

8.1 研究内容概述

要实现城市土地低碳利用必须从控制碳源和挖掘碳汇入手。在快速工业化和城市化的推动下,城市土地利用中的一个显著特点——建设用地扩张已被学者证明对碳排放具有正向作用:一方面建设用地占用耕地、林地等导致土地利用覆盖变化,直接截断了城市土地利用低碳系统重要的碳汇渠道;另一方面其带来的各项社会经济活动如居民生活、工业生产、交通运输等间接向系统增加了大量的碳源,使得城市土地低碳利用系统超负荷运转。同时,城市土地利用中存在的用地规模、结构和空间布局不合理的问题,土地资源浪费和粗放利用的现状也会从根本上影响城市土地低碳利用的发展。

对城市土地低碳利用系统的描述和评价分析,能有效厘清城市土地低碳利用中存在的问题与促进和制约其发展的因素,并探索性的提出提升城市土地低碳利用水平的方法和对策。从城市用地类型出发,将城市土地低碳利用系统分为碳源子系统和碳汇子系统,其中碳源子系统包括居住用地、商服公共用地、工业用地和交通用地4个要素,碳汇子系统包括城市绿地1个要素;各碳源子系统下分别包含体现低碳经济发展的人口呼吸指标、经济效益指标、碳减排指标和土地利用结构指标。

本研究是采用改进的多指标综合评价方法,对长沙市土地低碳利用水平进行综合评价,在此基础上,对影响城市土地低碳利用的要素构建要素真实贡献率模型与要素障碍度模型,利用SPSS统计软件对区际发展水平测度结果进行聚类,找出影响城市土地低碳利用的真实贡献要素和障碍因子,并进行低碳利用水平时间变化和空间比较分析,为探索长沙市土地低碳利用途径提供科学依据。

8.2　研究方法与技术路线

8.2.1　研究方法

(1)文献研究法

通过查阅大量国内外文献和相关书籍,翻阅统计年鉴和学习数学方法,从了解低碳经济的发展动态前沿入手并结合我国的土地利用的现状及存在的问题,分析并找到研究的突破口和创新点。

(2)理论分析与实证研究相结合

以低碳经济相关理论和城市土地利用理论为基础,分析了影响长沙市土地低碳利用的主要因素,构建城市土地低碳利用水平评价模型,并对长沙市城市土地低碳利用水平进行了综合评价的实证研究。

(3)定性与定量分析相结合

定性分析了低碳经济对城市土地利用的基本要求,阐述了城市土地低碳利用的内涵及实现路径,并辅以数据、图表说明,运用层次分析、加权和与加权集结合等定量方法对长沙市土地低碳利用系统进行综合评价,再利用 SPSS 统计软件对评价结果进行聚类分析。

8.2.2　技术路线

本研究从低碳经济角度出发,从城市土地利用现状问题与低碳经济的发展要求分析入手,首先界定了城市土地低碳利用的概念、内涵,构建了城市土地低碳利用系统模型,然后,对长沙市土地低碳利用系统进行综合评价,在城市一段时间内进行贡献率和障碍度测算分析,在一定区际范围内进行聚类比较研究。其技术路线见图 8－1。

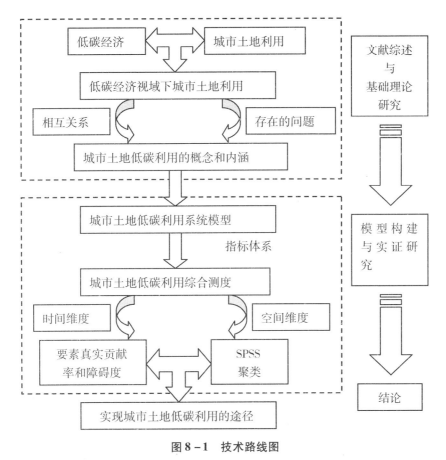

图 8-1　技术路线图

Fig. 8-1　**The technological roadmap**

8.3　城市土地低碳利用系统的内涵及时空分析流程

8.3.1　城市土地低碳利用系统的内涵

依据系统论的一般原理,结合城市土地低碳利用的概念、内涵和客观要求,本研究认为城市土地低碳利用是一个由多个子系统相互促进、相互制约而构成的具有特定结构和功能的、开放的、动态而复杂的巨系统。系统中每一个子系统都是由多要素、多结构和多变量组成。

为便于构建城市土地低碳利用系统模型,按其构成部分的层次高低相继分解成四个层次——总体层、子系统层、要素层和变量因子层,其中:总体层指的是综合效应值,亦即城市土地利用的低碳化的实现程度,体现为城市土地利用净碳排放量的高低;子系统层反映的是对城市土地利用净碳排放量起直接作用的系统组成部分,具体指城市土地利用的碳源子系统和碳汇子系统两个部分;要素层指的是反映子系统层内的系统要素,具体包括城市土地利用的碳源各要素和碳汇各要素;因子层指的是影响系统要素运行的具体因素,可通过选取相应的因子指标来加以反映。城市土地低碳利用系统层次构建如图8-2所示。

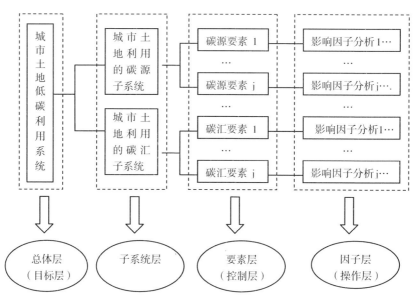

图 8-2　城市土地低碳利用系统构建图

Fig. 8-2　System construction of urban land low-carbon utilization

图8-2中所示的碳源子系统的组成要素是指产生碳排放的城市土地利用方式,此处主要包括居住用地碳排放、商服公共用地碳排放、交通用地碳排放和工业用地碳排放4个方面。要将城市土地利用碳源子系统的总体碳排放控制到最小,既要做到降低各业用地方式的碳排放,还要做到各业用地低碳利用之间的一种协同发展,因为系统要素之间的相互作用是影响系统综合效益的重要内在因素。然后,通过选取能够分别反映居住用地碳排放、商服公共用地碳排放、交通用地碳排放及工业用地碳排放4种要素的相关因子指标,就可反映出各要素受其所辖因子的影响程度,从而为量化要素的客观现状与发展趋势提供基础依据(汪友结,2011)。

碳汇子系统的组成要素指的是消除已排出碳量的城市土地利用类型,在本研究中,考虑到城市土地的研究范围是城市市域土地,所以只将城市绿地作为唯一碳汇地类纳入碳汇子系统。

8.3.2 城市土地低碳利用系统时空分析流程

对系统在某一方面综合效益的描述最常见的形式为评价,即评价系统在某一目标上的发展程度。评价多是以表征系统发展现状为主要目的,需要通过建立一定的评价标准来客观的体现评价对象的发展水平。

城市土地低碳利用是一个全新的概念,对之的评价还处于探索阶段,如目前还缺乏准确和科学的评价标准。本研究对长沙市城市土地低碳利用水平进行综合评价,以期能为城市土地低碳利用提供定性与定量相结合的新思路,不仅能在城市土地低碳利用效果的宏观上进行分析和把控,更追求其微观层次的应用价值。根据城市土地低碳利用系统层次选取相应的评价指标,在一定时间和一定空间内对其发展状态进行比较研究,运用分析得出的结论对系统进行反馈,有利于系统发展的自我协调和控制。这样从宏观层面入手,再进入微观层面研究,最后从整体进行把握的方式,能为政府制定更利于城市土地低碳利用的规划和政策提供基本依据。

从总体上来说,城市土地低碳利用系统的评价分析需完成两个方面的内容,分别是基于时间维度的系统内在影响要素贡献性和障碍性程度的计算分析,基于空间维度的区域城市土地低碳利用发展水平的聚类比较分析,流程设计如图8-3所示。

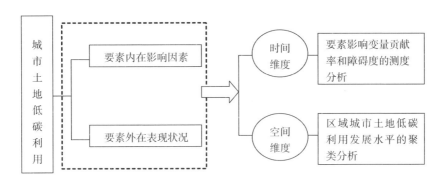

图8-3 城市土地低碳利用系统时空分析流程设计图

Fig. 8-3 Temporal and spatial analysis process design of urban land low-carbon utilization system

8.4 城市土地低碳利用系统综合评价研究

8.4.1 评价指标体系设计

（1）指标体系设计原则

①系统性与层次性相结合

城市土地低碳利用水平评价指标体系是一个系统的、综合性的指标体系。城市土地利用对低碳经济的影响需综合考虑人、社会经济和环境等多个方面,涵盖了整个碳源－碳汇、土地利用和经济发展状况三者协调发展的过程,指标设计必须利用多学科间的交叉和综合知识,系统而又层次分明的进行指标体系的构建。

②可比性与可行性相结合

可比性要求评价结果在时间上实现现状与过去可比,准确反映系统协调发展的演进轨迹;在空间上实现不同区域之间可比,从而通过区际比较来反映研究目标的优势和缺陷。此外,城市土地低碳利用水平的评价指标体系必须是科学可行的,应具有较强的实际操作性,因此要求指标资料容易取得并且易于分析计算。

③全面性和代表性相结合

城市土地低碳利用系统的协调优化发展具有深刻而丰富的内涵,它要求指标体系必须具有足够的覆盖面和综合性。指标往往是经过加工处理的,通常以地均、百分比、增长率、效益等表示,要能准确、清楚地反映问题,能全面并综合地反映城市土地低碳利用系统协调优化发展的各种因素,同时要求指标体系内容简单明了、准确,并具有代表性。

（2）指标体系的构建

以评价内容为基础,以指标体系设计原则为依据,结合城市土地低碳利用内涵与系统模型,按照评价目标的大小将指标体系组织成三个层次的树型结构,自上而下分别为目标层、控制层和操作层,各层次的具体内容及操作层指标释义分别如表 8 - 1 所示。

表8-1 城市土地低碳利用系统评价指标表
Table 8-1 The assessment index system of urban land low-carbon utilization

目标层	控制层	操作层	释义
城市土地低碳利用	居住用地低碳利用	地均居住人口数	城市户籍人口数/居住地面积
		居民消费系数	城市居民家庭居住消费支出/总消费支出
		地均生活垃圾清运量	生活垃圾清运量/居住用地面积
		居住用地紧凑系数	住宅建筑总面积/居住用地面积
	商服公共用地低碳利用	地均第三产业从业人数	第三产业从业人数/公共设施用地面积
		第三产业产值比重	第三产业产值/社会总产值
		金融业产值比重	金融业产值/第三产业产值
		商服公共用地比重	公共设施用地面积/城市建成区面积
	交通用地低碳利用	地均公路客运量	公路客运量/对外交通面积
		城市公交通勤系数	公共交通标准运营车数/道路广场用地面积
		地均私人汽车拥有量	私人汽车拥有量/交通用地面积
		交通用地紧凑系数	1/人均拥有道路面积
	工业用地低碳利用	地均工业从业人数	工业从业人数/工业用地面积
		工业产值比重	工业产值/社会总产值
		地均工业废气排放量	工业废气排放量/工业用地面积
		工业用地比重	工业用地面积/城市建成区面积
	城市绿地低碳利用	绿化覆盖率	城市园林绿地面积/城市建成区面积
		地均人口数	1/人均公共绿地面积

目标层对应表8-1中的总体层,表征城市土地低碳利用系统综合水平,是一个反映系统运行方向和程度的概括型指标。

控制层对应要素层,是子系统要素的具体表述,它指的是用来衡量目标层发展状况的碳源、碳汇子系统要素。依据城市土地低碳利用的系统模型,找出影响城市土地低碳利用的主要建设用地类型,将控制层划分为五个方面,即居住用地低碳利用、商服公共用地低碳利用、交通用地低碳利用、工业用地低碳利用和城市绿地低碳利用,其中前四个属于碳源子系统,第五个属于碳汇子系统。

操作层对应变量层,是指在控制层内能够反映和衡量控制层水平的各个操作性变量指标。对于每个碳源子系统控制层,操作层指标可以从四方面拟定:①体现人口密度的人口呼吸指标,包括地均居住人口数、地均第三产业从业人数、地均公路客运量、地均工业从业人数和绿地地均人口数;②体现社会经济发展的经济效益指标,包括居民消费系数、第三产业产值比重、城市公交通勤系数和工业产值比重;③体现低碳经济的碳减排指标,包括地均生活垃圾清运量、金融业产值比重、地均私人汽车拥有量和地均工业废气排放量;④体现城市土地利用的土地利用结构和效益指标,包括居住用地紧凑系数、商服、公共用地比重、交通用地紧凑系数、工业用地比重、建成区绿化覆盖率。

8.4.2 评价指标权重的确定和标准化

(1)层次分析法确定权重

选用层次分析法确定权重,可以分别得到各操作层对控制层、各控制层对目标层以及各操作层对目标层的权重,并且可以分别算出各操作层、各控制层的得分,有利于针对性地进行要素贡献率和障碍度的分析与研究。

层次分析法分析问题大体要经过五个步骤:建立层次结构模型—构造判断矩阵—层次单排序—层次总排序——致性检验(徐晓敏,2008)。由于前文指标体系的建立已经确定了目标层,控制层和操作层,下一步就是在各层内元素中进行两两比较构造判断矩阵。判断矩阵表示本层对上一层次因素与本层其他有关因素之间相对重要性的比较,这是层次分析法工作的出发点与最关键的一步。

①构建判断矩阵

判断矩阵元素的值反映了人们对各因素相对重要性(优劣、偏好、强度等)的认识,当相互比较因素的重要性能够用具有实际意义的比值说明时,判断矩阵相应元素的值则可以取这个比值(孟昭正,1985)。参考 Saaty TL.T(1980)的研究,层次分析法是要求决策者或专家系统利用指标间两两比较的方法来反复回答对于控制层 Y_m 的下层元素 X_i 和 X_j 哪一个更重要;对于目标层 Z_m 的下层因素 Y_i 与 Y_j,哪一个重要,重要多少。为了使判断矩阵定量化,一般都引用 Saaty 提出的 1 - 9 的比例标度法,具体如表 8 - 2 所示。

表 8 - 2 评价指标性对重要性判断尺度

Table 8 - 2 The degree and meaning of judgment maxton

判断尺度	含义
1	对于上层指标而言,本层内因素 i 与因素 j 同等重要
3	对于上层指标而言,本层内因素 i 比因素 j 略微重要
5	对于上层指标而言,本层内因素 i 比因素 j 明显重要
7	对于上层指标而言,本层内因素 i 比因素 j 重要得多
9	对于上层指标而言,本层内因素 i 比因素 j 绝对重要

续表

判断尺度	含义
2、4、6、8	介于两个判断尺度之中的程度

注:其中 i 是矩阵的行数,j 是矩阵的列数。

以操作层 Y 为评价准则的有 k 个因素的判断矩阵 $A = [a_{ij}]_{k \times k}$ 如下:

Y	X_1	X_2	⋯	X_k
X_1	c_{11}	c_{12}	⋯	c_{1k}
X_2	c_{21}	c_{22}	⋯	c_{2k}
⋯	⋯	⋯	⋯	c_{3k}
X_k	c_{k1}	c_{k2}	⋯	c_{4k}

由表 8-2 可知,判断矩阵 C 是一个 k 阶互反性矩阵,有如下性质

A. $c_{ij} > 0$

B. $c_{ij} = \dfrac{1}{c_{ij}}$ 　　　　$i,j = 1,2,\cdots,k$

C. $c_{ii} = 1$

②层次单排序

层次单排序可以归结为计算判断矩阵的特征根和特征向量问题,即对判断矩阵 A,计算满足

$$CW = \lambda_{max} \cdot W \tag{8-1}$$

的特征根和特征向量。式中 λ_{max} 为 C 的最大特征根;W 对应于 λ_{max} 的正规化特征向量;W 的分量 W_i 即为相应因素单排序的权值。

此处采用方根法计算矩阵最大特征根及其对应特征向量,计算步骤如下:

A. 计算判断矩阵每一行元素的乘积 M_i:

$$M_i = \prod_{j=1}^{k} c_{ij}, i = 1,2,\cdots,k \tag{8-2}$$

B. 计算 M_i 的 k 次方根 $\overline{W}_i$:

$$\overline{W}_i = \sqrt[k]{M_i} \tag{8-3}$$

C. 对向量 $\overline{W}_i = [\overline{W}_1, \overline{W}_2, \cdots \overline{W}_n]^T$ 正规化,即得到各操作层对于控制层指标权重系数 W_i:

$$W_i = \dfrac{\overline{W}_i}{\sum\limits_{j=1}^{k} W_i} \tag{8-4}$$

D. 计算判断矩阵 C 的最大特征根 λ_{max}：

$$\lambda_{max} = \sum_{j=1}^{k} \frac{(CW)_i}{kW_i} \qquad (8-5)$$

③层次总排序

计算同一层次所有因素对最高层(目标层)相对重要性的排序权值,称为层次总排序(薛志俊,1996)(即综合权重),这一过程是按从上到下的顺序逐层进行的。如果目标层 Z 包含 m 个因素 $Y_1, Y_2, Y_3, \cdots, Y_m$,其层次单排序权值为 $y_1, y_2, y_3, \cdots, y_m$,控制层指标 Y_m 包含 k 个因素 $X_{1m}, X_{2m}, X_{3m}, \cdots, X_{km}$,它们对于控制层 Y 的层次单排序权值分别为 $x_{1m}, x_{2m}, x_{3m}, \cdots, x_{km}$,此时操作层 X 层次的层次总排序权值为第 m 个控制层指标单层次权重与其内每个操作层指标单层次权重的乘积即为 $Y_m \cdot X_{km}$。

④一致性检验

在判断两因素之间谁比谁重要,重要多少时,为避免出现比较结果不一致的状况,需要进行判断矩阵的一致性检验。

层次单排序的一致性检验,需要计算矩阵的一致性指标 CI,CI 定义为：

$$CI = \frac{\lambda_{max} - n}{n - 1} \qquad (8-6)$$

式中,n 为矩阵的阶数。显然当矩阵具有完全一致性时,CI = 0。$\lambda_{max} - n$ 越大,CI 越大,矩阵的一致性越差。将 CI 与平均随机一致性指标 RI 进行比较,对于 1-9 阶矩阵,RI 分别如表 8-3 所示。

表 8-3　1-9 阶矩阵的平均随机一致性指标表

Table 8-3　The mean random consistency index of 1-9 exponent matrix

阶数	1	2	3	4	5	6	7	8	9
RI	0	0	0.58	0.9	1.12	1.24	1.32	1.41	1.45

当 $CR = \dfrac{CI}{RI} < 0.10$ 时,判断矩阵具有满意的一致性,否则就需对判断矩阵进行调整。

若控制层 Y 对于目标层 Z 单排序的一致性指标为 CI_m,相应的平均随机性指标为 RI_m,则控制层一致性指标为：

$$CR = \frac{\sum_{m=1}^{m} y_m \cdot CI_m}{\sum_{m=1}^{m} y_m \cdot RI_m} \qquad (8-7)$$

当 CR < 0.10 时,满足层次总排序一致性检验,否则应重新构造判断矩阵[48]。

(2)标准化处理

数据标准化处理是通过一定的数学转换来消除原始指标量纲影响的方法,即把性质、量纲各异的指标值转换为可以相互比较的相对数(凤怡宇,2009)。研究常选取目标范围内每一指标的最大(小)值、平均值或者合理值作为无量纲化的基准值。

本研究采用极差标准化方法,以每一项指标中的最大(小)值为标准值进行标准化,将所有指标分为两种类型:①对城市土地低碳利用起正作用的指标(S);②对城市土地低碳利用起负作用的指标(T);对于以上两种指标分别按下式进行赋值:

$$S'_{ij} = \frac{S_{ij} - S_{ij,min}}{S_{ij,max} - S_{ij,min}}(正向指标) \qquad ①$$

$$T'_{ij} = \frac{T_{ij,max} - T_{ij}}{T_{ij,max} - T_{ij,min}}(负向指标) \qquad ②$$

式中:S'_{ij}、T'_{ij} 分别为第 i 年第 j 项评价指标的标准化分值;S_{ij}、T_{ij} 分别为第 i 年第 j 项评价指标的原始数据;$S_{ij,max}$、$S_{ij,min}$、$T_{ij,max}$、$T_{ij,min}$ 分别为 S_{ij}、T_{ij} 中的最大值和最小值,其值介于 0 – 1 之间。

8.4.3　城市土地低碳利用综合评价指数的计算

目前,多目标综合评估法是对城市土地利用系统的综合评价最常用的方法,但此方法计算总分值时采用线性加权加法,这便默认了各指标属性值之间可补偿性的存在,并且很大程度上是一种线性的可补偿性。而城市土地低碳利用系统的各评价指标属性值并不能完全补偿,即便有这种补偿性也不是线性的。本研究中城市土地低碳利用系统中控制层指标之间不能相互补偿,而每一控制层指标下的操作层指标之间可以补偿,所以此处采取的是用改进的多目标综合评估法——加权和与加权积的混合算法来计算综合评价指数,具体计算公式如下:

$$E = \left\{ \prod_{m=1}^{n} \left[w_m \cdot \sum_{k=1}^{j} (w_k \cdot l_k \cdot 100) \right] \right\}^{(1/n)} \qquad (8-9)$$

公式 8 – 9 中:E 为城市土地低碳利用碳源子系统的综合评价指数,m 为控制层指标的代码,n 为控制层指标的数目,k 为控制层指标 Y_m 及所辖的操作层指标的代码,w_m 为控制层指标 Y_m 的权重,w_k 为操作层指标 X_k 的层内权重值,l_k 为操作层指标 Y_k 的标准化属性值。

8.4.4 系统要素真实贡献率和障碍度测算

（1）要素真实贡献率

为了更好地分析居住用地低碳利用、商服公共用地低碳利用、工业用地低碳利用以及交通用地低碳利用这四个控制层指标对城市土地低碳利用系统的综合测度指数贡献的差异，需设计一个要素真实贡献率（黄贤金等，2006），其计算公式定义为：

$$RC_{fm} = \frac{\dfrac{E_{fm}}{E_f}}{w_m} = \frac{\sum\limits_{k=i}^{j}(w_k \cdot l_k \cdot 100)}{E_f \cdot w_m} \tag{8-10}$$

公式 8-10 中：RC_{fm} 为第 f 年第 m 个控制层指标的要素真实贡献率，E_f 为第 f 年的城市土地低碳利用综合评价指数，E_{fm} 为城市土地低碳利用第 m 个子系统要素在第 f 年的评价指数，m 为控制层指标的代码，k 为控制层指标 Y_m 所辖的操作层指标的代码，w_m 为控制层指标 Y_m 的权重，w_k 为操作层指标 X_k 的层内权重值，l_k 为操作层指标 X_k 的标准化属性值。

（2）障碍度测算

厘清影响城市土地低碳利用的障碍因子，能有针对性地对土地利用方式、结构，行为，政策进行调整，参考李新举等（2007）的研究成果，引入单因素对总目标的权重 W_j 和单因素指标与城市土地低碳利用目标之间的差距 I_j（单项指标因素标准化分值与100%之差）两个指标，对障碍度（O_j、O_m）（分别表示操作层指标和控制层指标对城市土地低碳利用的影响障碍程度）进行分析诊断。

具体计算公式为：

$$W_j = w_m \cdot w_k \tag{8-11}$$
$$I_j = 1 - d_j \tag{8-12}$$

公式 8-11 中，w_m 为各控制层对目标层的权重值，w_k 为各操作层对于控制层的权重值；公式 8-12 中，d_j 为操作层指标的标准化值，第 j 个指标对城市土地低碳利用的障碍度为：

$$o_j = \frac{I_j \cdot W_j}{\sum\limits_{j=1}^{j} W_j \cdot I_j} \tag{8-13}$$

在分析各操作层指标对目标层限制程度基础上，进一步研究各控制层指标对城市土地低碳利用的障碍度，公式为：

$$O_m = \sum O_{ij} \tag{8-14}$$

公式（8-14）中，O_m 为各控制层的障碍度，O_{ij} 是各操作层指标的障碍度。

8.4.5 区际发展水平的 SPSS 聚类分析

（1）聚类分析的目的和意义

聚类分析（Cluster Analysis）是根据研究对象的特征，对研究对象进行分类的多元分析技术的总称（郭艳桃，2004）。聚类分析的目标就是在相似的基础上收集数据来分类，它作为一种分类的数学工具，在许多领域已经得到广泛的应用。本研究对同一时间下区域所辖各个城市的土地低碳利用发展水平进行聚类分析，可以进行区域内城市差异比较，进行目标城市的发展定位。

（2）SPSS 聚类分析

由于聚类分析的定量分析计算量很大，在实践中，往往借助使用计算机技术的统计软件包，SPSS（Statistical Package for the Social Science 即社会科学统计软件包）便是其中的一种，它是世界上最著名的统计分析软件之一，是一种集成化的计算机数据处理应用软件，具有集数据文件管理，统计数据的编辑、处理、分析，统计分析报告生成，各类型统计图表生成等诸多功能，涵盖了统计学所有常用的统计方法，已广泛应用于社会经济统计领域，变成了许多学科进行数学定量分析的重要工具。

系统聚类分析是聚类分析中应用最广泛的一种方法，其基本思想是：开始将样品或指标各视为一类，根据类与类之间的距离或相似程度将最相似的类加以合并，再计算新类与其他类之间的相似程度，又一次进行合并，依此类推，直到所有样品或指标合并为一类为止。

SPSS17.0 软件聚类分析的步骤为：导入原始数据—选择聚类分析方法—选择聚类变量和标签变量—选择聚类类型和显示形式—统计量、绘制和方法按钮设置—确认得到聚类结果。

8.5 长沙市土地低碳利用系统时间变化特征及影响因素分析

8.5.1 指标原始数据获取及处理

指标体系中各指标的原始数据基本都来自于各个统计年鉴和其他相关统计资料，包括：《中国城市统计年鉴》《中国区域经济统计年鉴》《中国城市（镇）生活与价格年鉴》《湖南经济社会发展 1949 - 2009》《湖南第二次经济普查数据集》《湖南统计年鉴》《长沙市统计年鉴》。长沙市 2001 - 2013 年各指标原始数据见表 8 - 4，湖南省 13 个城市 2010 年各指标原始数据见表 8 - 5。

表 8-4　长沙市 2001-2013 年城市土地低碳利用系统操作层指标原始数据表

Table 8-4　Primary data of operating layer index of urban land low carbon utilization system of Changsha City from 2001 to 2013

年份	地均居住人口数（万人/平方公里）	居民居住消费比重（%）	地均生活垃圾清运量（万吨/平方公里）	居住用地紧凑系数（%）	地均第三产业从业人数（万人/平方公里）	第三产业GDP比重（%）	金融业产值占第三产业产值比重（%）	商服公共用地比重（%）	地均公路客运量（万人次/平方公里）	城市公交通勤系数（台/平方公里）	交通用地减排系数（万辆/平方公里）	交通用地紧凑系数（人/平方米）	地均工业从业人数（万人/平方公里）	工业产值比重（%）	地均工业废气排放量（万标立方米/平方公里）	工业用地比重（%）	绿化覆盖率（%）	地均人口数（平方公里/万人）
2001	15.499	0.144	2.492	0.818	3.848	48.4	0.053	22.133	5210	198.854	0.630	0.159	1.771	0.298	250218	0.102	28.250	0.175
2002	12.905	0.135	2.059	0.747	3.736	48.6	0.059	23.736	4306	114.504	0.476	0.115	1.500	0.293	172658	0.124	29.200	0.167
2003	16.147	0.094	2.016	1.002	3.868	48.6	0.062	25.400	3816	117.203	0.466	0.095	1.234	0.309	125065	0.148	36.620	0.154
2004	16.460	0.102	2.226	1.132	3.731	46.3	0.072	23.680	3691	161.902	0.545	0.082	1.225	0.306	121773	0.152	35.690	0.134
2005	13.355	0.088	1.769	0.998	3.417	49.5	0.091	25.801	3005	128.367	0.559	0.075	1.442	0.326	136148	0.155	36.900	0.130
2006	13.546	0.102	1.638	1.116	3.446	49.8	0.090	24.619	2913	153.315	0.648	0.073	1.505	0.356	124422	0.150	38.040	0.139
2007	11.636	0.087	1.526	1.049	3.614	48.7	0.094	21.531	2759	164.431	0.817	0.072	1.523	0.371	124355	0.130	36.260	0.119
2008	9.041	0.107	1.393	0.901	3.882	42.1	0.088	16.352	2196	122.720	0.784	0.074	2.041	0.416	265785	0.082	36.320	0.112
2009	6.750	0.108	1.090	0.937	3.787	44.6	0.095	17.844	4189	168.046	1.329	0.071	1.846	0.415	218848	0.100	38.380	0.103
2010	6.648	0.109	1.108	0.999	3.443	42.0	0.093	18.595	3986	146.708	1.376	0.070	1.752	0.444	208427	0.110	36.190	0.100
2011	6.536	0.075	1.067	1.020	3.487	39.6	0.095	19.143	4089	150.618	1.381	0.069	1.706	0.474	184128	0.105	29.98	0.098
2012	6.387	0.073	1.103	0.9967	3.501	39.6	0.094	19.485	4105	159.430	1.397	0.067	1.684	0.477	160743	0.108	29.42	0.091
2013	6.291	0.071	1.081	0.9910	3.404	40.8	0.097	18.428	3991	145.692	1.401	0.065	1.714	0.479	177061	0.104	29.15	0.108

表 8－5　湖南省 13 个城市 2010 年城市土地低碳利用系统操作层指标原始数据表

Table 8－5　Primary data of operating layer index of urban land low carbon utilization system of 13 cities in Hunan Province at 2010

年份	地均居住人口数（万人/平方公里）	居民居住消费比重（%）	地均生活垃圾清运量（万吨/平方公里）	居住用地紧凑系数（%）	地均第三产业从业人数（万人/平方公里）	第三产业GDP比重（%）	金融业产值占第三产业产值比重（%）	商服公共用地比重（%）	地均公共汽车客运量（万人次/平方公里）	城市公交通勤系数（台/平方公里）	交通用地减排系数（万辆/平方公里）	交通用地紧凑系数（万人/平方米）	地均工业从业人数（万人/平方公里）	工业产值比重（%）	地均工业废气排放量（万标立方米/平方公里）	工业用地比重（%）	绿化覆盖率（%）	地均人口数（万人/平方公里）
长沙市	6.648	10.830	0.732	0.100	3.443	0.420	0.067	0.186	9946.301	146.708	1.376	0.146	1.752	0.444	17.553	0.110	36.190	0.100
株洲市	11.861	13.850	0.839	0.051	6.160	0.325	0.043	0.126	8205.776	108.027	0.751	0.166	1.441	0.515	25.296	0.244	42.410	0.079
湘潭市	10.008	11.470	1.149	0.045	2.679	0.381	0.043	0.233	2978.313	101.078	0.678	0.170	0.605	0.577	59.752	0.424	40.380	0.115
衡阳市	23.059	6.290	1.142	0.047	11.865	0.359	0.035	0.135	2229.359	163.934	0.959	0.145	1.242	0.396	27.741	0.225	38.950	0.109
邵阳市	41.091	8.010	1.447	0.053	24.540	0.379	0.037	0.124	4224.747	86.682	1.876	0.132	4.574	0.327	66.131	0.069	32.970	0.119
岳阳市	23.747	7.810	0.906	0.073	12.816	0.318	0.022	0.103	5259.063	90.962	0.728	0.165	1.494	0.489	35.465	0.208	41.370	0.108
常德市	27.277	10.910	0.874	0.089	7.650	0.353	0.027	0.173	3027.013	61.361	0.863	0.158	0.940	0.414	43.508	0.245	43.350	0.071
张家界市	15.176	17.470	1.468	0.041	10.440	0.623	0.032	0.095	2643.929	106.122	0.590	0.186	2.598	0.199	95.196	0.036	37.720	0.143
益阳市	21.561	7.800	0.761	0.051	8.853	0.367	0.027	0.156	5338.889	62.824	1.178	0.152	1.013	0.364	39.409	0.238	40.170	0.132
郴州市	11.317	10.790	0.383	0.071	7.361	0.333	0.034	0.229	1453.596	33.281	0.477	0.453	0.736	0.511	36.382	0.410	36.970	0.125
永州市	35.195	6.670	2.243	0.134	13.938	0.388	0.032	0.139	4462.977	74.185	0.983	0.177	2.171	0.309	76.847	0.105	31.350	0.177
怀化市	33.869	12.050	1.464	0.109	9.929	0.428	0.037	0.192	1171.636	83.721	0.743	0.188	2.212	0.380	70.480	0.096	30.380	0.123
娄底市	20.109	13.760	0.829	0.069	9.299	0.315	0.040	0.193	2937.500	32.659	1.331	0.191	1.720	0.487	159.637	0.236	39.790	0.110

注：由于地州市"地均公路客运量"指标数据获取不全，此处改为"地均公共汽车客运量"。

8.5.2 权重的确定及指标标准化

运用层次分析法计算权重,计算过程如下。

Z	Y_1	Y_2	Y_3	Y_4	Y_5	W
Y_1	1	2	1/2	1/3	1	0.125
Y_2	1/2	1	1/3	1/3	1/3	0.061
Y_3	2	3	1	1/2	2	0.258
Y_4	3	3	2	1	2	0.403
Y_5	1	3	1/2	1/2	1	0.153

$\lambda_{max} = 4.21$ CI $= 0.071$ RI $= 1.12$ CR $= 0.064$

Y_1	X_1	X_2	X_3	X_4	W
X_1	1	2	1/3	1/2	0.167
X_2	1/2	1	1/3	1/2	0.118
X_3	3	3	1	2	0.453
X_4	2	2	1/2	1	0.262

$\lambda_{max} = 4.07$ CI $= 0.024$ RI $= 0.9$ CR $= 0.026$

Y_2	X_5	X_6	X_7	X_8	W
X_5	1	1/3	1/2	1	0.141
X_6	3	1	2	3	0.455
X_7	2	1/2	1	2	0.263
X_8	1	1/3	1/2	1	0.141

$\lambda_{max} = 4.01$ CI $= 0.003$ RI $= 0.9$ CR $= 0.004$

Y_3	X_9	X_{10}	X_{11}	X_{12}	W
X_9	1	2	1/4	1/2	0.147
X_{10}	1/2	1	1/4	1/3	0.094
X_{11}	3	4	1	3	0.511
X_{12}	2	3	1/3	1	0.248

$\lambda_{max} = 4.02$ $CI = 0.007$ $RI = 0.9$ $CR = 0.007$

Y_4	X_{13}	X_{14}	X_{15}	X_{16}	W
X_{13}	1	1/2	1/3	1/4	0.099
X_{14}	2	1	1	1/2	0.219
X_{15}	3	1	1	1/2	0.243
X_{16}	4	2	2	1	0.439

$\lambda_{max} = 4.02$ $CI = 0.007$ $RI = 0.9$ $CR = 0.008$

Y_5	X_{17}	X_{18}	W
X_{17}	1	2	0.667
X_{18}	1/2	1	0.333

$RI = 0$

通过计算得出的各操作层层次单排序权重值、控制层单排序权重值与操作层总排序权重值见表8-6。

表8-6 城市土地低碳利用系统各层次测度指标的权重

Table 8-6   The weights of index system of urban land low-carbon utilization system

控制层			操作层			
指标名称	指标代码	指标权重	指标名称	指标代码	层次单排序权重	层次总排序权重
居住用地低碳利用	Y_1	0.1251	地均居住人口数	X_1	0.1671	0.0209
			居民消费系数	X_2	0.1182	0.0148
			地均生活垃圾清运量	X_3	0.4531	0.0567
			居住用地紧凑系数	X_4	0.2616	0.0327
商服、公共用地低碳利用	Y_2	0.0607	地均第三产业从业人数	X_5	0.1411	0.0086
			第三产业产值比重	X_6	0.4550	0.0276
			金融业产值比重	X_7	0.2627	0.0160
			商服、公共用地比重	X_8	0.1411	0.0086

控制层			操作层			
指标名称	指标代码	指标权重	指标名称	指标代码	层次单排序权重	层次总排序权重
交通、广场用地低碳利用	Y_3	0.2577	地均公路客运量	X_9	0.1474	0.0380
			城市公交通勤系数	X_{10}	0.0942	0.0243
			地均私人汽车拥有量	X_{11}	0.5106	0.1316
			交通用地紧凑系数	X_{12}	0.2479	0.0639
工业用地低碳利用	Y_4	0.4033	地均工业从业人数	X_{13}	0.0991	0.0400
			工业产值比重	X_{14}	0.2194	0.0885
			地均工业废气排放量	X_{15}	0.2428	0.0979
			工业用地比重	X_{16}	0.4387	0.1769
城市绿地低碳利用	Y_5	0.1532	绿化覆盖率	X_{17}	0.6667	0.1021
			地均人口数	X_{18}	0.3333	0.0511

用极差标准化法对表8-4和表8-5中的原始数据进行标准化。其中，X_4、X_6、X_7、X_{10}、X_{12}、X_{14}、X_{17}为影响城市土地低碳利用的正向指标，其余为负向指标，利用公式8-8计算结果见表8-7、表8-8。

表8-7 长沙市2001-2013年城市土地低碳利用系统操作层指标标准化处理结果

Table 8-7 Standardization results of primary data of operating layer index of urban land low carbon utilization system of Changsha City from 2001 to 2013

年份	地均居住人口数	居民居住消费比重	地均生活垃圾清运量	居住用地紧凑系数	地均第三产业从业人数	第三产业GDP比重	金融业产值占第三产业产值比重	商服公共用地比重	地均公路客运量	城市公交通勤系数	交通用地减排系数	交通用地紧凑系数	地均工业从业人数	工业产值比重	地均工业废气排放量	工业用地比重	绿化覆盖率	地均人口数
指标性质	负	负	负	正	负	正	正	负	负	正	负	正	负	正	负	负	正	负
2001	0.095	0.000	0.000	0.184	0.071	0.863	0.000	0.388	0.000	1.000	0.825	1.000	0.331	0.027	0.108	0.726	0.000	0.000
2002	0.350	0.123	0.304	0.000	0.305	0.882	0.136	0.219	0.300	0.000	0.989	0.532	0.663	0.000	0.647	0.425	0.094	0.095
2003	0.031	0.685	0.334	0.662	0.029	0.882	0.205	0.042	0.463	0.032	1.000	0.319	0.989	0.086	0.977	0.096	0.826	0.250
2004	0.000	0.575	0.187	1.000	0.316	0.657	0.432	0.224	0.504	0.562	0.916	0.181	1.000	0.070	1.000	0.041	0.734	0.488
2005	0.305	0.767	0.507	0.652	0.973	0.971	0.864	0.000	0.732	0.164	0.901	0.106	0.734	0.177	0.900	0.000	0.854	0.536
2006	0.287	0.575	0.599	0.958	0.912	1.000	0.841	0.125	0.762	0.460	0.805	0.085	0.657	0.339	0.982	0.068	0.966	0.429
2007	0.474	0.781	0.678	0.784	0.561	0.892	0.932	0.452	0.813	0.592	0.625	0.074	0.635	0.419	0.982	0.342	0.791	0.667
2008	0.730	0.507	0.771	0.400	0.000	0.245	0.795	1.000	1.000	0.097	0.660	0.096	0.000	0.661	0.000	1.000	0.797	0.750
2009	0.955	0.493	0.984	0.494	0.199	0.490	0.955	0.842	0.339	0.635	0.077	0.064	0.239	0.656	0.326	0.753	1.000	0.857
2010	0.965	0.479	0.971	0.655	0.918	0.235	0.909	0.763	0.406	0.382	0.027	0.053	0.354	0.812	0.398	0.616	0.784	0.893
2011	0.976	0.945	1.000	0.709	0.826	0.000	0.955	0.705	0.372	0.428	0.021	0.043	0.411	0.973	0.567	0.685	0.171	0.917
2012	0.991	0.973	0.975	0.649	0.797	0.000	0.932	0.668	0.367	0.533	0.004	0.021	0.438	0.989	0.729	0.644	0.115	1.000
2013	1.000	1.000	0.990	0.634	1.000	0.118	1.000	0.780	0.404	0.370	0.000	0.000	0.401	1.000	0.616	0.699	0.089	0.798

表8－8　湖南省13个城市2010年城市土地低碳利用系统操作层指标原始数据标准化结果

Table 8－8　Standardization results of primary data of operating layer index of urban land low carbon utilization system of 13 cities in Hunan Province at 2010

| 指标性质 | 地均居住人口数 | 居民居住消费比重 | 地均生活垃圾清运量 | 居住用地紧凑系数 | 地均第三产业从业人数 | 第三产业GDP比重 | 金融业产值占第三产业产值比重 | 商服公共用地比重 | 地均公路客运量 | 城市公交通勤系数 | 交通用地减排系数 | 交通用地紧凑系数 | 地均工业从业人数 | 工业产值比重 | 地均工业废气排放量 | 工业用地比重 | 绿化覆盖率 | 地均人口数 |
年份	负	负	负	正	负	正	正	负	负	正	负	正	负	正	负	负	正	负
长沙市	1.000	0.340	0.000	0.869	0.357	0.785	0.789	0.649	0.946	0.463	0.928	0.965	1.000	0.340	0.000	0.869	0.357	0.785
株洲市	0.450	0.772	0.198	0.574	0.804	0.689	1.000	0.835	0.703	0.000	0.771	0.833	0.450	0.772	0.198	0.574	0.804	0.689
湘潭市	0.451	0.000	0.794	0.521	0.856	0.739	0.840	1.000	0.928	0.513	0.661	0.829	0.451	0.000	0.794	0.521	0.856	0.739
衡阳市	0.281	0.708	0.879	1.000	0.656	0.744	0.000	0.522	0.658	0.915	0.200	0.886	0.281	0.708	0.879	1.000	0.656	0.744
邵阳市	0.315	0.789	0.652	0.412	0.000	0.857	0.776	0.339	0.874	0.555	0.847	0.791	0.315	0.789	0.652	0.412	0.000	0.857
岳阳市	0.000	0.942	0.534	0.444	0.821	0.891	0.916	0.767	0.817	0.461	1.000	0.891	0.000	0.942	0.534	0.444	0.821	0.891
常德市	0.096	0.432	0.789	0.219	0.724	0.743	0.498	0.568	0.454	1.000	0.566	0.760	0.096	0.432	0.789	0.219	0.724	0.743
张家界市	0.216	1.000	0.832	0.560	0.920	0.728	0.897	0.000	0.846	0.479	0.755	0.560	0.216	1.000	0.832	0.560	0.920	0.728
益阳市	0.104	0.558	0.525	0.230	0.499	0.946	0.967	0.438	0.867	0.036	0.508	0.667	0.104	0.558	0.525	0.230	0.499	0.946
郴州市	0.260	0.028	0.968	0.005	1.000	0.311	0.605	0.826	0.583	0.824	0.075	0.736	0.260	0.028	0.968	0.005	1.000	0.311
永州市	0.217	0.681	0.625	0.316	0.638	0.811	0.595	0.291	0.627	0.845	0.000	0.240	0.217	0.681	0.625	0.316	0.638	0.811
怀化市	0.318	0.294	1.000	0.389	0.810	0.850	0.719	0.478	0.000	0.484	0.726	0.749	0.318	0.294	1.000	0.389	0.810	0.850
娄底市	0.398	0.287	0.799	0.000	0.389	0.862	0.716	0.761	0.716	0.568	0.576	0.871	0.398	0.287	0.799	0.000	0.389	0.862

8.5.3　综合评价结果及分析

采用加权和与加权积的混合算法,利用公式8-9对长沙市2001-2013年城市土地低碳利用综合测度进行计算,结果见表8-9、图8-4和图8-5。

表8-9　长沙城市土地低碳利用系统控制层与目标层年度综合评价指数计算结果

Table 8-9　Integrated evaluation index of control – hierarchy and target – hierarchy of the urban land low – carbon utilization system in Changsha from 2001 – 2013

年份	居住用地低碳利用	商服办公用地低碳利用	交通用地低碳利用	工业用地低碳利用	城市绿地低碳利用	城市土地低碳利用
2001	0.69	2.55	14.80	15.55	0.25	2.53
2002	2.66	2.88	18.92	16.45	1.24	4.94
2003	5.41	2.61	21.15	16.06	9.62	8.57
2004	5.44	2.62	20.97	15.27	10.00	8.55
2005	7.22	5.06	20.12	13.69	11.51	10.30
2006	8.34	4.71	19.57	17.09	12.08	10.97
2007	9.01	4.66	17.53	22.68	11.66	11.43
2008	8.31	2.19	17.70	24.85	12.19	9.95
2009	10.28	3.37	8.37	24.52	14.90	10.12
2010	10.73	4.19	7.26	24.92	12.86	10.09
2011	11.23	3.61	10.26	25.67	12.18	9.55
2012	13.01	4.26	15.34	26.58	11.84	8.94
2013	14.12	3.91	18.36	26.90	11.14	10.65

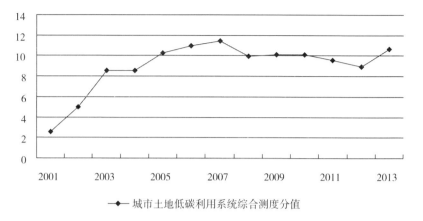

图 8 - 4　长沙市城市土地低碳利用综合评价指数年度变化

Fig. 8 - 4　Annual change of integrated evaluation index of the urban land low – carbon utilization system in Changsha

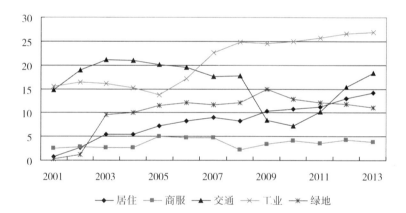

图 8 - 5　长沙城市土地低碳利用系统控制层要素评价指数年度变化

Fig. 8 - 5　Annual change of control hierarchy evaluation index of the urban land low – carbon utilization system in Changsha

根据表8-9、图8-4和图8-5,对长沙市城市土地低碳利用水平年度变化特征分析如下。

(1)长沙市土地低碳利用水平年度变化大致可分为4个阶段。第一阶段为2001-2003年,利用水平迅速提高,表现在综合指数从2.53上升到8.57,且增幅超过2001-2013年十多年间最高测度分值11.43的一半,这与长沙市行政区划的调整有关。第二阶段为2003-2007年,城市土地低碳利用水平呈稳态上升趋势但增幅不大。第三阶段为2007-2012年,呈现小幅度下降趋势,主要原因是在2007-2010年间,交通用地低碳利用指数骤降与绿地指数下降的综合作用。第四阶段为2013年以后,又呈增长趋势。总体上看,2013年长沙市土地低碳利用水平指数为10.65,比2001年增加了近3倍,这反映出长沙市土地低碳利用实践在长沙市的社会经济和城市土地利用上得以开展并迅速壮大,在波动中仍保持高水平。

(2)从各个控制层要素指数的年际变化可以看出,呈明显上升趋势的是居住用地和城市绿地低碳利用水平,指数增幅分别为从0.69至14.12和从0.25至11.14,增值均大于10,说明居住用地利用正迅速走向低碳化道路,城市绿地的覆盖率和平衡碳收支能力大幅度提高。而商服办公用地低碳利用呈现出振荡发展且维持在低水平上,指数在2.19到5.06之间,说明其对城市经济效益的贡献与碳排放对城市环境效益的破坏平衡上还存在亏缺。工业用地低碳利用水平指数呈现出先小幅度下降后大幅度上升的态势,指数从15.55降至13.69再升至26.90,说明经历了高碳利用逐渐向低碳利用的转型。交通用地低碳利用水平呈现出先升后降再升的波动发展趋势,指数变化是从14.80至21.15至7.26至18.36,这是随着城市的扩展先前交通状况越来越恶化及近年投巨资改善交通条件的结果。在5个要素中,期间工业用地低碳利用与交通用地低碳利用综合指数一直较高,说明其相对于其他3个要素,对实现城市土地低碳利用目标的作用更为重要。

8.5.4 系统要素真实贡献率和障碍度计算与分析

(1)要素真实贡献率计算与分析

根据表8-9综合评价指数结果,运用要素真实贡献率公式8-10,可计算得出各控制层指标在2001-2013年对目标层要素贡献的变化情况,具体结果见表8-10和图8-6。

表 8 - 10　长沙市土地低碳利用系统控制层的要素真实贡献率

Table 8 - 10　The real contribution rates of control – hierarchy index of

Changsha land low carbon utilization system

年份	居住用地 低碳利用	商服办公用 地低碳利用	交通用地 低碳利用	工业用地 低碳利用	城市绿地 低碳利用
2001	2.19	16.58	22.71	15.25	0.66
2002	4.30	9.58	14.85	8.25	1.64
2003	5.05	5.02	9.58	4.65	7.33
2004	5.08	5.05	9.52	4.43	7.64
2005	5.60	8.09	7.58	3.30	7.30
2006	6.08	7.08	6.92	3.86	7.19
2007	6.30	6.71	5.96	4.92	6.66
2008	6.67	3.62	6.90	6.19	7.99
2009	8.12	5.49	3.21	6.01	9.61
2010	8.50	6.84	2.79	6.12	8.32
2011	8.75	8.56	2.51	6.14	7.53
2012	9.08	5.30	2.38	6.25	6.97
2013	9.20	7.43	2.30	7.55	7.60

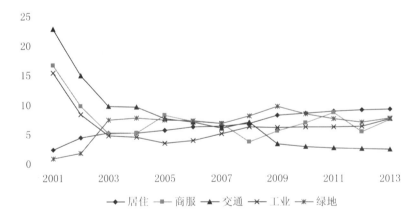

图 8 - 6　长沙市城市土地低碳利用系统控制层要素年度真实贡献率对比图

Fig. 8 - 6　Comparison of annual real contribution rate of control hierarchy on

Changsha urban land low carbon utilization system

从表 8-10 数据与图 8-6,可以分析出长沙市土地低碳利用系统各要素贡献率年际变化特征。

①13 年间,居住用地与城市绿地低碳利用对长沙市土地低碳利用的贡献率分别从 2.19 和 0.66 上升至 9.20 和 7.60,期间呈现出波动式总体上升趋势。商服公共用地低碳利用总体为下降趋势,贡献率从 16.58 到 7.43。交通用地低碳利用的贡献率则剧烈下降,降幅达 20.41,说明其总体上的发展将更不利于城市土地低碳利用。工业用地低碳利用的贡献程度呈现出先降后升的发展趋势。同时各要素的贡献率变化呈现出与其综合指数基本一致的趋势。

②从首末年的对比来看,首年,对长沙市土地低碳利用贡献率由高到低分别是交通用地、商服公共用地、工业用地、居住用地和城市绿地,这是由于当时的城市发展水平较低,交通用地、商服公共用地和工业用地的面积较小,单位面积的碳排放量较低,同时,居住用地和城市绿地也未合理的规划和布局;到了末年,各类用地的贡献率呈现出均衡和集中的趋势,除交通用地低碳利用贡献率较低(2.30)外,其余各项用地低碳利用贡献率处在 7.43-9.20 之间,这说明长沙市土地低碳利用系统逐步趋向合理性,各要素间趋同性的变化特点体现出较好的协同发展作用。

(2)障碍度计算与分析

以表 8-9 中的综合评价指数为计算基础,运用障碍度计算公式 8-11、8-12、8-13 和 8-14 可以分别计算得出 2001-2013 年各操作层和控制层对目标层的障碍度以及变化情况,现列出全部控制层指标和障碍度最大的前 6 项操作层指标,具体结果如表 8-11 与图 8-7、表 8-12 所示。

表 8-11　2001-2013 年长沙市城市土地低碳利用控制层障碍度

Table 8-11　The Obstacle Degree of Control Hierarchy on Urban land

Low-carbon utilization in Changsha from 2001 to 2013

单位:(%)

年份	居住用地低碳利用	商服公共用地低碳利用	交通用地低碳利用	工业用地低碳利用	城市绿地低碳利用
2001	17.86	5.33	16.58	37.45	22.77
2002	17.03	5.53	11.83	41.27	24.33
2003	15.72	7.66	10.23	53.76	12.63
2004	15.48	7.56	10.50	54.83	11.63
2005	12.48	2.39	13.32	62.83	8.98

年份	居住用地 低碳利用	商服公共用 地低碳利用	交通用地低 碳利用	工业用地低 碳利用	城市绿地 低碳利用
2006	10.92	3.56	16.22	60.82	8.49
2007	10.16	4.10	23.90	51.22	10.62
2008	12.09	11.17	23.20	44.52	9.01
2009	5.78	7.01	45.11	41.00	1.10
2010	4.45	4.69	46.23	38.48	6.15
2011	4.30	5.47	50.11	36.47	8.33
2012	4.12	6.39	53.68	33.04	9.07
2013	4.05	7.22	57.66	40.28	7.82

对于控制层因素障碍度情况,从表8-11结果数据与图8-7可以看出。

①首年以工业用地和城市绿地为主要障碍要素,障碍度分别为37.45%、22.78%,这是因为当时长沙市传统工业的发展大大阻碍了城市土地低碳利用,城市绿化率低也会影响其碳汇作用的发挥。到了末年,交通用地取代城市绿地成为最主要障碍度因素,障碍度达57.66%,超出工业用地17.38%,这个问题必须引起特别关注。

②居住用地与城市绿地对城市土地低碳利用障碍度呈较大幅度的下降趋势,分别下降了13.81%、14.96%,表明其发展顺应了低碳利用的发展要求;交通用地则相反,从首年的16.58%剧增到末年的57.66%,特别是近几年来的阻碍作用越来越大;商服公共用地的障碍度出现一定的波动,这充分说明了第三产业用地的合理规划和管理十分重要,必须进行正确引导;工业用地十多年来障碍度均处于高水平,呈现先升后降的发展态势,到末年障碍度仍达40.28%,其障碍程度依然强烈。

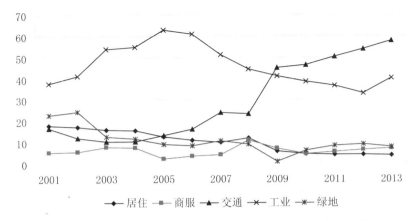

图 8 - 7　长沙市城市土地低碳利用系统控制层要素年度障碍度对比图

Fig. 8 - 7　Comparison of annual obstacle degree of control hierarchy on

Changsha urban land low carbon utilization system

表 8 - 12　2001 - 2013 年长沙市城市土地低碳利用操作层主要障碍因子障碍度

Table 8 - 12　Obstacle degree of main obstacle factors of operating hierarchy on urban

land low carbon utilization system in Changsha from 2001 to 2013

单位:%

年份	项目	指标排序					
		1	2	3	4	5	6
2001	障碍因素	X_{17}	X_{15}	X_{14}	X_3	X_{18}	X_{16}
	障碍度	15.44	13.20	12.98	8.57	7.33	7.23
2002	障碍因素	X_{16}	X_{17}	X_{14}	X_{18}	X_3	X_{15}
	障碍度	17.68	16.00	15.29	8.34	6.77	5.98
2003	障碍因素	X_{16}	X_{14}	X_{18}	X_3	X_{10}	X_1
	障碍度	35.59	17.59	8.69	8.30	5.20	4.59
2004	障碍因素	X_{16}	X_{14}	X_3	X_{17}	X_{18}	X_1
	障碍度	37.13	17.70	10.05	5.93	5.70	4.57
2005	障碍因素	X_{16}	X_{14}	X_3	X_{18}	X_{10}	X_{17}
	障碍度	41.73	16.29	6.47	5.46	4.78	3.52
2006	障碍因素	X_{16}	X_{14}	X_{18}	X_{11}	X_3	X_1
	障碍度	43.19	13.57	7.59	6.91	5.79	3.76

年份	项目	指标排序					
		1	2	3	4	5	6
2007	障碍因素	X_{16}	X_{11}	X_{14}	X_{17}	X_3	X_{18}
	障碍度	34.00	14.72	12.48	6.21	5.11	4.41
2008	障碍因素	X_{15}	X_{11}	X_{13}	X_6	X_{10}	X_{17}
	障碍度	28.17	13.25	11.50	7.95	6.3	5.98
2009	障碍因素	X_{11}	X_{15}	X_{16}	X_{13}	X_9	X_6
	障碍度	32.34	17.11	11.55	7.89	6.51	4.89
2010	障碍因素	X_{11}	X_{16}	X_{15}	X_{13}	X_9	X_{17}
	障碍度	32.86	17.32	14.71	6.45	5.64	5.52
2011	障碍因素	X_{14}	X_{15}	X_{11}	X_9	X_{13}	X_{17}
	障碍度	31.93	15.66	10.78	7.11	5.93	4.55
2012	障碍因素	X_{15}	X_{13}	X_{11}	X_9	X_{14}	X_3
	障碍度	30.42	13.37	9.67	6.35	5.57	4.42
2013	障碍因素	X_{14}	X_{16}	X_{17}	X_{11}	X_9	X_6
	障碍度	31.45	14.39	11.73	8.34	6.19	4.31

由于操作层指标太多,这里只列举障碍影响最大的前六项指标。表 8-12 的结果显示,2007 年以前,在排序前六的障碍度指标里面,出现频次最多的指标为工业用地比重(X_{16})、工业产值比重(X_{14})、绿化覆盖率(X_{17})、绿地地均人口数(X_{18})和地均生活垃圾清运量(X_3)五个指标,且操作层指标主要集中于工业用地低碳利用和城市绿地低碳利用控制层,与控制层障碍度结果一致;一直处于障碍度第一位和第二位的是工业用地比重和工业产值比重指标,说明工业用地的粗放利用和规模效益低是制约长沙城市土地低碳利用的首要因素。绿化覆盖率和绿地地均人口数的障碍度排序越来越靠后,直至消失在前六位之中,说明随着长沙城市越来越注重生态宜居方面的建设,城市绿化面积的增加和不断完善,不仅改善了人们的生活环境质量,同时也为城市土地低碳利用发展起到了良好的助推作用。

2007 年以后,地均生活垃圾清运量已不在前六项障碍度指标之内,工业用地比重与工业产值比重指标的高障碍度也逐渐被交通用地减排系数(X_{11})与地均工业废气排放量(X_{15})所代替,说明近几年的城市居民生活质量有所提高,城市空间的不断扩大对生活废弃物的容纳和处理作用更为明显;交通网越来越发达和便利,小汽车的数量也快速增长,导致大量汽车尾气的排放,由此产生对城市土地低碳利用越来越大的负面效果;工业产业迅速发展,工业用地规模效益逐渐提高,工业废气排放量的迅速增加使得长沙工业发展走向改革,走开发区发展模式和新型工业化的道路可以促进城市土地低碳利用的发展。

不难发现,长沙市2011年到2012年,地均公路客运量指标成为交通用地低碳利用层内障碍度排第二位的指标。长沙市公路客运量从2011年的15334万人次增加到2012年的17438万人次,比杭州、西安、武汉都高,这与长沙市优越的区位条件和较发达的交通网有着密切关系,但同时也给长沙市土地低碳利用带来了挑战。2013年,排在前2位的阻碍因子均属于工业用地,因此,工业用地的碳减排是今后工作的重点。

8.5.5 长沙市土地低碳利用水平的对比分析

（1）SPSS软件聚类处理及结果

为了了解长沙市土地低碳利用水平在湖南省所处的地位,利用表8-5所列的原始数据,在聚类分析前应对2010年湖南省13个城市18个指标原始数据进行标准化,标准化结果见表8-8。再运用层次分析法求得湖南省13个城市土地低碳利用水平综合评价指数,评价结果如表8-13所示。在此基础上进行聚类分析,从而可明晰全省各市的土地低碳利用水平处于哪一层次,明确各市的优势与不足,为探索低碳利用途径提供决策依据。

表8-13　湖南省13个城市土地低碳利用系统控制层与目标层综合评价指数

Table 8-13　Integrated evaluation index of control-hierarchy and target-hierarchy of the urban land low-carbon utilization system of 13 cities in Hunan Province

城市	居住用地低碳利用	商服公共用地低碳利用	交通用地低碳利用	工业用地低碳利用	城市绿地低碳利用	城市土地低碳利用
长沙市	9.63	3.65	11.83	26.34	14.40	10.95
株洲市	6.89	2.19	17.12	18.26	12.13	8.94
湘潭市	6.16	2.16	20.27	30.37	10.98	9.79
衡阳市	6.15	1.95	19.15	27.24	6.57	8.37
邵阳市	4.10	1.75	8.95	24.49	12.69	7.24
岳阳市	7.52	1.29	19.60	26.61	14.76	9.43
常德市	7.58	1.52	17.80	29.15	9.66	8.96
张家界市	3.93	4.52	21.26	20.35	10.57	9.59

续表

城市	居住用地低碳利用	商服公共用地低碳利用	交通用地低碳利用	工业用地低碳利用	城市绿地低碳利用	城市土地低碳利用
益阳市	7.34	1.72	15.16	16.88	8.60	7.74
郴州市	9.43	1.27	18.83	30.01	4.52	7.90
永州市	5.06	2.00	16.72	26.05	1.23	5.58
怀化市	5.92	2.34	20.83	15.67	11.24	8.73
娄底市	7.05	1.48	13.66	26.65	10.33	8.29

　　SPSS17.0聚类分析步骤前文已有介绍,此处不再赘述。将表8-13中城市土地低碳利用综合评价指数数据整理成Excel表格形式并输入,相似测度采用平方欧氏距离,聚类结果为五类,选择组间平均联结法聚类,可得到树形图如图8-8。

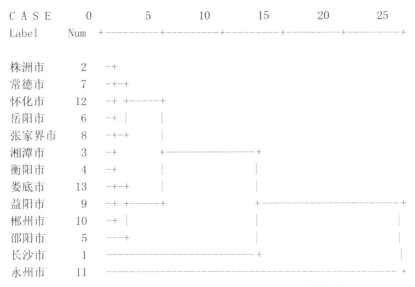

图8-8　湖南省13个城市土地低碳利用水平树状聚类图

Fig. 8-8　The Tree Shape Cluster of the urban land low-carbon

utilization system of 13 cities in Hunan Province

　　湖南省13个城市土地低碳利用聚类结果如表8-14所示。

表8-14　湖南省13个城市土地低碳利用水平聚类结果表

Table 8-14　The Cluster Result of the urban land low-carbon
utilization system of 13 cities in Hunan Province

类别	城市	类规模
1	长沙市	1
2	株洲市、湘潭市、岳阳市、常德市、张家界市、怀化市	6
3	衡阳市、益阳市、郴州市、娄底市	4
4	邵阳市	1
5	永州市	1

（2）结果分析

由表8-14和图8-8可知,湖南省13个城市土地低碳利用水平可以分为六类:第一类城市为长沙市,说明长沙市土地低碳利用水平在全省范围内处于最高水平,城市土地低碳利用各项指数整体而言较好,城市整体经济社会发展水平高,尤其是在城市居住和工业减排方面的工作取得了很好的成效,交通通勤率高,产业结构合理,用地结构优化程度中等偏上,城市绿化建设完善,生态宜居。第二类城市为株洲市、湘潭市、岳阳市、常德市、张家界市、怀化市,这些城市土地低碳利用水平中等偏上,城市居住、交通和工业减排效果较好,虽然各类用地结构欠优化,但用地布局较紧凑,使用效率较高,城市绿化环境良好,城市居民居住消费水平合理,公共设施配套完善。第三类是衡阳市、益阳市、郴州市、娄底市,这些城市土地低碳利用处于中等水平,产业结构不尽合理,第三产业发展不够,公共设施用地比重低,交通、工业减排工作有待加强。第四类为邵阳市,第五类是永州市,这两类城市土地低碳利用处于较低水平,主要体现在城市人口密度大,导致生活垃圾、交通、工业废弃物排放增多,减排效率低,城市绿化覆盖不足,碳汇能力弱,城市各类用地结构和布局不合理,用地松散,尤其是居住用地,存在不集约的现象。

从控制层综合评价指数来看,长沙市的居住用地、商服公共用地、城市绿地低碳利用水平在13个城市中均取得了最高指数,这说明了长沙市的居住质量、商业配套和生态环境省内其他城市无城可及,也是这三种用地类型低碳利用实现最好的城市,但交通用地低碳利用分值很低,仅高于邵阳市。城市交通网的便捷使得公共汽车客运量增大,虽然公交通勤率高,但总量仍在高位运行,交通减排效果差。工业用地低碳利用分值位于第七位,处于中等水平。

同时,从聚类树形图来看,湖南省13个城市土地低碳利用水平呈现两头小、中间大的格局,处于中间水平的城市有9个城市,且内部差异性不大。城市土地低碳利用水平并不是与城市经济发展水平成正向发展的关系,还要结合城市减排、生态环境以及城市土地合理和集约利用等方面的发展,而综合得出的结果。由此看来,作为湖南省经济发展中心极的"长株潭"城市群,其城市低碳利用水平未达到统一的高度,株洲市、湘潭市在减排和土地利用方面的工作还有待加强。

8.6　本章小结

本研究将低碳经济引入城市土地利用之中,从低碳经济视域下城市土地利用的发展要求和存在的问题入手,提出城市土地低碳利用的概念并界定其内涵,着力从系统学角度出发构建城市土地低碳利用系统模型,对系统内部运行状况进行深入分析,从而展开对城市土地低碳利用系统水平的综合评价研究。本章小结如下:

(1)城市土地低碳利用是指一种兼顾"低碳"和"经济",以低碳排放为约束,综合考虑土地的生态价值、经济价值以及社会价值的城市土地利用方式。城市土地低碳利用内涵主要体现在对城市土地利用的总碳量控制和各分项城市建设用地利用的碳排放控制两方面。

(2)从系统构建与内部协调控制出发,结合城市土地利用方式,指出城市土地低碳利用系统是由具有相互协同发展作用的居住用地低碳利用、商服办公用地低碳利用、交通用地低碳利用、工业用地低碳利用和城市绿地低碳利用五个子系统组成;建立了包括以相应内容为准则的5大控制层以及18项具体指标的城市土地低碳利用水平综合评价指标体系。

(3)对长沙城市土地低碳利用水平进行综合评价研究,从时间上来看,2001 - 2013 年长沙城市土地低碳利用水平综合指数从 2.53 上升到 10.65,城市土地低碳利用水平明显提升,2001 - 2003 年间分值上升幅度大,后稳步提升,在 2007 年达到峰值,最后小幅度下降,总体而言,长沙城市土地低碳利用水平在曲折反复中还是逐步朝好的方向发展;从空间上看,长沙市作为湖南省的省会城市,城市土地低碳利用系统水平综合指数最高,相应的发展水平也处于领先位置,聚类结果中处于第一类,株洲、湘潭属于第二类,"长株潭"作为湖南省城市发展极,城市土地低碳利用整体水平有待进一步提升。

(4)在系统要素真实贡献率和障碍度分析中,得出 2001 - 2013 年居住用地低碳利用与城市绿地低碳利用对长沙城市低碳利用的真实贡献程度随时间推移不断上升,障碍度逐步下降;商服办公用地低碳利用的贡献程度与障碍程度呈低水平上的震荡变化发展;工业用地低碳利用对城市土地低碳利用的整体发展经历了先阻碍后推进的过程;交通用地低碳利用的发展出现越来越不利于实现长沙城市土地低碳利用的趋势。2013 年对长沙市土地低碳利用发展贡献作用最大的为居住用地和城市绿地,而制约长沙市城市土地低碳利用的最主要的障碍因素指标是工业用地利用中的工业产值比重,说明工业作为减排的主要对象,还有潜力可挖,应争取工业经济发展与碳排放早日脱钩。

第9章　长沙市土地低碳利用对策

城市土地低碳利用是一项系统工程,也是一项新的事业,需要统筹安排,从法律、行政、经济、教育及行业管理等方面综合施策,形成合力。

9.1　完善城市土地低碳利用相关法律法规与政策,加强监督管理

城市土地低碳利用离不开科学的政策引导,包括引导资本向低碳产业转移,加强对低碳产业的投资力度与强度,帮助低碳产业成长以实现低碳经济目的;利用土地价格的杠杆作用,实施区别定价,对有利于节能减排的项目用地进行一定的供地价格倾斜;结合土地金融工具——土地信贷、土地融资、土地抵押的有效使用,扶持低碳项目用地的发展。

城市土地低碳利用涉及面广,影响因素复杂,且是新生事物,推动难度大,因此必须建立一套管理机制,完善相关法律法规体系,在必要的时候可以采取一些强制手段,通过开展长沙全市范围的碳减排潜力和减排效益的评估工作,建立和完善低碳经济的指标体系、监测机制和环境影响评价制度,加强主要耗能企业和领域的节能减排管理制度建设。长沙市可根据自身产业结构特点、能源利用和土地资源状况,制定符合自身实际的低碳经济发展标准,包括低碳产业、低碳园区、低碳土地利用等一系列标准(赵荣钦,2012),对于那些节能减排不达标的企业,国家政府应当采取相应的强制措施要求整改,甚至取消其营业资格,使得低碳减排的法律政策落实到实处。

我国也在近些年制定了一些低碳经济相关的法律法规、政策,有控制温室气体排放的法律法规:《中华人民共和国节约能源法》《中华人民共和国可再生能源法》(葛楠,2007)《中华人民共和国建筑法》《民用建筑节能条例》等;还有相关行政规章:国家发展和改革委员会等颁布的《能源效率标识管理办法》国家经贸委和国家发展计划委员会颁布的《节约用电管理办法》、国家建设部颁布的《民用建筑

节能管理规定》等(杨兴等,2006);另外还有一些地方性节能法规和规章:《北京市建筑节能管理规定》《山东省节约能源条例》和《上海市节能住宅建筑认定管理暂行办法》(章放,2010)《湖南省节约能源条例》《湖南省民用建筑节能条例》等,对目前已有的相关法律法规应从低碳经济、土地低碳利用等方面进行进一步的完善。城市土地低碳利用同样需要法律法规的保障,从制度上推陈出新,探索出台适合城市土地低碳利用的法律法规,以低碳化的视角在立法层面的高度上促进城市土地低碳利用发展。长沙市政府可以结合当地的实际情况,单独出台一些相应的法规与政策,如《长沙市低碳型土地利用规划编制规定》《长沙市低碳型土地利用规划实施条例》《长沙市低碳土地利用管理条例》等。

必须大力完善政策支撑体系,为开展城市土地低碳利用提供长效机制。一是低碳产业政策,包括低碳产业发展、低碳产品生产、低碳服务、限制高碳产品生产与进口等政策;二是低碳能源政策,包括可再生能源政策、节约能源政策、能源技术政策等;三是低碳技术政策,包括碳减排技术研发、应用政策,碳封存技术政策,低碳技术标准等;四是低碳消费政策,包括绿色包装、绿色采购、绿色物流、绿色社区等政策;五是低碳财税政策,包括碳税、气候变化税、生态税、新能源补贴政策、节能补贴政策、环保补贴政策等;六是低碳政绩政策等(唐素芳等,2015)。

9.2 培育城市土地低碳利用观念

9.2.1 发挥政府导向作用

低碳理念的深入渗透,应该是在政府的主导下,通过广泛的低碳知识的宣传教育、低碳消费文化氛围的营造等一系列科学并且通俗的意识培养方式,教育大众并影响公众行为,发挥引导作用,增强全社会低碳用地意识;并且带头节能减排,多采用先进的科学技术和产品,强调用科学的、可持续的发展眼光来看待低碳土地利用的实现。

9.2.2 树立企业先锋榜样

企业面对低碳化土地利用的发展要求,必须从自身出发提高自主创新能力,积极引进先进的科学技术和管理方式,进行低碳技术的学习和革新,落到实处,就是降低生产能耗,实行环境友好的排放方式,减少土地负荷,担当好减排的大任,为发展低碳产业树立起先锋榜样,在充当社会经济增长支柱的同时,成为低碳发展的龙头。

9.2.3 倡导社会个人低碳生活

倡导社会群体当中的个体践行低碳生活方式,树立绿色生活观念,从生活的点滴做起,在方方面面展现低碳消费的面貌。节约利用资源,拒绝奢侈浪费,多使用可回收并循环利用的低碳产品,抵制"一次性消费"的产品;多购买节能、低能耗的商品,自觉对生活废弃物分类处理,形成良好的低碳化社会风气,共同构筑起坚实的低碳社会的根基。

9.3　编制长沙市土地低碳利用规划

把"低碳"理念融入传统的土地利用规划之中,编制长沙市土地低碳利用规划,为此需要:新增土地利用碳效应现状分析,为确定低碳土地利用规划目标提供依据;制定土地利用低碳发展战略与土地利用规划低碳目标,发展低碳经济、提高土地利用生态效益;增设土地利用规划方案碳效应评价指标,将土地利用规划方案碳效应评估融入土地利用环境影响评价中;新增低碳型对土地利用结构与布局优化的分析,指导区域土地利用开发活动;制定土地利用规划方案低碳管理措施与政策。

要控制城市土地利用规模。土地利用规划可以间接的通过增加或减少土地的供给来达到宏观调控的目的,因为建设用地是碳排放的主要驱动力(杜官印,2010),所以低碳经济要求土地利用规划必须要适度控制城市建设的无序外延和粗放利用,发展规模适度的建设用地,避免低水平重复建设(孙宇杰等,2011),坚持规划引导,避免土地浪费。城市建设用地规模的适度控制既要使得建设用地增量受到土地供给的限制,又要确保存量用地得以高效利用,这就要求必须节约集约用地,遏止粗放利用对土地利用碳排放的"贡献"作用。城市土地的低碳利用发展模式与城市土地节约集约利用是一脉相承的有机整体,两者也是在相互作用与反作用当中(黄红胜,2011),在一定程度上来说,追求城市土地节约集约利用是有利于低碳经济目标的实现的。

要优化城市土地利用结构和空间布局,完善土地利用总体规划对城市各业用地结构的安排与控制。应针对居住用地偏高,工业用地混杂的现状,进行用地结构调整,重点发展金融、商贸、旅游业等新兴第三产业和高新技术产业,以拓展中心城市功能(徐波等,2009),适当降低工业、居住等高耗能类用地比重,相对提高公共设施、市政设施和道路绿化用地的比例,通过合理的土地置换,增强城市中心区功能。对于城市中心发展中遗留下的棚户区,目前已积极进行改造,截至 2016 年 11 月底,全市通过棚户区改造改善住房条件的家庭累计达 20.81 万户,通过公共租赁住房、经济适用住房等享受住房保障的家庭达 23.02 万户。仅 2016 年一年,长沙市就铺排了 129 个棚户区改造项目,截至 11 月底,全市已改造 42646 户,完成了年度任务的 100.72%。据悉,2016 年全市共发放棚改安置补贴 7456 户、11.18 亿元;从长沙市住房保障服务局了解到,2017 - 2021 年棚户区改造四年计划已经出炉,其中,2017 年长沙市棚户区改造计划开工项目 67 个、计划改造 17182 户、计划改造面积 217 万平方米,这不仅使得城市旧貌换新颜,市民生活品质得以提高,更重要的是让城市土地利用经济效益、社会效益和环境效益都显著提升。

在合理布局城市用地的同时,要注重用地配套设施的完整,减少居民外出车辆使用量,积极建立布局广泛和通畅的交通网,完善公共交通体系,减少城市内部交通量从而减少碳排放;控制建设用地密度,实现建设用地适度紧凑发展,减少各地之间因相互联系导致的高耗能,通过建设用地和绿化带交错发展,利用绿化带对碳排放量进行中和,建设人与自然和谐发展社区。

9.4　完善土地用途管制制度,构建土地低碳利用调控体系

应完善现行土地用途管制制度,实施基于碳减排的土地用途管制制度。根据各类用地的碳源/汇属性,针对主体功能区规划和碳增汇/减排的目标,加强对碳排放相关指标的控制,根据土地总体规划方案,对传统高耗能高碳排放的产业项目用地加以限制,提高其碳排放准入门槛,抑制高耗能高碳排放项目的用地需求,引导低碳产业项目良性发展,提高低碳集约型用地的总量和比重,有效引导资本流向向低碳产业倾斜(陈擎等,2010)。

要进一步发挥国土资源科技创新应对全球气候变化的能力,依据相关碳减排要求完善土地利用规划审核制度,形成低碳排放的土地利用规划体系;将碳减排纳入用地供应审核内容,引导低碳化产业快速发展;继续发挥土地价格、土地税收、土地市场等的调控作用,在技术、管理、产业结构、规划等领域形成服务于城市低碳经济的土地调控体系(国土资源部,2010;赵荣钦,2012)。

9.5　实行低碳土地金融制度,建立土地低碳补偿机制

利用土地金融工具,优化配置城市土地利用结构,在土地抵押、土地融资、土地信贷等方面给予低碳产业用地一定的金融优惠与支持。完善房地产信托基金建设,对于低碳房地产(如低碳社区和低碳工业园区)的开发商给予相应的土地金融支持,优化其融资结构,降低其融资风险,丰富其融资方式,拓宽其融资渠道。除此之外,政府还可以通过实行土地碳补偿制度,强制高碳排放地类(或产业)对碳汇用地方式(如农业、林业、渔业等)进行补偿,通过政策引导促进土地利用的低碳化,进一步降低土地利用的碳排放强度(陈擎等,2010)。

碳补偿可以考虑在不同地类之间展开,即高碳排放地类(或产业)对碳汇用地方式(如农业、林业、渔业等)进行补偿,其方式有:

(1)点源碳补偿模式。对采用零排放或低碳技术的制造商进行补偿,如传统发电模式对绿色煤电的补偿(这种方式属于超标用地对低碳排放用地在同一用地类型内部的碳补偿),或工业企业向所占耕地的原居民的碳补偿(这种方式属于不同地类之间的碳补偿)。

(2)面源碳补偿模式。这种方式实质上是由政府主导,向高碳排放用地征收碳税,以对生态保护用地进行奖励和补偿,比如:评估草地、森林、湿地的单位面积碳汇货币价值,对禁止和限制功能区的土地利用主体实施的货币化碳排放与碳补偿平衡,属于建设用地对生态用地的跨用地类型的碳补偿(赖力等,2011)。

9.6　实行住宅用地全生命周期的节能减排

住宅用地的开发利用占用大量资源,建筑体量庞大,一旦建造通常无法转移,从开发建设到报废拆除的整个生命周期里,始终占据大面积土地资源,会消耗大量沙石、木材、水泥、钢铁、玻璃等资源,直接或间接排出大量二氧化碳。根据联合国气候变化政府间小组委员会(IPCC, Intergovernmental Panel on Climate Change)研究报告显示,全球大约30%的二氧化碳气体是由各种建筑物中所排放出来的,而其中19%来自于民用建筑,11%来自于公共建筑。我国的单位住宅建筑能耗是发达国家的2—3倍,包括原材料生产和运输耗能、住宅开发建设耗能、居民生活耗能、拆除耗能等等,这些消耗不仅排出二氧化碳,还产生很多粉尘、固体废弃物

等,污染环境,危害人类健康。所以探索实现住宅用地的低碳利用意义重大。要做到城市住宅用地低碳利用,必须实行全生命周期的节能减排。

9.6.1 住宅用地开发阶段的节能减排

在住宅用地的开发阶段,如何有效地降低碳排放,首先必须在开发前做好相关的设计工作,虽然设计并不消耗能源,也不产生碳排放,但建筑的设计对日后建筑施工和建筑使用都具有非常深刻的影响,如果不进行低碳设计,不仅住宅用地在开发的过程中难以实现低碳排放,而且在以后的运行当中也达不到低碳排放的理想效果,因此,低碳设计在开发前是非常有必要的。在低碳设计上,首先必须按照国家有关的建筑节能设计的标准来执行,在住宅用地的选址和布局过程中,要根据地理位置的实际情况,对原生态植被进行保护和利用,根据地形条件适当减少土方的开挖,确保住宅用地的绿化效果。在提高住宅用地的室外舒适度的同时,还需要考虑到有效地降低住宅用地物的空调能耗;对住宅用地面积需要进行合理的布局,要考虑住宅的通风效果,因此在设计的时候必须考虑建筑的朝向是否合理;对建筑的体型系数进行优化,有效地降低建筑的空调采暖负荷;要对建筑中的设备能源供应方案进行合理的分配,在设备的设计和运行等方面要进行有效地优化;在建筑的室外风环境设计上,要考虑到不同季节的需要,比如在冬季建筑的前后压差应该不大于5Pa,而在夏季应该保持在1.5Pa左右,这样才能减少冬季冷风的渗透和夏季的通风效果。在建筑材料的选取方面,应当尽量选取一些可回收、可再生的建筑材料,并且要考虑到材料的环保型,以减少材料对环境的影响,尽量利用地理位置的优势,就地取材,降低因材料运输带来的更多碳排放;在建筑的采光方面,尽量合理布局,利用好天然采光效果,有效地减少人为的灯光照明而带来的能耗,特别是在白天时间,不能因为建筑的自然采光效果不佳而采用灯光照明,那样只会导致建筑建成后的使用过程中带来更多的碳排放;在住宅小区的环境绿化方面,可以更多地考虑小区的绿化面积和绿化效果,绿化不仅给小区带来美观,还可以考虑到如何建立一些高效吸收碳排放的绿化体系。

在具体的施工建设阶段,就需要施工管理人员加强对工程项目的管理,需要建立一套科学的施工管理制度,在项目的施工过程当中,不仅仅要考虑建筑的标准和要求,还需要更多地考虑到如何有效地降低建筑施工带来的碳排放,因此必须加强施工项目的现场管理,尽量高效地运转机械设备,做好施工环境的清洁,尽量将能耗降低;此外,还需要考虑到生态环境的保护,尽量避免噪声污染、大气污染、光污染、水污染等。对于施工过程中产生的废弃材料和垃圾应当及时处理,同时也要加强对建筑材料使用的管理,减少材料的损耗,尽量降低废弃材料和建筑垃圾带来的碳排放。要加强对现场施工人员的培训,增强他们的低碳意识。现场的施工人员文化素质水平有限,特别是那些建筑工人,根本不懂什么是环保和低碳,因此就要求我们的管理人员加强对他们的管理,多多宣传低碳环保知识,可以定期对施工人员进行一些低碳环保方面的培训,还可以在施工工地贴一些环保标语和宣传画册等,让施工人员随时都可以了解环保的重要性,进一步提升他们的低碳环保意识。在施工的工艺流程上,应当按照施工图纸标准,选择最环保的施工工艺,确定合理的施工工序,建立标准的施工流程,减少施工过程中因操作不规范而带来的资源损耗和碳排放,进一步提高建筑企业的运行效率。最后,建筑企业还可以考虑引进一些低碳的施工新型技术,可以去那些具有低碳施工经验的建筑企业考察,借鉴他们的低碳施工经验,向那些有实力的建筑企业学习。还可以加强施工过程中对太阳能、风能以及地热能等自然能源的应用,用这些自然环保的能源来替代以往传统的煤炭和火力发电,在施工区域还可以使用一些节能的产品,比如 LED 节能灯等,以达到降低碳排放的目的。

9.6.2　住宅用地运行阶段的节能减排

在住宅的生命周期内,运行阶段是年限最长的,因此在该阶段的能源消耗最大,碳排放量也是最多的阶段,本研究的案例分析显示,在该阶段碳排放量占到了总排放量的近80%,在住宅用地的运行过程当中,主要的碳排放主要来自于居民的生活、建筑以及居民物件的维护和维修等。

在运行阶段,碳排放最多的能源是电能的消耗,其比例占到了近90%;其次是燃气和天然气带来的碳排放,材料使用的碳排放量最少;而这些电耗绝大部分是由居民生活消耗的,主要是来自于居民的采暖和空调、热水供应、照明以及炊事等。根据问卷调查统计,居民生活项目带来的碳排放中,主要是来自采暖和空调,占到了总项目碳排放的49.67%;其次是照明和家电,占到了25.08%;再次是热水供应,占到了15.38%;炊事占到了9.87%。此外,在高层建筑当中,电梯的能耗也带来了一定的碳排放,因此,在住宅用地的运行阶段,需要从以下方面来考虑低碳排放的措施。

（1）规范能源的供应和使用

在能源的供应和使用上,要全面实现分户和分类的计算,让每户业主都有节约的意识。目前一些相对高档的小区在水电气的供应方面都是采用 IC 卡的形式,购买多少使用多少,采用 IC 卡在物业公司购买水电,在水资源方面,用户可以预先购买一定金额的水资源,在使用完后便可预估自己家庭的生活用水量,从而不会盲目用水;同样,在电能方面,业主通过 IC 卡购买电后,在门口的电表上插卡后便显示当前可用的电量,此后,用户可以随时查看到当前电表的电量,可以提示用户节约用电。但有的小区并没有使用 IC 卡,还是采用传统的水电抄表,每户家庭都不知道目前的使用情况,只是在物业公司的提示下上缴水电费,这样的方式不利于用户对能源的节约。此外,热能的供应如果和水电供应那样,能够实现计量供应,那么在热能供应方面将会减少更多的能量消耗。

(2)加强节能环保的宣传和教育

加强对居民节能环保的教育和宣传,指引居民正确的采取节能环保的生活和消费方式,坚持从能源的消费终端抓起,有效的控制能源的消耗量,在确保业主用户正常生活的同时,尽量降低能源的消耗,最终达到节能减排的目的。比如,居民的家用电器和家具可以选择一些在使用周期内消耗资源少、更加节能和环保的类型。在节约水资源方面,可以提供高质量的自来水饮用,低质量的水用以卫生清洁,同时还可以循环利用水资源,即在高质量的水资源使用完后,还可以用来当作其他方面,比如冲马桶等,尽量不造成水资源的流失和浪费。在房屋的装修方面,尽量不要采用特别豪华的装修,在灯具的选择上,可以多选择一些高效节能的灯具产品,尽量少用一些花哨和能耗大的灯具——过度的照明不仅浪费电能量,而且过强的光线对人的视力也会有一定的负面影响。对于建筑本身来说,应当充分考虑到住宅的采光效果,不能让建筑物的进深太长,同时还需要设计合理的窗户,窗户的大小、位置都应当考虑到自然采光的效果,尽量让自然光渗透到住宅的每一个房间,在有自然光的白天,采用自然光照明,灯具照明只是在没有自然光的夜间使用,以避免不必要的能量消耗。此外,还可以提倡居民自愿选择碳平衡的手段,将各种碳汇进一步的削减。

(3)重视绿色住宅用地的物业管理

在早期的住宅中,并没有什么规范的物业管理公司,原因主要有两个方面,一是基于建筑功能的低端;二是居民自身素质不高,没有享受高端物业管理的意识,特别是以前的一些老街道,都是由当地居委会安排一些临时工打扫一下小区的卫生,所以在这些居民的意识当中根本就没有物业管理的概念。但是,随着我国经济和科学技术的发展,再加上国家不断提倡节约环保型社会,目前很多新建小区都逐步走向智能化,所以这就对物业管理提出了更高的要求,物业管理除了提供一些专业化的公共服务以外,还需要提供更多的非公共性的社区服务,物业公司自身必须具备一定的社会科学基础知识,只有本身具备节能环保的意识,才能做好宣传,正确引导业主。因此,绿色住宅用地的物业管理除了做好传统的物业管理工作以外,还需要加强节能减排、环境保护等多方面的智能化管理和维护,在住宅和相关设备的维护和维修上,物业管理公司应当建立相应的制度,规范日常小区的维护和维修,减少各方面的材料消耗。

(4)需要使用更加高效节能的空调设备

小区的电能消耗主要是来自于冷暖空调设备,目前几乎所有住宅都按照了功率大小不一的空调若干,在炎热的夏季或寒冷的冬季,空调的使用频率非常高,使用密度也很大,如果空调的功率过大,不仅给国家电网的供电带来麻烦,而且造成能量的过大消耗,无法达到节能减排的目的,因此,住宅用地的节能无疑要充分考虑使用消耗能量小的设备。目前国家也针对暖通空调的频率进行了规范,那些效率低下的设备将被淘汰,从而减少能量的消耗。此外,还需要做到充分和高效利用可再生资源,尽量减少日常常规的能源消耗,节约资源,从我做起,尽量降低因碳排量带来的环境影响。

9.6.3 住宅用地废弃阶段的节能减排

在住宅用地废弃阶段,主要是针对建筑垃圾进行分类处理,对于那些可再利用和可再生的建筑材料进行回收处理,重新投入生产和使用。对于那些不可再生的建筑垃圾,需要根据处理的难易程度来进行分类,对于那些容易处理的垃圾,可以采用就近原则,减少运输和处理过程中的成本消耗;对于那些难以处理的垃圾,应当谨慎处理,特别是一些有毒有害的物质,必须采取专业和规范的处理手段,避免处理不当而带来的环境污染。

9.7 构建工业用地碳减排共同体

加强技术创新、实现经济结构转变、淘汰高耗能高污染企业、优化升级现有产业结构、重点发展高新技术产业和先进制造业是工业用地减少碳排放的根本。在当前工业化快速发展的背景下,长沙市政府应大力支持发展太阳能光伏产业、生物质能产业、电子信息产业等高产出低污染产业,通过奖励低能耗企业、评选优秀低碳企业榜样等措施鼓励低碳企业的发展。在大力促进新能源产业发展的同时,政府应积极支持现有高耗能企业能效改造,从政策、资金、技术服务上为企业提供便利。除此之外,每个工业园区调整好功能定位,以循环经济原理合理安排各园区企业生产,实现所有园区的资源利用最大化、效益最大化、能耗及环境影响最小化。

9.7.1　推动园区基础设施建设,促进企业能效改造

工业用地上的经济活动既能为社会带来巨大的经济效益,但同时也滋生了土地资源浪费和环境污染严重等生态方面问题,高碳排放也是毋庸置疑的事实。工业用地的发展应该园区化,在区内建立共享的配套设施,这样可以节约大量的资源和成本,形成产业关联度高、资源循环利用、废弃物排放最小化的生态工业园区用地模式。

生态工业园是指以工业生态学及循环经济理论为指导,使生产发展、资源利用和环境保护形成良性循环的工业园区建设模式(麻智辉,2007)。依托生态工业园区,可以建设高效益的能源集成和循环利用系统,实现能量集成;运用的新技术、新工艺和新设备可以降低企业和园区的能源消耗,提高能源利用率;采用经济可行的清洁能源,能优化园区能源结构,使开发园区成为低碳经济率先发展的示范载体。

应加快完善现有园区基础设施建设,建设以园区为单位各类废弃物循环回收利用系统,加快整合、改造、淘汰全区低水平建设的产业园区;积极支持现有高耗能企业能效改造,从政策、资金、技术服务上为企业提供便利,降低企业能耗水平。完善工业园区配套设施及基础设施建设,提高园区资源利用效率;同时每个工业园区要调整好功定位,以循环经济原理合理安排各园区企业生产,实现所有园区的资源最大化利用、效益最大化、能耗及环境影响最小化;奖励低能耗企业,评选优秀低碳企业榜样。2013 年长沙市规划局开展"低碳企业 100 强企业"甄选活动,对入榜的企业给予表扬和奖励,加强宣传,形成建设低碳企业风气。

9.7.2　加速新能源产业布局

长沙市政府在发展新能源产业的背景下,大力促进新能源产业的发展,并根据长沙市工业现有的发展优势,发展太阳能光伏产业,生物质能产业,电子信息产业等高产出低污染产业,并制定发展规划和扶持政策措施,促进制造业与生产性服务业的融合,延伸制造业产业链。

9.7.3　控制工业用地规模,引导工业区退出中心城区

长沙市区工业用地规模和长沙市碳排放存在明显的正相关,要限制工业用地的扩张,减少碳汇地转变为工业用地;严格按照土地利用总体规划,实行土地用途管制,促进工业用地的节约集约利用,提高单位用地产值;逐步置换中心城区工业用地,引导工业企业流向工业园区与工业集中区。

9.7.4 构建政府、企业与消费者碳减排共同体

实现工业用地低碳利用的目标,既需要政府政策的引导和推动,也需要企业低碳生产技术条件的提高,同时消费者也须自觉提高环保意识,三者共同发力,构建碳减排共同体。

(1)政府责任

对政府而言,在市场经济条件下,如何使用好政府政策"这只看得见的手"逐步引导企业走向低碳生产,引导消费者养成低碳消费方式,成为目前政府面临的重要挑战,对此,建议如下:

①一方面政府要运用经济手段进行调控,如采取罚款、补贴等政策,补贴包括对低碳生产、低碳产品的补贴和低碳消费的补贴,这有利于降低企业低碳产品单位成本,提高了企业的经济效益,也能有效促进消费观念的改变,鼓励消费者积极购买低碳产品;另一方面,政府也要制定限制碳排放等政策,加大对不实行低碳生产,碳排放超标企业的惩罚力度,采取行政手段进行调控,充分发挥"胡萝卜"加"大棒"的双重效果,才能有效地实现土地低碳利用的目标。

②政府在运用经济手段和行政手段进行土地低碳利用调控措施的同时,也应培育低碳绿色市场,为企业和消费者的绿色生产和消费模式创造良好的外部环境,充分调动积极性和主动性,实现政府、企业和消费者的互动,完善市场体制,建立碳交易市场,充分发挥市场对资源的配置作用,利用市场的力量迫使生产方式和消费方式的转变。

(2)企业责任

对企业而言,企业是追求自身经济利益最大化的行为主体,同时企业也应该认识到,自身的生存和发展离不开自然环境和社会环境的支持,所以企业在追求自身合理利润的同时也应该承担相应的低碳责任。

①积极研究低碳生产技术,开发低碳产品,降低企业进行低碳生产的相关成本。要大力推进科技自主创新,对现有技术进行改造和升级,建立低碳技术支撑体系,从而降低成本,增加收益,实现企业在经济中的可持续发展;积极开发低碳产品也能为消费者提供品种多样的低碳节能产品,为低碳消费提供载体,刺激人们新的消费需求,从而引导消费者养成低碳消费方式。

②企业应该正确面对低碳转型,抢占先机,争取政策支持。国家实行低碳发展战略,政府会采取一系列激励和惩罚等措施,所以企业在加强自身努力,进行技术创新的同时,也要充分利用政策导向,争取政府的扶持,把实现企业的低碳生产纳入企业未来发展规划中,抓住低碳经济发展这一世界经济发展趋势带来的契

机。短期来看,企业实行低碳生产需增加投入,降低经济收益;但从长期来看,低碳生产能创造更多的经济效益、社会效益和生态效益,为企业创造持久价值,提升竞争力。

(3)消费者责任

马克思在《〈政治经济学批判〉导言》中指出:"消费的需要决定着生产。不同要素之间存在着相互作用。每一个有机整体都是这样。"所以消费者的行为选择对于企业和自身的发展都起着至关重要的作用。

①积极响应国家低碳政策号召,转变消费观念,树立绿色低碳消费观,加强节能环保意识,增强社会责任感,养成良好的消费行为习惯和低碳消费方式,用实际行动倡导低碳生活方式,促进节约型社会的建设。

②在企业有低碳产品的情况下,积极选购低碳节能产品,充分发挥低碳消费对低碳生产的塑造和引导作用,当低碳消费成为一种时尚,低碳消费市场一旦形成,企业为了适应低碳消费的形式,必然将持续生产低碳产品作为企业发展方向,从而从生产和消费两个角度真正地实现了节能减排。

9.8　完善公共交通网络,降低交通用地碳排放量

9.8.1　完善公共交通网络,实行公共交通优行导向

城市交通运营的过程中大量的碳排放是城市土地低碳利用里不容小觑的问题之一,城市交通与土地使用是直接紧密联系在一起的,城市土地低碳利用也必然离不开交通低碳运行,所以必须提倡低碳交通,也被称作为"绿色交通体系",它是以交通运输低碳排放为目标的一种高效的运行方式。

实施低碳交通,首先要节约能源,从城市居民基本出行开始,转变交通用能理念,积极推崇步行或自行车优先、公交为主的交通方式,严格限制小汽车的高频使用。我国一些城市在低碳交通方面进行了有益探索,比如杭州、武汉、株洲等城市施行的免费租用自行车出行,就取得了良好的社会效应,同时极大地降低了交通碳排量;同时,还可以一方面提高城市机动车尾气排放的相关检测标准,一方面加速对新能源交通工具的开发,鼓励使用新能源汽车来替换传统汽车,两者结合可确保实现交通用能方式的低碳化。

其次要从提高城市交通通勤率、覆盖率和运营效率着手,利用多模式交通换乘的方式来优化整合交通体系,建设以轨道交通搭配公交线路的城市交通网络,

尽快形成城市交通网络和综合客运枢纽密切配合的出行格局。长沙市河西综合交通枢纽就是在这方面的有益探索,此项工程集合了国际先进设计思想,将地铁、快速公交和长途客运、城市公交等交通方式高效交汇,可以实现省际、省内快速和低碳出行。

9.8.2 实行高排放多尾气车辆淘汰和改造

长沙市区还存在不合格运营车辆,尾气排放不达标车辆的运营,应加大对这些车辆的淘汰和改进,引领车辆向清洁能源车辆转型。鼓励电动、混合动力新环保车辆出行;实行汽车尾气定时检车机制,对不合理车辆快速淘汰和限期整改;限制大车辆出行地段和时间,以减少城区环境污染,提高行车效率。

9.8.3 倡导自行车和步行方式出行

就长沙市区而言,基本没有自行车专用道,且部分区域标注自行车专用道并没有实行与机动车道隔离,导致自习车道被机动车占用,因此,要营造便捷高效的自行车出行方式,首先需要建设好市政道路,实现自行车专业道的覆盖,并对占用自行车道的行为采取处罚措施,确保自行车道系统的畅通运行。

构建良好的人行道系统也是构成城市交通减排的重要方式,为此应该完善路灯等人行道配套设施系统,改善人行道,增加天桥、地下人行道以满足行人的便捷快速安全出行,同时保持良好的路面环境、配套完善的无障碍设施,以及快捷的交通接驳系统等。

9.9 保育城市碳汇

实现城市的土地低碳利用,不仅要从碳汇子系统上减少土地的碳排放,更应该发挥碳汇子系统的生态价值。

城市碳汇资源是城市的"肺",是汇碳的重要屏障,郊区林地和耕地是长沙市区重要的碳汇资源,但是长沙市城市森林和农田呈现出不断下降趋势,建设占用严重,为此,首先要强化土地供地政策,强化土地用途管制,提高林地和耕地规模,控制园地、草地湿地等减少速度。

城市绿地是中心城区最重要的碳汇资源,发展城市土地低碳利用必须注重土地的生态价值,一方面加强对原有绿化面积的保护,另一方面积极的增加城市绿化的覆盖率,采用多元化的发展模式,利用城市中一切形式的植被吸收二氧化碳。

充分利用城市空间的多样性,建立起绿色邻里模式。在广场、街道、社区等开放性的空闲地面做到"见缝插绿",开发各种规模和功能、具有视觉和美学特征与享受的公园或园林绿地。

在城市内可推行创新的立体绿化技术,包括首层绿化、中层绿化、屋顶绿化以及墙面绿化(王杰,2011),将绿化技术植入城市建筑产品中,采取例如空中花园、墙上种植槽等种种方式,实现绿化的高覆盖率。上海世博会上所展现的新型建筑就做了此类的实践,设计中对屋顶和墙面进行植被的培育,不仅能为建筑降温、净化空气,更能在没有增加城市土地使用面积的同时,控制碳氧平衡,实现碳汇。

湿地是一个容易被忽视的碳汇系统,而据统计,湿地的碳汇能力巨大,碳汇因子接近林地。近年来,长沙市政府注重湿地保护,先后建立了梅溪湖生态公园、洋湖湿地公园与松雅湖国际湿地公园等大型湿地区域,但是面积相对较小的湿地却没有得到很好保护,大部分被占用和填埋。保育湿地碳汇要"抓大",而且不能"放小",对湿地区域进行全方面地保护。

第10章 低碳型土地利用规划研究

10.1 研究内容与技术路线

10.1.1 研究内容

土地利用/覆被变化是影响全球碳循环的重要因素,也是仅次于化石燃料燃烧的碳排放急剧增加的人为原因。土地利用规划作为土地利用宏观调控的一种重要手段,对土地利用行为具有指导约束性的作用,通过构建低碳型土地利用规划能从整体上控制碳效应,实现土地利用的低碳经济。本研究以华容县县域尺度为实证研究对象,将"低碳理念"融入土地利用规划之中,通过对土地利用碳效应机理进行系统分析,在建立土地利用类型与碳循环过程的对应关系的基础上对土地利用碳效应进行核算与规划方案评价,进而通过构建低碳型模型对土地利用总体规划方案进行优化,并提出低碳型土地利用规划构建对策。

(1)土地利用碳效应机理分析与核算

土地利用碳效应核算是低碳型土地利用结构优化研究的基础,土地利用碳效应包括土地利用活动对区域自然碳循环过程的影响与通过影响人类经济活动和消费方式而引起的区域碳循环过程。因此本研究从土地利用对区域碳循环的影响机理入手,结合《IPCC 温室气体清单指南》以及国内外研究相关成果,建立土地利用类型与碳循环过程的对应关系,对华容县不同土地利用类型碳储量、碳排放、碳吸收及转变土地利用类型碳效应进行核算,了解华容县不同土地利用类型保持与转变的碳储量、碳吸收及碳排放强度的特征,并探讨华容县不同利用方式的碳效应时空变化规律。

(2)低碳型土地利用规划评价与优化

土地利用规划对土地利用起到宏观指导作用,对增加陆地生态系统碳吸收与减少排放有关键的驱动作用。本研究在华容县土地利用碳效应核算研究基础上，通过对建设用地类型细化，确定 2006、2014、2020 年华容县碳效应评估参数，进而对华容县土地利用总体规划碳效应进行评价，为华容县土地利用结构优化与功能完善提供参考依据。基于低碳目标土地利用结构优化是通过改变土地利用类型与土地管理方式来改变地表的覆盖、土壤结构以及人类活动，从而提高土地生态系统碳储量、减少碳排放与增加碳吸收，在华容县土地利用总体规划碳效应评估的基础上，通过构建低碳型土地利用规划优化线性规划模型，运用 Lingo 软件对优化模型进行求解，得出规划目标年 2020 年基于碳效应各方面最优的三种土地利用结构优化方案，进而将三种优化方案与原规划方案进行碳蓄积能力对比分析。

（3）低碳型土地利用总体规划构建对策

将"低碳理念"融入土地利用规划之中，在土地利用碳效应现状分析、土地利用低碳发展战略与土地利用低碳目标、土地利用规划方案碳效应评估、低碳型对土地利用结构与布局优化的分析以及土地利用规划方案低碳管理措施与政策等方面探讨低碳型土地利用总体规划构建对策，以确保低碳型土地利用总体规划的实施。

10.1.2　技术路线

本研究的技术路线如图 10−1。

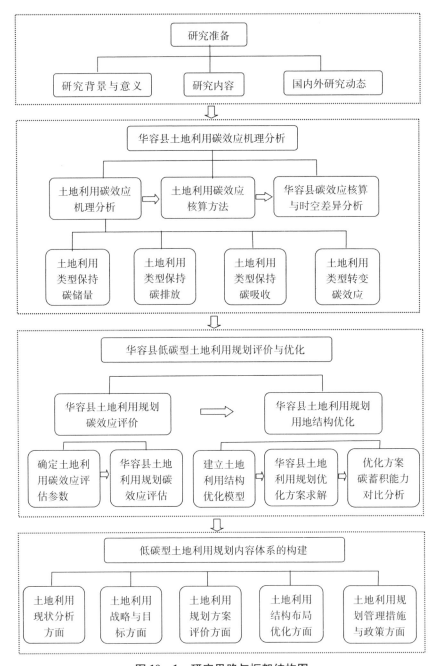

图 10 - 1 研究思路与框架结构图

Fig 10 - 1 Research ideal and content framework

10.2　华容县土地利用碳效应机理与核算

10.2.1　土地利用碳效应机理

土地利用/覆被变化是影响全球碳循环的重要因素,也是仅次于化石燃料燃烧的碳排放急剧增加的人为原因。人类对碳循环的影响在很大程度上是通过土地利用活动来实现的,土地利用变化会改变自然碳过程和人为能源消费的格局及其组合关系,引起自然和人为活动碳排放强度的改变,并进一步影响区域碳循环的速率,因此,土地利用在区域碳循环中起着关键性的驱动作用。土地利用碳效应包括土地利用变化的碳循环和土地作为人类活动的载体带来的碳循环,其中土地利用变化的碳循环又包括土地利用类型转变碳循环与土地利用类型保持的碳循环。土地利用类型转变碳循环是指由于土地利用变化与覆被类型变化造成的土地生态系统类型的变化而引起的碳循环;土地利用类型保持的碳循环是指土地由于土地经营方式的变化或生态系统碳汇所引起的碳循环(赖力,2010)。厘清不同土地利用类型碳循环的演变规律,有利于从整体上构建土地利用碳效应核算模型。

(1)不同土地利用类型保持与土地作为载体人为源碳循环机理分析

土地利用保持碳效应可以分为土地利用碳库、土地利用碳排放、土地利用碳吸收。其中土地利用碳库主要包括植被碳库、土壤碳库、人类和动物碳库、建筑物碳库、家具和图书碳库、水域碳库;土地利用碳排放主要包括能源消耗碳排放、工业生产过程碳排放、畜牧业碳排放、人类呼吸作用碳排放、自然过程碳呼吸作用、水域碳挥发、废水碳排放;土地利用碳吸收主要包括自然植被光合作用碳吸收、农作物生育碳吸收、水域碳吸收、食物碳输入、建筑木材碳输入。不同土地利用类型的人类活动和能源消耗不同,因此不同土地利用类型具有不同的碳效应,可依据土地利用分类体系,建立不同土地利用类型与碳储量、碳排放、碳吸收的对应关系,进而分析不同土地利用类型的碳储量、碳排放、碳吸收状况(表 10-1)。

表 10 - 1 不同土地利用类型与碳效应对应关系
Table 10 - 1 The corresponding relationship between different land use types and carbon effect

土地利用类型	碳库	碳排放	碳吸收
耕地	土壤碳库	农业生产活动中农业投入等产生的温室气体以及作物残体、土壤分解产生	光合作用
园地	土壤、植被碳库	土壤分解、植被呼吸	光合作用
林地	土壤、植被碳库	土壤分解、植被呼吸	光合作用
牧草地	土壤、植被碳库	土壤分解、植被呼吸	光合作用
其他农用地	土壤碳库	畜禽等动物呼吸、排泄·,农业生产和其他农用地上人类活动	无
居民点及工矿用地	土壤、植被、建筑物、家具图书、人体和垃圾碳库	土壤分解、植被呼吸、能源消耗、工业生产、固体废弃物·、废水·、人畜禽呼吸作用	城市绿地光合作用
交通运输用地	土壤碳库	交通能源消耗	无
水利设施用地	土壤碳库	水域挥发	水域碳吸收
其他建设用地	土壤碳库	土壤分解、植被呼吸、能源消耗·、固体废弃物·、废水·	无
水域	水体生物·、底泥碳库	水域挥发	水域碳吸收
其他土地	土壤碳库	土壤分解·	光合作用·

注:带有"﹡"为不纳入核算范围的碳效应项目。

(2)不同土地利用类型转变碳循环机理分析

土地利用变化通过影响土壤碳库、植被碳库的储量与分布,可以直接影响陆地生态系统与大气的碳循环过程,土地利用变化影响下的温室气体排放不容小视,具体可参见表 10-2。

表 10-2 转变土地利用类型碳循环机理

Table 10-2 Carbon cycle mechanism of land use type transformation

原土地利用类型	碳特征	转变后土地利用类型	碳变化
林地	陆地生态系统碳密度、碳净生产力最强	耕地	生物质碳下降、土壤有机碳损失
		草地	生态系统碳储量降低、生态系统碳吸收功能下降
		建设用地	植被固碳作用减弱,土壤有机碳的固化作用减少
耕地	主要表现为土壤碳库、植被碳库年内生长消失碳储量较少	林地、草地	土壤碳储量、植被碳储量以及陆地生态系统的碳汇功能有增强作用
		建设用地	土壤有机碳的固化作用减少
草地	生态系统分布比较广泛,土壤碳储蓄量比较大	耕地	生物量变化不大,土壤有机碳储量的分解加速
		林地	土壤碳储量增加,植被固碳能力有一定的增加
		建设用地	植被固碳作用减弱,土壤有机碳的固化作用减少
湿地	碳储量占全球生态系统碳储量的 10%,是碳源还是碳吸收存在较大争议	耕地、林地、建设用地	造成大量的碳排放

对表 10-2 中各要素进行分析:

①林地。林地是陆地生态系统碳密度、碳净生产力最强的土地利用类型。森林的砍伐不仅会影响森林固碳能力的下降,而且会影响土壤碳储量。林地转变为耕地会带来生物质碳下降、土壤有机碳损失,耕垦破坏土壤团体结构,微生物活性增强,土壤有机质分解加快,耕作土壤更易受到侵蚀,据研究,耕作层损失最大可达 40%,深度 1m 的土层,土壤碳损失为 25%-30%(Houghton R A,2003)。林地转变为耕地碳素变化速率随时间由快到慢,在 20 年内达到平衡(Mann LK,1986)。林地转变为牧草地生态系统碳储量降低、生态系统碳吸收功能下降,土壤碳储量

在转变初期土壤碳储量明显下降,然后恢复到林地转变前水平(Jener L M, et al,1995)。

②耕地。耕地转变为林地、草地对土壤碳储量、植被碳储量以及陆地生态系统的碳汇功能有增强作用,但土壤有机碳储量增加速率受气候、生产力水平和土壤条件等因素影响。国内学者对退耕还林后土壤碳储量变化进行研究,表明退耕还林土壤碳储量呈先下降后上升至高于耕地土壤碳储量的水平(白雪爽等,2008)。研究发现,耕地转变为草地对土壤碳储量影响比较小,Gebhart D L 等(1994)以美国中部平原地区耕地转变为草地为研究对象,研究耕地转变为草地土壤有机碳的变化情况,发现土壤碳储量含量有所增加,30cm 厚度土壤中有机碳含量增加 $110g/m^2 \cdot a$。

③草地。草地生态系统分布比较广泛,土壤碳储蓄量比较大。草地向耕地、林地转变,土地上生物量与土壤有机碳量会发生不同程度的变化。草地转变为耕地后生物量变化不大,土壤层受到人为的改变,土壤开垦加速土壤有机碳储量的分解,草地与耕地的土壤层有明显的空间差异,土壤有机碳会发生呈梯度效应变化,而且耕种制度会使碳素向土壤分配减少,而烧荒措施会引起碳排放(赖力,2010)。Wang 等(1999)研究发现耕作层 30cm 深处是有机碳流失的分界线,30cm以下有机碳没有变化。草地转变为林地,植被生物量增加,土壤有机碳储量由于造林过程对土壤的干扰与地表植被、落叶等残体的增加,土壤有机碳储量会在 10年内迅速减少,之后不断提高到林地的碳储量水平。草地用于人工造林后,土壤碳储量会增加,但由于自然因素造成的木本植物入侵的地类转变土壤有机碳储量变化不大,植被固碳能力有一定的增加(Polglase, et al, 2000)。

④建设用地。建设用地的转变包括农地转变为建设用地以及建设用地内部用地的转变。随着工业化、城市化进程的加速,大量的农用地转变为建设用地,尤其是耕地,伴随着林地、耕地、草地等农用地转变为建设用地,植被覆盖、土壤等生态系统发生巨大改变,植被固碳作用减弱,同时植被残体释放大量碳素,同时土壤中的机械性扰乱,土壤有机碳的固化作用减少。姜群鸥等以黄淮海平原耕地转变为研究对象,研究发现耕地转变为建设用地会造成植被的碳储量减少(姜群鸥等,2008)。除此以外,从能源消耗角度,农用地转变为建设用地会间接地增加碳排放。建设用地内部土地利用类型的变化主要是指二、三产业用地配置的变化,在变化的过程中土壤碳储量与植被碳储量基本上不受影响,而不同用地类型所承载的产业的能源消耗水平是不同的,我国在工业化进程中第二产业是碳排放主要来源,而第三产业是非物质生产,能源消耗较小,因此第二产业用地向第三产业用地转变,能源消耗会减少,碳排放量也将减少(曲福田等,2011)。

⑤湿地转化。湿地的碳储量占全球生态系统碳储量的 10%,是陆地生态系统非常重要的碳库(IPCC,2001)。由于人类活动范围的扩大,大量的湿地被占用和污染,湿地生态系统遭到严重破坏。刘子刚等(2004)通过文献分析法,发现湿地转变为耕地、林地和建设用地会造成大量的碳排放,而湿地的恢复与重建碳储量积累速度低于湿地转化损失速度。据 Eino Lappalainen(1996)研究发现近 200 年来,全球泥炭开采、农林业排水导致每年碳损失 0.272PgC。另外研究认为湿地具有对二氧化碳吸收作用与甲烷排放作用,且过程较复杂,因此湿地是碳源还是碳吸收存在较大争议(曲福田等,2011)。

10.2.2　土地利用碳效应核算

(1)各类碳库核算方法

①土壤碳库

陆地生态系统包括土壤圈、水圈、岩石圈、大气圈和生物圈。陆地生态系统各圈相互作用对全球碳循环影响非常大。土壤圈是陆地生态系统的重要组成部分之一,研究表明土壤有机碳占陆地生态系统与大气交换碳储量的 2/3(Post W M, et al,1982),土壤圈碳储量是植被的 2.5~3 倍(Post W M, et al,1990)。陆地土壤有机碳储量是通过土壤容重、土壤有机碳储量来计算的,根据方精云的等测算方法,土壤碳储量计算公式如下:

$$C_s = \sum A_{s-i} * H_s * D_{s-i} * C_{s-i}$$

其中 C_s 为土壤碳储量;A_{s-i} 为第 i 种土壤面积;H_s 为土壤厚度;D_{s-i} 为第 i 种类型土壤容重,单位为 t/m^3;C_{s-i} 为第 i 种土壤类型有机碳含量,单位为:% 。

②植被碳库

植被作为陆地生态系统碳库的另一重要组成部分,具有在调节全球碳平衡、碳吸收、减缓温室效应等重要作用。植被碳储量主要包括林地、草地、园地和城市绿地植被碳储量。由于耕地上农作物大多为一年生长收获,整个生命过程不产生实质性的植被碳储量,因此不在植被碳储量核算范围内。植被碳储量测算方法如下:

$$C_v = A_i * C_{i-d}$$

其中 C_v 为植被碳储量,A_i 为第 i 种土地利用类型土地面积,C_{i-d} 为 i 种土地利用类型单位面积碳密度,根据已有的研究,自然林平均碳密度为 43.19t/ hm^2,人工林为 31.11t/ hm^2,草地为 4.33t/hm^2,长沙市城市绿地碳密度为 38.5t/ hm^2(高述超等,2010)。

③建筑物碳库

建筑物碳库包括水泥、房屋建筑所使用的木材以及其他建筑材料等,其中参与大气碳循环主要为房屋建筑所使用的木材。因此建筑物碳储量主要对房屋建筑所使用木材进行测算,借鉴赵荣钦等(2012)的测算方法为单位面积的房屋建筑所使用木材量进行测算,具体公式如下:

$$C_j = C_b + C_f$$
$$C_b = N_p * A_p * W_u * W_d * W_c$$
$$C_f = A_t * W_{u-f} * W_d * W_c$$

其中 C_j 表示建筑物碳储量,C_b 表示建筑用木材碳储量,C_f 表示装修用木材碳储量,N_p 表示人口数量,A_p 表示人均建筑面积,W_u 表示单位建筑面积木材消耗量,W_d 表示木材产品密度(0.485t/m^3),W_c 表示木材碳密度(0.5t/t)(白彦锋等,2010),A_t 表示总建筑面积,W_{u-f} 表示单位建筑面积装修木材消耗量。单位建筑面积木材消耗量取 0.055m^3/m^2(刘爱民等,2000),单位建筑面积装修木材消耗量取 0.014m^3/m^2(刘江,2014)。

④人类、畜禽碳库

人类、畜禽碳储量依据 Churkina 等(2010)的测算方法,通过对人类、畜禽平均体重与干物质比重进行测算,具体公式如下:

$$C_i = N_i * W_i * f_1 * f_2$$

其中 C_i 表示人类、畜禽碳储量,N_i 表示人类、畜禽数量,W_i 表示人类、畜禽平均体重,f_1 表示干有机质碳含量(取0.5),f_2 表示干物质比重(取0.3)。

⑤家具图书碳库

家具图书碳储量测算根据人均家具图书存有量以及碳含量进行测算,具体公式如下:

$$C_{f-b} = N_p * (C_{f-c} + C_{b-c})$$

其中 C_{f-b} 表示家具图书碳储量,N_p 表示人口数,C_{f-c} 为家具人均碳储量,C_{b-c} 为图书人均碳储量。人均家具图书碳储量依据赵荣钦等(2012)测算方法,依据全国木材的用途统计消耗量,进而测算各类用途木材的碳储量,再除以全国总人口得到人均家具图书碳储量。

⑥水域碳库

水域碳储量通过河流的径流量、湖泊的库容量与河流湖泊碳容量相乘得到,其中河流碳容量取 242 $t/10^8 m^3$. a,湖泊的碳容量为 2200 $t/10^8 m^3$. a(叶笃正等,1992)。

(2)土地利用碳排放核算方法

①能源消耗碳排放

能源消耗主要包括居民点工矿能源消耗、交通能源消耗,能源消耗碳排放通过标准煤能源消耗量乘以标准煤碳排放系数(0.717tC/t)进行估算(曲福田等,2011),其中居民点及工矿用地能源消耗主要来源于生活能源消耗、工业能源消耗。由于县域无详细的能源消耗数据,县域各类能源消耗数据将根据地市级能源消耗数据平衡表以及各产业生产总值进行估算。

②工业生产碳排放

工业生产碳排放主要是指钢铁、水泥、石灰等生产过程所引起的碳排放,通过钢铁、水泥、合成氨等工业产品产量与对应的碳排放系数估算。据研究,钢铁碳排放系数为0.289tC/t,水泥为0.037tC/t,合成氨为0.893tC/t((曲福田等,2011))。

③植被与土壤呼吸作用碳排放

植被的呼吸作用通过不同土地利用类型面积与对应土地利用类型植被呼吸作用碳排放系数相乘得到。土壤呼吸作用碳排放通过主要植被类型的平均呼吸速率测算(曲福田等,2011)。

表 10 - 3　植被与不同植被类型土壤呼吸碳排放系数

Table 10 - 3　**Carbon respiration coefficient of vegetation and different vegetation types soil**

土地利用类型	森林	草地	城市绿地	耕地
植被呼吸碳排放系数(t/hm². a)	5.706	0.632	5.06	
不同植被类型的土壤呼吸速率(mgCO²/m². h)	264.68	242.91		127.25

④人与动物呼吸作用碳排放

人呼吸作用碳排放按照人均每年0.079t碳呼吸量计算,动物呼吸作用主要考虑猪与牛,其中猪的碳排放系数为0.082tC/头. a,牛为0.796tC/头. a(曲福田等,2011)。

⑤其他农用地上人类活动碳排放

其他农用地上人类活动碳排放通过其他农用地面积与其他农用地管理系数取0.95t/hm². a进行估算(Eggleston H S et al,2006)。

⑥水域挥发碳排放

水域挥发碳排放采取水域面积与碳挥发系数相乘进行估算,其中河流碳挥发系数为0.026 t/km². a,湖泊碳挥发系数为0.041 t/km². a。

(3)土地利用碳吸收核算方法

①植被光合作用

植被碳吸收主要计算森林、草地与城市绿地的碳吸收量,通过碳吸收系数法进行测算,其中森林碳吸收系数为 11.42 t/hm^2. a,草地为 1.58t/hm^2. a,城市绿地为 10.12t/hm^2. a。另由于农作物生长的整个过程既有农业投入碳源又存在自身碳吸收作用,因此耕地不计入核算范围。

②水域碳吸收

水域碳吸收主要包括水域固碳和干湿沉降的碳吸收,水域固碳通过水面固碳速率(取 0.567 t/hm^2. a)进行推算,干湿沉降固碳根据区域面积乘以区域干湿沉降系数(取 5.208 t/hm^2. a)进行估算。

(4)土地利用类型转变碳效应核算方法

不同土地利用类型的生态系统碳密度不同,主要表现在植被碳密度的变化与土壤碳密度的变化,不同土地利用类型的植被碳密度与土壤碳密度构成不同土地利用类型综合碳密度。土地利用类型转变所产生的碳效应通过两种土地利用类型综合碳密度的差值进行估算,进而制定土地利用类型变化的碳效应转移矩阵。具体转变土地利用类型碳效应参数,本研究参照赖力(2010)以 2005 年中国为例的研究成果。

表 10 - 4　转变的土地利用类型碳排放核算参数

Table 10 - 4　Carbon emission accounting parameters of
land use type change

单位:tC/ hm^2. a

土地利用类型	耕地	园地	林地	牧草地	建设用地	水域	其他土地
耕地	—	0.362	3.197	- 0.781	- 56.727	0.360	- 3.985
园地	- 0.897	—	2.802	- 1.176	- 57.122	0.360	- 4.38
林地	- 3.732	- 2.868	—	- 4.011	- 59.957	0.360	- 7.215
牧草地	0.038	0.902	3.737	—	- 56.187	0.360	- 3.445
建设用地	0.418	1.282	4.117	0.139	—	0.025	- 3.065
水域	- 9.377	- 8.513	5.678	- 9.656	- 65.602	—	- 12.86
其他土地	3.483	4.347	7.182	3.204	- 52.742	0.360	—

注:"+"表示碳蓄积的效果,"-"表示碳排放的效果;本研究不考虑土地利用类型内部转变带来的碳排放。

（5）华容县不同土地利用类型的碳效应核算与时空差异分析

①华容县概况

自然地理方面，华容县位于湖南省的最北面，岳阳市的西侧，北靠长江，南临洞庭湖，东与岳阳市君山区、岳阳县交界，西南与益阳市南县相望，地理坐标为东经 112°18′31″－113°01′32″，北纬 29°10′18″－29°48′27″，地形主要为平原和丘陵，其中东北、中南部为丘陵区，其余为平原，属于中亚热带向北亚热带过度地区的大陆性季风湿润气候，雨量适中，阳光充足。华容县水域面积广阔，湖泊河流众多，其中河流有长江（荆江段）、华容河、藕池河和华洪运河，湖泊共有 25 个，内湖水面 8693.33 hm²。华容境内森林资源丰富，全县森林植被属于亚热带常绿阔叶林植被区，有森林植物 904 种，分属于 514 属，154 科，主要分布在县境东北部的丘陵地区，境内土壤肥沃、土层深厚，共四种土壤类型，包括水稻土、潮土、红壤以及菜园土，分别占 7.6%、24.7%、17.6%、0.1%。

社会经济方面，2014 年末，华容县辖 12 个镇 8 个乡，482 个村（居委会）、场，常住人口 72.24 万人，其中城镇人口 30.71 万人，农村人口 41.53 万人，城镇化率为 42.51%。2014 年全县实现生产总值 265.63 亿元，同比增长 9.00%，一、二、三产业占生产总值的比重为 20.63∶50.35∶20.02。其中第一产业增加值 54.81 亿元，增长 4.70%；第二产业增加值 133.73 亿元，增长 9.70%；第三产业增加值 77.09 亿元，增长 10.90%。

②华容县土地利用结构分析

土地利用结构上，2014 年末全县土地总面积为 159097.82 hm²，其土地利用结构如下：农用地面积为 120123.73 hm²，占土地总面积的 75.50%；其中耕地面积为 72129.81 hm²，占土地总面积的 45.34%；园地面积为 8744.84 hm²，占土地总面积的 5.50%；林地面积为 18790.88 hm²，占土地总面积的 11.81%；其他农用地面积为 20458.20 hm²，占土地总面积的 12.86%；建设用地面积为 16303.09 hm²，占土地总面积的 10.25%，其中城乡建设用地面积为 12641.54 hm²，占土地总面积的 7.95%；交通水利用地面积为 3375.87 hm²，占土地总面积的 2.12%；其他建设用地面积为 285.68 hm²，占土地总面积的 0.18%。其他土地面积为 22671.00 hm²，占土地总面积的 14.25%，其中水域面积为 22299.40 hm²，占土地总面积的 14.02%；自然保留地面积为 371.60 hm²，占土地总面积的 0.23%（表 10-5、图 10-2）。

表 10 - 5 2014 年华容县土地利用现状表

Table 10 - 5 Land use status of Huarong County in 2014

地类			面积(hm²)	比重(%)
土地总面积			159097.82	100.00
农用地	农用地合计		120123.73	75.50
	耕地		72129.81	45.34
	园地		8744.84	5.50
	林地		18790.88	11.81
	牧草地		0.00	0.00
	其他农用地		20458.20	12.86
建设用地	建设用地合计		16303.09	10.25
	城乡建设用地	小计	12641.54	7.95
		城市	0.00	0.00
		建制镇用地	1615.39	1.02
		农村居民点用地	10794.30	6.78
		采矿用地及其他独立建设用地	231.85	0.15
	交通水利用地	小计	3375.87	2.12
		交通运输用地	916.27	0.58
		水利设施用地	2459.60	1.55
	其他建设用地		285.68	0.18
其他土地	合计		22671.00	14.25
	水域		22299.40	14.02
	自然保留地		371.60	0.23

③华容县土地利用特点分析

土地利用类型多样,以耕地和水域面积为主。2014 年,华容县耕地 72129.81 hm²,占土地总面积的 45.34%;湖泊众多,地表水域广阔,水域面积 22299.40 hm²,占土地总面积的 14.02%,两者面积之和为 94429.21 hm²,占土地总面积的 59.35%。

土地利用率较高。2014 年,华容县土地利用率达 85.75%,耕地集中连片分布,其他土地中除去水域外,只有 371.60 hm² 的自然保留地。

土地利用类型地域差异明显。华容县位于洞庭湖平原,地势低平,旱地和水田分布都较广,林地面积较小,其中旱地主要分布在县域的东南部和南部,水田主要分布在县域的东北部和北部,林地主要分布在东山镇。

④华容县土地利用结构变化分析

经2009年"二调"统计数据显示,与2008年土地利用变更调查数据相比较,耕地面积增加3977.17 hm²,城镇村及工矿用地面积减少了1936.54 hm²,其他各类用地面积均有明显变化。根据华容县历年土地利用变更调查数据,总体上,建设用地面积呈上升的趋势,其中居民点及工矿用地和交通运输用地面积增长较快,2009年至2014年增幅为3%;农用地方面,由于被建设用地占用,总体上呈下降的趋势,2009年至2014年下降幅度为0.2%,但耕地面积总体上呈上升的趋势;其他用地总体上呈下降的趋势,2009年至2014年下降的幅度为0.5%;水域面积总体上变化不大(表10-6、表10-7)。

表10-6　2009统一时点变更数据与2008年确认数据比较表

Table10-6　The comparison between unified point of land use change data for 2009 and data for 2008　　　单位:hm²

地类名称 行政区域	耕地 (01)	园地 (02)	林地 (03)	城镇村及工矿用地 (20)	交通运输用地 ((10)	水域及水利设施 用地(11)	其他土地 (12)
华容县 (2009年二调数据)	71676.58	9111.46	19282.41	12684.74	3117.37	42255.98	1015.10
华容县 2008年确认面积	67699.41	958.14	15540.65	14621.28	525.60	3803.26	35793.51
差值(公顷)	3977.17	8153.32	3741.76	-1936.54	2591.77	38452.72	-34778.41

表10-7　2006-2014年华容县土地利用变化情况　　　单位:hm²

Table 10-7　The change of land use in Huarong during 2006-2014

年份	耕地	园地	林地	其他农用地	居民点及 工矿用地	交通运输 用地	水利设施 用地	其他建设用地	水域	其他土地
2006	67490.99	1037.68	15541.77	21468.73	14187.80	471.49	3803.26	393.29	25110.91	11167.19
2007	67699.41	1019.58	15541.67	21416.76	14192.93	483.69	3803.26	393.36	25110.91	11011.53
2008	67699.41	998.87	15541.50	21411.11	14209.89	493.91	3803.26	393.18	25110.91	11011.06
2009	71516.41	9072.05	19234.00	20598.27	12360.52	784.83	2460.01	283.59	17890.55	4897.59

续表

年份	耕地	园地	林地	其他农用地	居民点及工矿用地	交通运输用地	水利设施用地	其他建设用地	水域	其他土地
2010	71504.20	9037.55	19216.10	20588.53	12402.54	813.33	2459.74	285.70	17890.24	4899.89
2011	71625.13	8853.00	19214.77	20575.12	12423.18	873.85	2459.67	285.70	17890.24	4897.16
2012	72071.45	8795.56	18892.08	20480.34	12509.92	888.49	2459.67	285.70	17889.98	4824.63
2013	72154.65	8749.88	18796.73	20465.00	12618.74	893.62	2459.57	285.70	17888.71	4785.22
2014	72129.81	8744.80	18790.87	20458.39	12641.56	916.20	2459.57	285.68	17888.71	4782.23

⑤华容县低碳经济发展状况

华容县作为长江经济带与洞庭湖生态经济区中的一部分,是省级园林县城,林地 18790.88 hm²,占土地总面积的 11.81%,水域面积为 22299.40 hm²,占土地总面积的 14.02%,生态环境优越,拥有洞庭湖、长江、桃花山、天井山等宝贵自然资源和绿色能源产业。"十二五"期间,华容县单位 GDP 能耗下降了 24%,森林覆盖率达 38%,发展绿色低碳经济,建设绿色低碳城市已成为华容县发展目标,华容县正着力建设绿色低碳的综合立体交通走廊,并利用现有的能源优势,重点发展以火电、风电、核电为主的沿江绿色能源产业,以及以长江水岸生态休闲走廊为主的沿江生态景观产业,努力打造"绿色亲水华容"。总体上,华容县低碳经济发展态势良好。

华容县土地利用现状图（２０１４年）

图 10 - 2　华容县土地利用现状图(2014)

Fig10 - 2　land use status of Huarong County(2014)

⑥华容县不同土地利用类型碳储量

A. 2006 - 2014 年华容县不同土地利用类型碳储量变化情况

从历年华容县土地利用总碳储量看,2006 年至 2014 年华容县土地利用总碳储量呈上升的趋势,从 2242.54 × 10⁴t 上升至 2284.57 × 10⁴t,增长幅度为 1.87%。不同土地利用类型碳储量历年总值增减不一,其中耕地、园地、林地、居民点及工矿用地碳储量呈上升的趋势,其他农用地、交通水利设施用地、其他建设用地、其他土地碳储量呈下降的趋势。其中华容县 2008 年至 2009 年土地利用碳储量出现了突增,主要是由于 2009 年第二次土地调查后,建设用地、农用地总面积的增加、其他土地的减少而带来的碳储量增加(表 10 - 8)。就华容县整体而言,2006 年至 2014 年单位面积土地利用碳储量呈上升的趋势,从 139.57t/hm² 上升至 143.6t/hm²,增长幅度为 2.88%,主要是因为居民点及工矿用地人为碳储量增加与林地、城市绿地植被碳储量增加(图 10 - 3)。除居民点及工矿用地外,不同土地利用类型碳储量主要来源于土壤与植被碳储量。2006 年至 2014 年居民点及工矿用地单位面积碳储量从 360.1t/hm² 上升至 398.56t/hm²,增长幅度为 10.68%,主要增长原因为城市建筑木材碳储量和城市绿化用地碳储量的增加(图 10 - 4)。

表 10 - 8　2006 - 2014 年华容县不同土地利用类型的碳储量

Table 10 - 8　Carbon storage of various land use types in Huarong County during 2006 - 2014

单位:10⁴t

年份	耕地	园地	林地	其他农用地	居民点及工矿用地	交通运输用地	水利设施用地	其他建设用地	水域	其他土地	合计
2006	752.84	14.91	259.15	265.26	510.90	5.83	46.99	4.86	278.10	217.43	2242.54
2007	755.17	14.65	259.15	264.62	511.32	5.98	46.99	4.86	278.10	216.90	2242.97
2008	755.17	14.35	259.15	264.55	511.72	6.10	46.99	4.86	278.10	216.84	2243.12
2009	797.75	130.36	320.72	254.51	487.43	9.70	30.40	3.50	198.13	208.61	2274.65
2010	797.61	129.87	320.42	254.39	489.85	10.05	30.39	3.53	198.13	208.51	2276.42
2011	798.96	127.21	320.40	254.22	491.34	10.80	30.39	3.53	198.13	208.38	2277.14
2012	803.94	126.39	315.02	253.05	496.31	10.98	30.39	3.53	198.13	207.42	2279.17
2013	804.87	125.73	313.43	252.86	502.37	11.04	30.39	3.53	198.11	207.26	2283.37
2014	804.59	125.66	313.33	252.78	485.80	11.32	30.39	3.53	198.11	207.19	2284.57

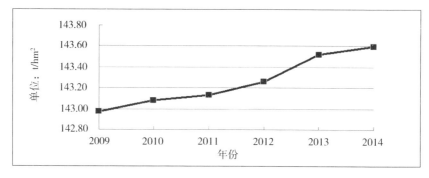

图 10 - 3   2009 - 2014 年华容县单位面积碳储量变化情况图

Fig. 10 - 3   **Change of carbon storage in Huarong County during 2006 - 2014**

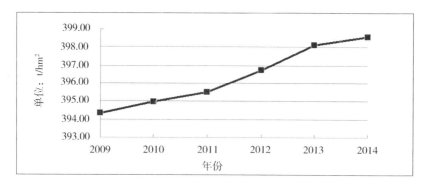

图 10 - 4   2009 - 2014 年华容县居民点及工矿用地单位面积碳储量变化情况图

Fig. 10 - 4   **Residential and industrial land carbon storage changes**
per unit area in Huarong County during 2006 - 2014

B. 2014 年华容县不同土地利用类型碳储量情况分析

2014 年华容县土地利用总碳储量为 2284.57 × 10⁴t, 其中耕地、建设用地碳储量所占比例最大, 耕地碳储量所占比例为 35.23%, 建设用地碳储量所占比例为 59.73%, 其中居民点及工矿用地碳储量所占比例为 22.05%。就不同土地利用类型单位面积碳储量来说, 2014 年华容县不同土地利用类型单位面积碳储量大小排序为: 居民点及工矿用地 > 林地 > 园地 > 交通运输用地 > 其他农用地 > 其他建设用地 > 耕地 > 水域 > 水利设施用地 > 其他土地。其中最高的为居民点及工矿用地, 单位面积碳储量为 384.29t/hm² (图 10 - 5)。

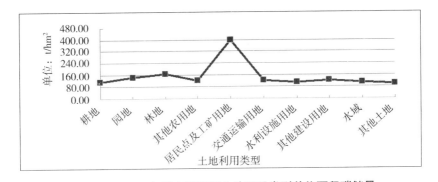

图 10 - 5 2014 年华容县不同土地利用类型单位面积碳储量

Fig. 10 - 5 carbon storage per unit area of various land use types in

Huarong County at 2014

C. 2014 年华容县不同土地利用类型碳储量的构成

土地利用碳储量主要包括自然碳储量与人为碳储量,其中土壤碳储量、自然植被碳储量与水域碳储量为自然碳储量。人为碳储量主要包括绿化植被碳储量、建筑物碳储量、人体与动物碳储量以及家具与图书碳储量等。华容县 2014 年碳储量主要来源于土壤碳储量,共 $1630.72 \times 10^4 t$,占总碳储量的 80.04%;其次为人为碳储量,占总碳储的 15.11%(如表 10 - 9),其中居民点及工矿用地的碳储量为 $503.85 \times 10^4 t$,其构成包括土壤碳储量 $156.2 \times 10^4 t$、城市绿化植被碳储量 $2.44 \times 10^4 t$,其他人为碳储量为 $345.21 \times 10^4 t$。

表 10 - 9 2014 年华容县不同土地利用类型碳储量的构成

Table 10 - 9 The constitution of various types land use carbon

storage in Huarong County in 2014

土地利用类型	土壤碳储量($10^4 t$)	植被碳储量($10^4 t$)	人为碳储量($10^4 t$)	总碳储量($10^4 t$)	单位面积碳储量(t/hm^2)
耕地	804.59	——	——	804.59	111.55
园地	98.45	27.21	——	125.66	143.70
林地	232.17	81.16	——	313.33	166.75
其他农用地	248.63	——	——	248.63	121.53
居民点及工矿用地	156.20	2.44	345.21	503.85	398.56
交通运输用地	11.32	——	——	11.32	123.56
水利设施用地	27.20	——	——	27.20	110.59

土地利用类型	土壤碳储量（10^4t）	植被碳储量（10^4t）	人为碳储量（10^4t）	总碳储量（10^4t）	单位面积碳储量（t/hm²）
其他建设用地	3.44	—	—	3.44	120.52
水域	198.11	—	—	0.28	110.75
其他土地	48.43	—	—	48.43	101.28
合计	1828.56	110.80	345.21	2086.73	131.16

⑦华容县不同土地利用类型碳排放

A. 2006－2014 年华容县不同土地利用类型碳排放

从历年华容县土地利用总碳排放看,2006 年至 2014 年华容县土地利用总碳排放总体上呈先上升后下降的趋势,其中碳排放量最大值为 2012 年的 107.94×10^4t、最小值为 2006 年 83.73×10^4t;单位面积碳排放方面,也是呈先上升后下降的趋势,其中单位面积碳排放最大值为 2012 年的 6.78t/hm²,最小值为 2006 年 5.21/hm²(表 10－10、图 10－6、图 10－7);居民点及工矿用地、交通运输用地碳排放量的变化趋势同样呈先上升后下降的趋势,主要由于能源消耗、工业生产以及其他人为因素综合作用的结果。

表 10－10　2006－2014 年华容县不同土地利用类型的碳排放

Table 10－10　Various land use types of carbon emissions in Huarong from 2006 to 2014

单位:10^4t

年份	耕地	园地	林地	其他农用地	居民点及工矿用地	交通运输用地	水利设施用地	水域	合计
2006	20.52	0.66	10.81	1.96	39.97	0.76	0.46	8.60	83.73
2007	20.58	0.64	10.81	2.03	42.01	1.16	0.46	8.60	86.30
2008	20.58	0.63	10.81	1.96	45.20	1.52	0.46	8.60	89.75
2009	21.74	5.74	13.38	1.96	48.01	1.64	0.28	6.41	99.16
2010	21.74	5.71	13.37	1.96	50.83	1.93	0.28	6.41	102.23
2011	21.77	5.60	13.36	1.95	56.28	2.15	0.28	6.41	107.82
2012	21.91	5.56	13.14	1.95	56.33	2.36	0.28	6.41	107.94
2013	21.94	5.53	13.07	1.94	56.15	2.49	0.28	6.41	107.82
2014	21.93	5.53	13.07	1.94	52.54	2.31	0.28	6.41	104.02

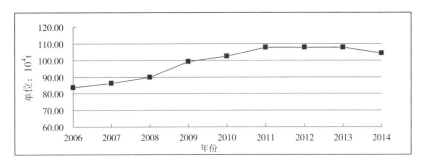

图 10 - 6   2006 - 2014 年华容县土地利用碳排放

Fig 10 - 6   Land - use carbon emissions in Huarong County during 2006 - 2014

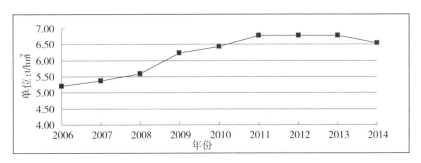

图 10 - 7   2006 - 2014 年华容县土地利用单位面积碳排放

Fig. 10 - 7   Land - use carbon emissions per unit area in Huarong County during 2006 - 2014

B. 2014 年华容县不同土地利用类型碳排放情况分析

2014 年华容县土地利用总碳排放量为 104.02×10^4 t,其中居民点及工矿用地碳排放量最大,为 52.54×10^4 t,占总碳排放量的 50.52%;其次为耕地,碳排放量为 21.93×10^4 t,占总量的 21.08%。不同土地利用类型单位面积碳排放量大小排序为:居民点及工矿用地 > 交通运输用地 > 园地 > 林地 > 耕地 > 水域 > 其他农用地。其中单位面积碳排放最高的为居民点及工矿用地,为 41.56t/hm² (图 10 - 8)。

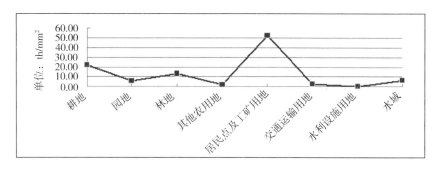

图 10 - 8　2014 年华容县不同土地利用类型单位面积碳排放

Fig. 10 - 8　Carbon emissions per unit area of various land use

types in Huarong County in 2014

C. 2014 年华容县不同土地利用类型碳排放的构成

土地利用碳排放主要包括自然碳排放与人为碳排放,其中土壤呼吸作用、自然植被呼吸作用与水域挥发作用引起的碳排放为自然碳排放。人为碳排放主要包括人工绿化植被呼吸作用、能源消耗、工业生产、人体与动物呼吸作用等引起的碳排放。华容县 2014 年碳排放量主要来源于自然呼吸作用碳排放,共 47.54 × 10⁴t,占总排放量的 45.57%,其中耕地土壤呼吸碳排放量最大,共 21.93 × 10⁴t;其次为能源消耗引起的碳排放量,共 42.47 × 10⁴t,占总排放量的 40.7%,主要来源于居民点及工矿用地所承载的能源消耗引起的碳排放,共 40.16 × 10⁴t(表 10 - 11)。

表 10 - 11　华容县 2014 年不同土地利用类型碳排放的构成

Table 10 - 11　The constrution of various land use types

carbon emissions in Huarong in 2014

土地利用类型	能源消耗碳排放（10^4t）	工业生产碳排放（10^4t）	自然呼吸作用碳排放（10^4t）	其他人类活动碳排放（10^4t）	总碳排放（10^4t）	单位面积碳排放（t/hm²）
耕地	—	—	21.93		21.93	3.04
园地	—	—	5.53		5.53	6.32
林地	—	—	13.07		13.07	6.96
其他农用地	—	—	—	1.94	1.94	0.95
居民点及工矿用地	40.16	3.17	0.32	9.22	52.87	41.56
交通运输用地	2.31	—	—		2.31	25.17
水利设施用地	—	—	0.28		0.28	1.14
水域	—	—	6.41		6.41	3.58

土地利用类型	能源消耗碳排放（10^4t）	工业生产碳排放（10^4t）	自然呼吸作用碳排放（10^4t）	其他人类活动碳排放（10^4t）	总碳排放（10^4t）	单位面积碳排放（t/hm²）
合计	42.47	3.17	47.54	11.16	104.34	6.56

⑧华容县不同土地利用类型碳吸收

A. 2006 - 2014年华容县不同土地利用类型总碳吸收情况分析

从2006 - 2014年华容县土地利用总碳吸收量看，2006年至2014年华容县土地利用总碳吸收量呈先上升后下降的趋势，其中最大值为2008年33.36×10^4t，最小值为2014年的32.64×10^4t；单位面积碳吸收量，总体上呈先上升后下降的趋势，其中最大值为2008年的2.09t/hm²，最小值为2014年的2.05t/hm²（表10-12、图10-9、图10-10），主要由于林地与城市绿地面积变化所引起的碳吸收作用的变化。

表10-12 2006 - 2014年华容县不同土地利用类型的碳汇

Table 10 - 12 Carbon absorption of different land use types in Huarong County during 2006 - 2014

年份	林地（10^4t）	居民点及工矿用地（10^4t）	水利设施用地（10^4t）	水域（10^4t）	总碳汇（10^4t）	单位面积碳吸收（t/hm²）
2006	17.75	0.41	0.64	14.50	33.30	2.07
2007	17.75	0.45	0.64	14.50	33.35	2.08
2008	17.75	0.47	0.64	14.50	33.36	2.08
2009	21.97	0.49	0.40	10.33	33.19	2.09
2010	21.94	0.52	0.40	10.33	33.20	2.09
2011	21.94	0.55	0.40	10.33	33.22	2.09
2012	21.57	0.59	0.40	10.33	32.89	2.07
2013	21.47	0.62	0.40	10.33	32.82	2.06
2014	21.46	0.45	0.40	10.33	32.64	2.05

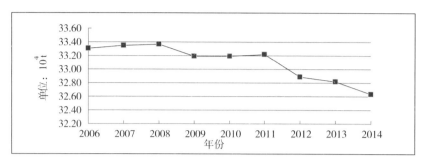

图 10 - 9　2006 - 2014 年华容县土地利用碳吸收

Fig. 10 - 9　The land use carbon absorption in Huarong County during 2006 - 2014

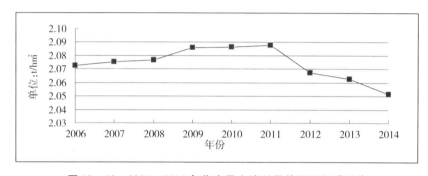

图 10 - 10　2006 - 2014 年华容县土地利用单位面积碳吸收

Fig. 10 - 10　Carbon absorption per unit area of land use in
Huarong County during 2006 - 2014

B. 华容县 2014 年不同土地利用类型碳吸收情况分析

2014 年华容县土地利用总碳吸收量为 32.64×10^4 t,其中林地碳吸收量最大,为 21.46×10^4 t,占总碳吸收量的 65.75%;其次为水域,碳吸收量为 7.16×10^4 t,占总碳吸收量的 31.65%。不同土地利用类型单位面积碳吸收量大小排序为:林地 > 水域 > 水利设施用地 > 居民点及工矿用地(表 10 - 13)。

表 10 – 13　2014 年华容县不同土地利用类型单位面积碳吸收量

Table 10 – 13　Carbon absorption per unit area of various

land use types in Huarong County at 2014

土地利用类型	林地	居民点及工矿用地	水利设施用地	水域	合计
碳吸收量(10^4t)	21.46	0.15	0.40	10.33	32.64
单位面积碳吸收量(t/hm^2)	11.42	0.12	1.61	5.78	2.05

C. 2014 年华容县不同土地利用类型碳吸收量的构成

土地利用碳吸收主要包括植被光合作用碳吸收与水域碳吸收。华容县 2014 年碳吸收量主要来源于植被光合作用碳吸收,共 21.91×10^4t,占总碳吸收量的 67.13%,其中林地植被光合作用碳吸收量为 21.46×10^4t;其次为水域碳吸收量,共 10.73×10^4t,占总碳吸收量的 32.87%(表 10 – 14)。

表 10 – 14　华容县 2014 年不同土地利用类型碳吸收的构成

Table 10 – 14　The composition of carbon sink in different land use

types in Huarong in 2014

土地利用类型	植被光合作用(10^4t)	水域碳吸收(10^4t)	单位面积碳吸收(t/hm^2)
林地	21.46	—	11.42
居民点及工矿用地	0.45	—	0.36
水利设施用地	—	0.40	1.61
水域	—	10.33	5.78
合计	21.91	10.73	2.05

⑨华容县不同土地利用类型转变碳效应

A. 2006 – 2014 年华容县转变土地利用类型碳效应

参照转变土地利用类型碳效应核算参数、历年华容县土地利用变更平衡表和各用地类型面积转变矩阵,对华容县转变土地利用类型碳效应进行测算。总体上,华容县历年转变土地利用类型碳效应为碳排放作用,增减不一,其中碳排放量最大值为 2013 年的 0.69×10^4t,最小值为 2009 年的 0.16×10^4t。历年华容县转变土地利用类型碳效应主要来源于农用地转变为建设用地引起土地生态系统综合碳密度变化(图 10 – 11)。

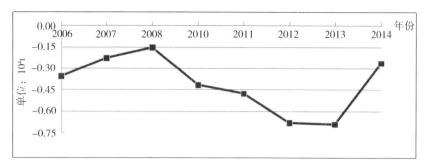

图 10 - 11　2006 - 2014 年华容县转变土地利用类型碳效应

Fig. 10 - 11　Carbon effect of land use type transformation in
Huarong County from 2006 to2014

B. 2014 年华容县转变土地利用类型碳效应

根据 2014 年华容县土地利用变更平衡表,2014 年度土地利用类型变更总面积为 48.97 hm²,建设用地面积净增加 45.45 hm²,其中居民点及工矿用地面积净增加 11.22 hm²;农用地面积净减少 42.47 hm²,其中耕地面积净减少 25.13 hm²(表 10 - 15)。

表 10 - 15　2014 年土地利用类型转换矩阵

Table 10 - 15　The land use type conversion matrix in Huarong County at 2014

单位:hm²

土地利用类型	耕地	园地	其他农用地	城镇工矿用地	农村居民点用地	交通运输用地	其他土地	合计
耕地	0	0	0.23	7.61	3.61	14.17	0	25.62
园地	0	0	0.15	2.07	0.95	2.09	0	5.26
林地	0	0	0.44	1.57	0.68	3.17	0	5.86
其他农用地	0.36	0.11	0	4.1	0.24	2.88	0.02	7.71
城镇工矿用地	0	0	0	0	0	0.66	0	0.66
农村居民点用地	0	0	0	0.01	0	0.42	0	0.43
交通运输用地	0.13	0.07	0.09	0.03	0.13	0	0	0.45
其他土地	0	0	0	2.66	0.3	0.02	0	2.98
合计	0.49	0.18	0.91	18.05	5.91	23.41	0.02	48.97

2014 年华容县转变土地利用类型碳排放共计 2414.28 t,主要来源于农用地转变为建设用地引起的土地生态系统综合碳密度变化,共计 2255.83 t,占总碳排放量的 93.45%,其中耕地转换为建设用地引起的的碳排放为 1440.3 t,占总碳排放的 59.66%。另外 2014 年华容县转变土地利用类型碳吸收共计 0.27 t,主要来源于交通运输用地转变为农用地引起的土地生态系统综合碳密度变化(表 10 - 16)。

表 10 - 16　2014 年华容土地利用类型转换碳效应矩阵

Table 10 - 16　Carbon effect matrix of the land use type conversion in

Huarong County at 2014

单位:t

土地利用类型	耕地	园地	其他农用地	城镇工矿用地	农村居民点用地	交通运输用地	其他土地	合计
耕地	0	0	0.13	-431.69	-204.78	-803.82	0	-1440.16
园地	0	0	0.03	-118.24	-54.27	-119.38	0	-291.86
林地	0	0	-1.11	-94.13	-40.77	-190.06	0	-326.07
其他农用地	-0.46	-0.05	0	-112.83	-6.6	-79.26	-0.1	-199.3
交通运输用地	0.05	0.09	0.13	0	0	0	0	0.27
其他土地	0	0	0	-140.29	-15.82	-1.05	0	-157.16
合计	-0.41	0.04	-0.82	-897.18	-322.24	-1193.57	-0.1	-2414.28

注:"+"表示碳蓄积的效果,"-"表示碳排放的效果,建设用地内部转换碳效应未计入。

⑩2014 年华容县各乡镇土地利用碳蓄积情况分析

由于无法获得分乡镇的统计数据,华容县分乡镇土地利用碳效应根据前文测算所得各用地类型单位面积碳效应参数与 2014 年华容县分乡镇土地利用现状表中各地类面积相乘所得。碳储量方面,各乡镇碳储量差距比较大,其中东山镇碳储量最大,为 490.91 × 10⁴t;城关镇碳储量最小,为 29.78 × 10⁴t,主要因为各乡镇土地面积大小的差异;而单位面积碳储量最大的为城关镇 286.13t/hm²,最小的幸福乡 129.26t/hm²,主要由于人为碳储量的变化。碳排放方面,其中东山镇碳排放最大,为 13.98 × 10⁴t;宋家嘴镇碳排放最小,为 1.39 × 10⁴t,主要也是因为各乡镇土地面积大小的差异;而单位面积碳排放最大的为城关镇 25.16t/hm²,最小的操军镇 3.1t/hm², 主要由于城镇工矿用地所带来的人为碳排放的变化。碳吸收方面, 其中东山镇碳吸收最大, 为 10.84×10^4 t, 治河渡镇碳吸收最小, 为 0.07×10^4 t, 主要也是因为各乡镇林地面积大小的差异; 单位面积碳吸收大小排序基本上与总碳吸收一致(表 10 - 17)。

表 10 - 17　2014 年华容县各乡镇土地利用碳效应情况表

Table 10 - 17　land use carbon effect of towns in Huarong County at 2014

乡镇名称	面积(hm²)	碳储量(10⁴t)	碳排放(10⁴t)	碳吸收(10⁴t)	单位面积碳储量(t/hm²)	单位面积碳排放(t/hm²)	单位面积碳吸收(t/hm²)
团洲乡	5919.78	79.96	1.88	0.23	135.07	3.17	0.38
三封寺镇	7751.43	122.38	3.81	2.20	157.88	4.92	2.84
治河渡镇	4554.70	65.35	1.46	0.07	143.47	3.22	0.16
北景港镇	7609.19	106.97	2.52	0.17	140.58	3.31	0.22
鲇鱼须镇	6961.27	101.90	2.33	0.28	146.37	3.35	0.40
宋家嘴镇	4079.12	58.12	1.39	0.18	142.49	3.41	0.45
万庾镇	9766.60	141.10	3.50	0.71	144.47	3.58	0.73
胜峰乡	6967.24	112.21	3.73	2.14	161.05	5.35	3.07
新河乡	7068.63	99.97	2.28	0.14	141.43	3.23	0.20
梅田湖镇	4233.14	59.44	1.39	0.38	140.41	3.29	0.90
插旗镇	7600.09	101.77	2.49	0.18	133.91	3.28	0.23
注滋口镇	6373.17	88.26	2.08	0.12	138.49	3.26	0.19
操军镇	9951.26	138.40	3.08	0.54	139.08	3.10	0.54
东山镇	34274.23	490.91	13.98	10.84	143.23	4.08	3.16
护城乡	5188.61	80.47	2.64	0.11	155.08	5.09	0.21
新建乡	5080.09	70.84	1.65	0.46	139.44	3.24	0.91
南山乡	8000.46	113.35	2.98	1.40	141.68	3.72	1.75
终南乡	5468.33	78.51	1.92	0.76	143.57	3.51	1.39
幸福乡	11207.44	144.86	3.80	0.93	129.26	3.39	0.83
城关镇	1040.70	29.78	2.62	0.07	286.13	25.16	0.72

10.3 华容县现行土地利用总体规划方案碳效应评估与低碳型优化

土地利用规划对土地利用起到宏观指导作用,对增加陆地生态系统碳吸收与减少排放有关键的驱动作用。在华容县土地利用碳效应核算研究基础上,结合华容县土地利用总体规划方案,建立 2006、2014、2020 年华容县土地利用碳效应评估参数,通过构建低碳型土地利用规划优化线性规划模型,运用 Lingo 软件对优化模型进行求解,得出规划目标年 2020 年基于碳效应各角度最优的三种土地利用结构优化方案,进而将三种优化方案与原规划方案进行碳蓄积能力对比分析。

10.3.1 2006、2014、2020 年华容县土地利用碳效应评估参数确定

在华容县土地利用碳效应核算的基础上,建立不同土地利用类型与碳效应的对应关系,了解华容县不同土地利用类型碳储量、碳通量以及土地利用类型转变的碳效应的特征,因此依据华容县历年不同土地利用类型单位面积碳储量、碳排放、碳吸收以及土地利用类型转变的碳效应系数与华容县土地利用规划相结合,建立 2006、2014、2020 年华容县土地利用碳效应评估参数表。总体上 2020 年评估参数运用 spss 软件根据历年不同土地利用类型单位面积的碳储量、碳排放、碳吸收强度进行趋势预测得到。碳储量方面,由于土地利用类型碳储量的变化主要由土壤与植被碳密度的变化组成,历年变化不大,仍采用 2014 年数值,此类用地类型有耕地、园地、林地、牧草地、交通用地、水利用地以及其他基础设施用地,因其他土地利用类型涉及人为的因素,则利用历年来参数变化趋势对 2020 年评估参数进行预测,城镇工矿地、农村居民点用地碳储量 2020 年评估参数为 441.27t/hm^2。碳排放方面,城镇工矿用地、农村居民点用地以及交通运输用地涉及人为碳排放,到 2020 年碳排放评估参数发生了变化,分别分 56.76t/hm^2、3.50t/hm^2、31.59t/hm^2。碳吸收方面,仅林地、城镇工矿用地、水域、水利设施用地参与评估,且历年评估参数不发生变化。土地利用类型转变方面,由于此类碳效应主要由土壤碳效应与植被碳效应组成,单位面积转变土地利用碳效应历年变化不大,仍采用 2014 年数值(表 10 – 18)。

表10-18　华容县不同土地利用类型碳效应评估参数

Table10-18　The carbon effect parameters of different land use types in Huarong County

单位:t/hm²

决策变量	土地利用类型	碳储量			碳排放			碳吸收			转变土地利用碳效应（注:"+"为碳蓄积"-"为碳排放）		
		2006年	2014年	2020年	2006年	2014年	2020年	2006年	2014年	2020年	2006年	2014年	2020年
X_1	耕地	111.55	111.55	111.55	6.32	6.32	6.32	0	0	0	-0.85	-0.85	-0.85
X_2	园地	143.7	143.7	143.7	3.04	3.04	3.04	0	0	0	0.02	0.02	0.02
X_3	林地	166.75	166.75	166.75	0.91	0.95	0.95	21.94	21.46	21.46	-3.86	-3.86	-3.86
X_4	其他农用地	94.53	94.53	94.53	6.69	6.69	6.69	0	0	0	0.49	0.49	0.49
X_5	城镇工矿用地	360.1	398.56	441.27	26.28	38.89	56.79	0.29	0.36	0.58	-57.98	-57.98	-57.98
X_6	农村居民点用地	360.1	398.56	441.27	1.89	2.67	3.5	0	0	0	-57.98	-57.98	-57.98
X_7	交通运输用地	123.56	123.56	123.56	16.12	25.17	31.59	0	0	0	-57.98	-57.98	-57.98
X_8	水利设施用地	110.59	110.59	110.59	1.14	1.14	1.14	1.61	1.61	1.61	-57.98	-57.98	-57.98
X_9	其他建筑用地	120.52	120.52	120.52	0	0	0	0	0	0	-57.98	-57.98	-57.98
X_{10}	水域	110.75	110.75	110.75	3.58	3.58	3.58	5.78	5.78	5.78	0.21	0.21	0.21
X_{11}	其他土地	101.28	101.28	101.28	0	0	0	0	0	0	-4.33	-4.33	-4.33

10.3.2　华容县土地利用总体规划方案碳效应评估分析

结合华容县不同土地利用类型碳效应评估参数,对华容县土地利用总体规划进行碳效应评估,得到 2006、2014、2020 年不同土地利用类型碳储量、碳排放、碳吸收以及土地利用类型转变所引起的碳效应状况。

碳储量方面,规划目标年 2020 年总碳储量为 2338.56×10^4 t,相比 2014 年增加了 53.98×10^4 t,说明规划方案起到了碳蓄积作用,其中农村居民点碳蓄积增加了 46.10×10^4 t,城镇工矿用地碳蓄积增加了 7.89×10^4 t,其他不同土地利用类型碳蓄积作用变化不大。规划目标年 2020 年碳储量增加主要原因是人为的碳蓄积作用的增加。碳排放方面,规划目标年 2020 年总碳排放为 114.93×10^4 t,相比 2014 年增加了 10.91×10^4 t,主要由于建设用地增加带来的碳排放增加,其中城镇工矿用地碳排放增加了 9.42×10^4 t,农村居民点增加了 0.65×10^4 t,交通运输用地增加了 1.32×10^4 t。碳吸收方面,规划目标年 2020 年总碳吸收为 32.21×10^4 t,相比 2014 年减少了 0.04×10^4 t,其中林地碳吸收减少了 0.17×10^4 t,主要由于规划目标年 2020 年林地面积的减少,城镇工矿用地碳吸收增加了 0.12×10^4 t,主要由于对城市绿地面积增加的预测。转变土地利用类型碳效应方面,规划目标年 2020 年转变土地利用类型碳排放为 10.89×10^4 t,较 2014 年增加 10.49×10^4 t,其中转变为城镇工矿用地碳排放增加了 7.76×10^4 t,转变为农村居民点用地碳排放增加了 1.27×10^4 t。规划目标年 2020 年转变土地利用类型碳效应的增加主要原因为建设用地大量的增加所引起的碳排放的增加(表 10 - 19)。

表 10 – 19　华容县土地利用总体规划碳效应分析

Table 10 – 19　The carbon effect analysisf land use oveal plan in Huarong County

单位:10⁴t

土地利用类型	碳储量			碳排放			碳吸收			转变碳效应（注:"+"为碳蓄积"-"为碳排放）		
	2006 年	2014 年	2020 年	2006 年	2014 年	2020 年	2006 年	2014 年	2020 年	2006 年	2014 年	2020 年
耕地	752.84	804.59	804.59	20.52	21.93	21.82	0.00	0.00	0.00	0.01	0.00	0.00
园地	14.91	125.66	125.66	0.66	5.53	5.37	0.00	0.00	0.00	0.00	0.00	0.00
林地	259.15	313.33	313.33	10.81	13.07	12.97	17.75	21.46	21.29	0.00	0.00	0.00
其他农用地	260.91	248.63	248.63	1.96	1.94	1.86	0.00	0.00	0.00	0.00	0.00	0.00
城镇工矿用地	55.55	73.62	81.51	37.29	49.16	58.58	0.04	0.07	0.19	-0.11	-0.20	-7.97
农村居民点用地	455.35	430.22	476.32	2.68	3.38	4.03	0.00	0.00	0.00	-0.25	-0.07	-1.33
交通运输用地	5.83	11.32	11.31	0.76	2.31	3.64	0.00	0.00	0.00	-0.03	-0.13	-1.00
水利设施用地	42.06	27.20	27.21	0.46	0.28	0.28	0.64	0.40	0.40	-0.16	0.00	0.00
其他建筑用地	4.74	3.44	3.44	0.00	0.00	0.00	0.00	0.00	0.00	0.00	0.00	-0.23
水域	278.10	198.11	198.11	8.60	6.41	6.39	14.50	10.33	10.33	0.00	0.00	0.00
其他土地	113.10	48.43	48.43	0.00	0.00	0.00	0.00	0.00	0.00	0.00	0.00	0.00
合计	2242.54	2284.57	2338.56	83.73	104.02	114.93	32.94	32.25	32.21	-0.54	-0.40	-10.89

10.3.3 华容县低碳型土地利用结构优化模型构建

(1)华容县低碳型土地利用结构优化模型建立

依据土地利用分类系统与2020年华容县各类土地利用碳效应评估参数,选取土地利用类型作为决策变量,运用线性规划模型,对以碳储量最大化、碳排放最小化、碳吸收最大化为目标的目标函数求解,得出华容县土地利用结构优化方案。线性规划目标函数方程式如下:

$$MaxF(X_{ct}) = \Sigma X_i * C_{ti}$$
$$MinF(X_{ce}) = \Sigma X_i * C_{ei}$$
$$MaxF(X_{ci}) = \Sigma X_i * C_{ii}$$

其中,$MaxF(X_{ct})$表示碳储量最大化,$MinF(X_{ce})$表示碳排放最小化,$MaxF(X_{ci})$表示碳吸收最大化;X_i表示各类土地利用类型面积(hm^2),C_{ti}表示2020年各类土地利用类型碳储量系数(t/hm^2),C_{ei}表示2020年各类土地利用类型碳排放系数(t/hm^2),C_{ii}表示2020年各类土地利用类型碳吸收系数(t/hm^2)。

(2)华容县低碳型土地利用结构优化决策变量设置

决策变量是构建线性规划模型的关键,依据华容县土地利用现状特点、土地利用分类系统与对建设用地的细分,选取了11种土地利用类型作为决策变量(见表10-20)。

表10-20 华容县低碳型土地利用结构优化决策变量设置

Table 10-20 Decision variable setting of land use structure optimization oriented low carbon type in Huarong County

决策变量	土地利用类型	2014年面积(hm^2)	占总面积比重(%)
X_1	耕地	72129.81	45.34
X_2	园地	8744.80	5.50
X_3	林地	18790.87	11.81
X_4	其他农用地	20458.39	12.86
X_5	城镇工矿用地	1847.21	1.16
X_6	农村居民点用地	10794.35	6.78
X_7	交通运输用地	915.47	0.58
X_8	水利设施用地	2460.30	1.55
X_9	其他建筑用地	285.68	0.18
X_{10}	水域	22299.36	14.02

决策变量	土地利用类型	2014 年面积（hm²）	占总面积比重（%）
X_{11}	其他土地	371.58	0.23

（2）华容县低碳型土地利用结构优化约束条件的建立

变量 X_i 的约束条件的建立主要依据《华容县土地利用总体规划（2006 – 2020 年）（以下简称"《土规》"）》《华容县县城总体规划（2006—2020 年）》《华容县国民经济和社会发展第十三五年规划纲要》》（以下简称《十三五规划》）主要约束目标和华容县的实际发展情况，建立约束域和约束方程。

①土地利用总面积约束条件

根据华容县土地利用变更调查的总面积为 159097.82hm²，即：

$$\Sigma X_i = 159097.82 \ hm^2 \ (X_i > 0)$$

②耕地保护目标约束

依据《土规》约束性指标到 2020 年耕地面积应不少于 68214.00hm²，考虑到建设用地占用耕地，耕地面积有一定程度的减少，即作为耕地面积下限，以 2014 年耕地面积 72129.81 hm² 作为上限，因此耕地的约束条件为：

$$68214.00hm^2 \leqslant X_1 \leqslant 72129.81hm^2$$

③园地面积

根据华容县土地利用变更调查，2014 年园地面积为 8744.80 hm²，由于建设用地的占用，从 2006 年到 2014 年华容县土地利用现状数据显示园地面积呈下降的趋势，因此将 2014 年园地面积作为上限，将《土规》2020 年园地面积 8495.68 hm² 作为下限，因此园地面积的约束条件为：

$$8495.68 \ hm^2 \leqslant X_2 \leqslant 8744.80 \ hm^2$$

④林地面积

未来随着华容县对退耕还林、森林的保护工程与植树造林工程力度加强，华容县的林地面积将会有一定的增加，另考虑到建设用地占用与历年林地变化为下降趋势，林地面积到 2020 年总体上将有一定程度减少，因此将 2014 年林地面积 18790.87hm² 作为华容县林地面积的上限，《土规》中规划年林地目标值作为 18642.97hm² 下限，林地约束条件为：

$$18642.97hm^2 \leqslant X_3 \leqslant 18790.87hm^2$$

⑤其他农用地面积

2014 年其他农用地面积为 20458.39 hm²，规划期间内，其他农用地呈减少的趋势,因此将 2014 年其他农用地面积作为上限,2020 年农用地面积 19569.94 hm²作为下限,因此其他农用地约束条件为:

19569.94 hm² ≤ X_4 ≤ 20458.39 hm²

⑥建设用地面积

2014 年建设用地面积为 16302.99hm²,规划期间内建设用地呈快速增长的趋势,依据历年来增长的趋势预测,2020 年建设用地面积为 18433.97hm²,超过《土规》2020 年建设用地的目标值 17286.61hm²。为确保华容县重点建设项目、基础设施和民生工程的用地需求,将《土规》中 2020 年建设用地规模作为下限,预测值作为建设用地面积的上限,因此建设用地约束条件为:

$$17286.61hm² ≤ X_5 + X_6 + X_7 + X_8 + X_9 ≤ 18433.97hm²$$

依据《土规》,到 2020 年华容县城乡建设用地控制规模为 14245.72 hm²,城乡建设用地包括城镇工矿用地与农村居民点用地,因此城镇工矿用地与农村居民点用地组成的约束条件为:

$$X_5 + X_6 ≤ 14245.72hm²$$

此外,2014 年城镇工矿用地面积为 1847.24 hm²,且历年来呈逐年增加的趋势,预测到 2020 年城镇工矿用地面积将超过《土规》中到 2020 年城镇工矿用地面积 3221.35hm²。将城镇工矿用地面积的下限设定为规划目标年 2020 年的大小。依据《华容县县城总体规划(2006 – 2020 年)》,到 2020 年华容县常驻人口为75.85 万,城市化率为 60%,因此推测出城镇人口为 45.51 万,据《土规》主要约束性指标确定,华容县人均城镇工矿用地面积至多为 75 人/平方米,因此华容县城镇工矿用地面积最大为 3413.25hm²,因此城镇工矿用地面积约束条件为:

$$3221.35hm² ≤ X_5 ≤ 3413.25 hm²$$

2014 年农村居民点用地面积为 10794.30 hm²,随着新农村建设的加快,农村居民点整理潜力加大,将农村居民点整理比例设定为 6%,将 2014 年农村居民点用地面积 10794.30hm²作为上限,农村居民点城镇工矿用地面积约束条件为:

$$10168.97 hm² ≤ X_6 ≤ 10794.30hm²$$

2014 交通运输用地面积为 916.20hm²,水利设施用地面积为 2459.57hm²,其他建设用地面积为 285.68hm²,随着华容县城市快速发展,交通运输用地、水利设施用地以及其他建设用地规模将进一步加大,根据历年来增长趋势预测,交通运输用地面积为 1329.83hm²,水利设施用地面积为 2607.46hm²,其他建设用地面积为 340.95hm²,因此交通运输用地、水利设施用地以及其他建设用地约束条件为:

$$916.20hm² ≤ X_7 ≤ 1329.83hm²$$

$$2459.57\mathrm{hm}^2 \leqslant X_8 \leqslant 2607.46\mathrm{hm}^2$$

$$285.68\mathrm{hm}^2 \leqslant X_9 \leqslant 340.95\ \mathrm{hm}^2$$

⑦水域面积

2014 年水域面积为 17888.71hm², 规划期间内, 水域面积呈减少的趋势, 总减少面积不大, 依据历年来下降的趋势预测, 2020 年水域面积约为 17820.96 hm², 因此水域约束条件为:

$$17820.96\mathrm{hm}^2 \leqslant X_{10} \leqslant 17888.71\ \mathrm{hm}^2$$

⑧其他土地面积

2014 年其他土地面积为 4782.23hm², 规划期间内, 其他土地面积呈减少的趋势, 依据历年来下降的趋势预测, 2020 年其他土地面积约为 4609.65hm², 因此其他土地约束条件为:

$$4609.65\ \mathrm{hm}^2 \leqslant X_{11} \leqslant 4782.23\mathrm{hm}^2$$

表 10 - 21　华容县土地利用结构优化约束条件

Table 10 - 21　optimization constraints of land use structure in Huarong

单位:hm²

决策变量	土地利用类型	2006 年	2014 年	2020 年	下限值	上限值
X_1	耕地	67490.99	72129.81	71778.18	68214.00	72129.81
X_2	园地	1037.68	8744.80	8495.68	8495.68	8744.80
X_3	林地	15541.77	18790.87	18642.97	18642.97	18790.87
X_4	其他农用地	21468.73	20458.39	19569.94	19569.94	20458.39
X_5	城镇工矿用地	1542.57	1847.24	3221.35	3221.35	3413.25
X_6	农村居民点用地	12645.23	10794.30	11024.37	10168.97	10794.30
X_7	交通运输用地	471.49	916.20	1151.04	1151.04	1329.83
X_8	水利设施用地	3803.26	2459.57	2459.57	2459.57	2607.46
X_9	其他建设用地	393.29	285.68	325.69	285.68	340.95
X_{10}	水域	25110.91	17888.71	17821.36	17888.71	17820.96
X_{11}	其他土地	11167.19	4782.23	4609.65	4609.65	4782.23

(4)华容县低碳型土地利用结构优化模型求解

根据前文华容县土地利用结构优化线性规划模型, 运用 Lingo 软件对优化模型进行求解, 得出规划目标年 2020 年基于碳效应各角度最优的三种土地利用结构优化方案。

①基于碳储量最大化的土地利用结构优化方案

方案一基于碳储量最大化土地利用结构优化方案总碳储量为2390.03×10⁴t，相比规划方案增加51.48×10⁴t。方案一建设用地有一定的增长，其中城镇工矿用地增加了191.9hm²，主要来源于农村居民点的整理，农村居民点减少了230.07hm²(表10-22)。

表10-22　基于碳储量最大化的华容县土地利用结构优化方案

Table 10-22　The optimization scheme of land use structure in Huarong County Based on the maximization of carbon storage

土地利用类型	方案一		规划方案	
	面积(hm²)	碳储量(10⁴t)	面积(hm²)	碳储量(10⁴t)
耕地	71223.70	794.48	71778.18	804.59
园地	8744.80	125.66	8495.68	125.66
林地	18790.87	313.33	18642.97	313.33
其他农用地	19569.94	237.84	19569.94	248.63
城镇工矿用地	3413.25	150.62	3221.35	81.51
农村居民点用地	10794.30	476.32	11024.37	476.32
交通运输用地	1329.83	16.43	1151.04	11.31
水利设施用地	2459.57	27.20	2457.43	27.21
其他建筑用地	340.95	4.11	325.69	3.44
水域	17820.96	197.36	17821.36	198.11
其他土地	4609.65	46.68	4609.65	48.43
合计	159097.82	2390.03	159097.66	2338.56

②基于碳排放最小化的土地利用结构优化方案

方案二基于碳排放最小化土地利用结构优化方案总碳排放为114.31×10⁴t，相比规划方案减少了0.62×10⁴t，达到了一定的减排效果。由于建设用地有较高的碳排放，林地与园地有较好的碳吸收作用，建设用地总规模减少了291.26hm²，林地增加了147.9hm²，园地增加了249.12hm²，因此方案二主要通过适度控制建设用地规划，减少农村居民点用地与增加园地林地来实现的(表10-23)。

表 10 - 23　基于碳排放最小化的华容县土地利用结构优化方案

Table 10 - 23　The optimization scheme of land use structure in

Huarong County Based on the minimization of carbon emission

土地利用类型	方案二		规划方案	
	面积(hm²)	碳排放(10⁴t)	面积(hm²)	碳排放(10⁴t)
耕地	71441.01	21.72	71778.18	21.82
园地	8744.80	5.53	8495.68	5.37
林地	18790.87	13.07	18642.97	12.97
其他农用地	19569.94	1.86	19569.94	1.86
城镇工矿用地	3221.35	58.58	3221.35	58.58
农村居民点用地	10794.30	3.95	11024.37	4.03
交通运输用地	916.20	2.89	1151.04	3.64
水利设施用地	2607.46	0.30	2457.43	0.28
其他建筑用地	340.95	0.00	325.69	0.00
水域	17888.71	6.41	17821.36	6.39
其他土地	4782.23	0.00	4609.65	0.00
合计	159097.82	114.31	159097.66	114.93

③基于碳吸收最大化的土地利用结构优化方案

方案三基于碳吸收最大化土地利用结构优化方案总碳吸收为 $32.41 \times 10^4 t$,相比规划方案增加了 $0.2 \times 10^4 t$,总体看来碳吸收增加不明显。方案三中,耕地、园地、林地都有一定程度的增加,城镇工矿用地相比规划方案增加了 $191.9 hm^2$,主要来源于农村居民点整理,说明方案三主要是通过增加林地园地来增加碳吸收的(表 10 - 24)。

表 10 - 24　基于碳吸收最大化的华容县土地利用结构优化方案

Table 10 - 24　The optimization scheme of land use structure in

Huarong Based on the maximization of carbon absorption

土地利用类型	方案三		规划方案	
	面积(hm²)	碳吸收(10⁴t)	面积(hm²)	碳吸收(10⁴t)
耕地	72129.81	0.00	71778.18	0.00
园地	8717.28	0.00	8495.68	0.00
林地	18790.87	21.46	18642.97	21.29

土地利用类型	方案三		规划方案	
	面积(hm^2)	碳吸收(10^4t)	面积(hm^2)	碳吸收(10^4t)
其他农用地	19569.94	0.00	19569.94	0.00
城镇工矿用地	3413.25	0.20	3221.35	0.19
农村居民点用地	10168.97	0.00	11024.37	0.00
交通运输用地	916.20	0.00	1151.04	0.00
水利设施用地	2607.46	0.42	2457.43	0.40
其他建筑用地	285.68	0.00	325.69	0.00
水域	17888.71	10.33	17821.36	10.33
其他土地	4609.65	0.00	4609.65	0.00
合计	159097.82	32.41	159097.66	32.21

10.3.4　不同利用结构优化方案的综合碳蓄积能力对比分析

为了便于各方案横向对比得出最佳固碳方案,设定土地利用综合积蓄能力作为对比指标,即通过对土地利用碳储量、土地利用碳排放、土地利用碳吸收与土地利用类型转变碳效应的叠加所得,并设定表现为碳排放的为负值,碳蓄积的为正值。

与规划方案相比,方案一能显著增加华容县碳储量,增加了 51.48×10^4t,也增加了 0.14×10^4t 碳汇,但由于建设用地的增加,碳排放总量也出现大量增加,综合土地利用碳排放与转变土地利用类型带来的碳排放,比 2020 年规划方案碳排放总量多出 1.68×10^4t。方案一综合碳蓄积为 2304.85×10^4t,2020 年规划方案综合碳蓄积为 2244.94×10^4t,相比 2020 年规划方案,方案一综合碳蓄积多出 59.91×10^4t。

方案二能降低华容县的碳排放水平,比 2020 年华容县规划方案总碳排放量减少 3.43×10^4t,其中土地利用碳排放减少了 0.62×10^4t,转变土地利用类型碳排放减少 1.76×10^4t,且碳储量增加 44.46×10^4t,碳吸收增加 0.19×10^4t。方案二综合碳蓄积为 2291.97×10^4t,相比 2020 年规划方案多出 47.02×10^4t。

方案三相比 2020 年规划方案,能在一定程度增加碳储量与碳吸收,分别增加了 30.2×10^4t、0.2×10^4t,且转变土地利用类型碳排放减少了 4.61×10^4t,但方案三带来了一定程度的土地利用碳排放的增加,增加了 0.46×10^4t。方案三综合碳

蓄积为 $2279.51 \times 10^4 t$,相比 2020 年规划方案多出了 $34.56 \times 10^4 t$ 。

因此,方案一基于碳储量最大化土地利用结构优化综合碳蓄积能力最强,四种方案的综合碳蓄积能力大小排序为:方案一 > 方案二 > 方案三 > 规划方案(表 10 – 25)。

单位:10⁴t

表10-25 华容县三种土地利用结构优化方案对比分析

Table 10-25 The comparative analysis of three kinds of land use structure optimization in Huarong County

土地利用类型	方案一				方案二				方案三				规划方案			
	碳储量	碳排放	碳吸收	转变碳效应	碳储量	碳排放	碳吸收	转变碳效应	碳储量	碳排放	碳吸收	转变碳效应	碳储量	碳排放	碳吸收	转变碳效应
耕地	794.48	21.65	0.00	0.05	796.90	21.72	0.00	0.06	804.59	21.93	0.00	0.00	804.59	21.82	0.00	0.00
园地	125.66	5.53	0.00	0.00	125.66	5.53	0.00	0.00	125.26	5.51	0.00	0.00	125.66	5.37	0.00	0.00
林地	313.33	13.07	21.46	-0.06	313.33	13.07	21.46	0.00	313.33	13.07	21.46	0.00	313.33	12.97	21.29	0.00
其他农用地	237.84	1.86	0.00	0.00	237.84	1.86	0.00	-0.04	237.84	1.86	0.00	-0.04	248.63	1.86	0.00	0.00
城镇工矿用地	150.62	59.67	0.20	-1.11	142.15	58.58	0.19	-7.97	150.62	59.67	0.20	-9.08	81.51	58.58	0.19	-7.97
农村居民点用地	476.32	3.95	0.00	1.33	476.32	3.95	0.00	0.00	448.73	3.74	0.00	3.63	476.32	4.03	0.00	-1.33
交通运输用地	16.43	4.20	0.00	-1.04	11.32	2.89	0.00	0.00	11.32	2.89	0.00	0.00	11.31	3.64	0.00	-1.36
水利设施用地	27.20	0.28	0.40	-0.01	28.84	0.30	0.42	-0.85	28.84	0.30	0.42	-0.85	27.21	0.28	0.40	0.00
其他建筑用地	4.11	0.00	0.00	-0.09	4.11	0.00	0.00	-0.32	3.44	0.00	0.00	0.00	3.44	0.00	0.00	-0.23
水域	197.36	6.39	10.29	0.00	198.11	6.41	10.33	0.00	198.11	6.41	10.33	0.00	198.11	6.39	10.33	0.00
其他土地	46.68	0.00	0.00	0.00	48.43	0.00	0.00	0.00	46.68	0.00	0.00	0.07	48.43	0.00	0.00	0.00
合计	2390.03	116.60	32.34	-0.93	2383.01	114.31	32.40	-9.13	2368.76	115.38	32.41	-6.28	2338.56	114.93	32.21	-10.89

注:"+"为碳蓄积 "-"为碳排放

253

10.4　低碳型的土地利用规划内容体系构建探讨

10.4.1　增加对土地利用碳效应现状分析

土地利用现状分析作为土地利用规划的部分,是土地利用规划编制与土地利用方针制定的重要依据。土地利用碳效应现状分析,是指通过对区域内不同土地利用类型碳效应进行估算,以了解与掌握区域范围内不同土地利用类型碳效应情况,包括土地利用碳储量与碳通量,进而为低碳土地利用目标的制定、低碳土地利用规划方案的编制以及低碳土地利用对策措施的制定提供依据。土地利用碳效应现状分析包括土地利用碳储量分析、土地利用碳排放分析、土地利用碳吸收分析、土地利用类型转变碳效应分析以及区域土地利用总碳效应分析。

2014 年华容县土地利用总碳储量为 2284.57×10^4 t、总碳排放为 104.02×10^4 t、总碳吸收为 32.64×10^4 t、转变土地利用类型碳排放共计 0.26×10^4 t。碳储量方面,耕地、建设用地碳储量所占比例最大,耕地碳储量所占比例为 35.23%,建设用地碳储量所占比例为 59.73%,其中居民点及工矿用地碳储量所占比例为 22.05%。华容县 2014 年碳储量主要来源于土壤碳储量,共 1630.72×10^4 t,占总碳储量的 80.04%;其次为人为碳储量,占总碳储量的 15.11%,其中居民点及工矿用地的碳储量为 503.85×10^4 t,其构成包括土壤碳储量 156.2×10^4 t、城市绿化植被碳储量 2.44×10^4 t、其他人为碳储量为 345.21×10^4 t。碳排放方面,居民点及工矿用地碳排放量最大,为 52.54×10^4 t,占总碳排放量的 50.52%;其次为耕地,碳排放量为 21.93×10^4 t,占总碳排放量的 21.08%。华容县 2014 年碳排放主要来源于自然呼吸作用碳排放,共 47.54×10^4 t,占总排放量的 45.57%,其中耕地土壤呼吸碳排放量最大,共 21.93×10^4 t;其次为能源消耗引起的碳排放,共 42.47×10^4 t,占总排放量的 40.7%,主要来源于居民点及工矿用地作为承载的能源消耗引起的碳排放,共 40.16×10^4 t。碳吸收方面,林地碳吸收量最大,为 21.46×10^4 t,占总碳吸收量的 65.75%;其次为水域,碳吸收为 7.16×10^4 t,占总碳吸收量的 31.65%。华容县 2014 年碳吸收主要来源于植被光合作用碳吸收,共 21.91×10^4 t,占总碳吸收量的 67.13%,其中林地植被光合作用碳吸收为 21.46×10^4 t;其次为水域碳吸收,共 10.73×10^4 t,占总碳吸收量的 32.87%。转变土地利用类型碳效应方面,2014 年华容县转变土地利用类型碳排放共计 2630.74 t,主要来源于农用地转变为建设用地引起的土地生态系统综合碳密度变化,共计 2472.3 t,占总碳排放量的 93.98%,其中耕地转换为建设用地引起的碳排放为 1440.3 t,占总碳排放量的 81.63%。另外 2014 年华容县转变土地利用类型碳吸收共计 0.48 t,主要来源于交通运输用地转变为农用地引起的土地生态系统综合碳密度变化。

10.4.2　制定土地利用低碳发展战略与土地利用规划低碳目标

土地利用发展战略作为土地利用规划的向导,为土地利用提供制定指导原则、土地利用目标以及为实现土地利用目标的基本战略。土地利用目标是指规划期间土地利用应达到的保障经济社会发展以及生态保护等方面的目标,主要依据国民经济和社会发展计划、上级土地利用规划下达的目标与控制性指标以及区域内实际土地利用问题与发展方向,因此,制定土地利用低碳发展战略与土地利用规划低碳目标是对土地利用规划的战略目标的补充与完善,以达到从低碳经济的角度对土地利用活动的引导与控制,实现土地利用低碳经济。土地利用规划低碳目标的制定是在区域的土地利用碳效应评估的基础上,通过对规划区域历年的土地利用碳效应与单位 GDP 碳排放强度等指标的评估与预测,结合区域社会经济发展规划与实际情况制定土地利用规划碳排放目标。

华容县土地利用低碳战略为:依托长江、洞庭湖优越的区位条件,以水域生态修复、产业转型发展、宜居家园建设、低碳交通设施用地等为支撑,发展低碳经济;推进绿色循环低碳的生产生活方式,坚持绿色发展;适当增加生态用地,保护和扩大水域、湿地、绿地等生态空间,改善生态环境;加大对生态环境突出问题综合治理,重点加强桃花山森林公园保护区、东湖国家级湿地公园保护区、东洞庭湖国家级自然保护区的生态保护。土地利用碳排放目标可以从单位 GDP 碳排放、单位面积碳蓄积两个指标上确定。依据"华容县十二五规划",确定了单位 GDP 碳排放下降 17%,另在哥本哈根气候峰会上,我国承诺到 2020 年国内生产总值碳排放量下降 40%~45%,因此华容县到 2020 年碳排放目标为单位 GDP 碳排放降低 40%~45%。根据前文碳效应测算结果,华容县历年平均单位面积碳蓄积为 137.92t/hm²,2014 年单位面积碳蓄积为 139.11t/hm²,较 2006 年增加了 2%,因此结合历年单位面积碳蓄积变化趋势与华容县单位 GDP 碳排放目标,将华容县 2020 年单位面积碳蓄积目标确定为 163t/hm²,较 2014 年增加 17%。

10.4.3　增设土地利用规划方案碳效应评价指标

在土地利用规划方案评价指标体系中新增土地利用综合碳蓄积、单位面积碳蓄积评价两个评价指标,用来反映土地利用规划方案碳效应综合情况与单位面积碳效应情况。依据区域土地利用碳效应实际情况制定土地利用规划方案的评估参数,进而在土地利用方案环境影响评价中对土地利用规划方案碳效应情况进行分析。

华容县规划目标年 2020 年土地利用综合碳蓄积为 2244.95×10^4t,单位面积碳蓄积为 144.33t/hm²,相比 2014 年综合总碳蓄积量 2213.19×10^4t 增加了1.43%,相比 2006 年综合碳蓄积 2212.41×10^4t 增加了1.47%。其中规划目标年 2020 年总碳储量为 2338.56×10^4t、总碳排放为 104.02×10^4t、总碳吸收为 32.21×10^4t、转变土地利用类型碳排放为 10.89×10^4t,规划目标年 2020 年碳储量增加主要原因是人为的碳蓄积作用的增加;碳排放方面与转变土地利用类型碳效应主要由于建设用地增加带来的碳排放增加;碳吸收方面主要由于规划目标年 2020 年林地面积的减少;因此,总体上规划方案起到了一定的碳蓄积作用。

10.4.4　新增低碳型土地利用结构与布局优化的分析

土地利用结构是指区域内不同土地利用类型之间的比例及其相互关系的总和,土地利用结构反映区域内土地利用状况、合理性程度以及生产结构特点,因此合理的土地利用结构才能获得最大的社会经济生态效益,使土地生态系统实现可持续发展。土地利用结构优化是以实现综合效益最优为目标,通过对土地资源特性与土宜评价为依据,对区域内土地利用类型数量与空间布局进行优化。低碳型的土地利用结构优化是在满足自身土地资源特性与社会经济发展的基础上,通过一定的技术手段,合理分配区域内的土地资源,使区域内土地利用在取得良好的社会经济效益的同时从增加碳吸收、碳储量减少碳排放两方面实现土地利用系统运行的低碳经济。具体的优化方法依据土地利用分类系统与区域各类土地利用碳效应评估参数,选取土地利用类型作为决策变量,各个变量的约束条件主要根据区域社会经济实际发展情况与相关专项规划建立约束域和约束方程,运用线性规划模型,对以碳储量最大化、碳排放最小化、碳吸收最大化为目标的目标函数求解,得到区域土地利用结构优化方案。

总体上华容县三种优化方案综合碳蓄积能力比 2020 年规划方案强,其中基于碳储量最大化的土地利用结构优化方案综合碳蓄积能力最强,为 2304.84×10^4t,因此选取方案一基于碳储量最大化的土地利用结构优化方案作为华容县土地利用结构优化参考。在此优化方案下农用地面积为 118329.31hm²,占总面积的74.38%,相比 2014 年减少了 1794.56 hm²,其中耕地面积为 71223.7 hm²,占总面积的44.77%,相比 2014 年减少了 906.11hm²;建设用地总面积为 18337.9 hm²,占总面积的 11.53%,相比 2014 年增加了 2034.89 hm²,其中城镇工矿用地面积3413.25 hm²,占总面积的 2.14%,相比 2014 年增加了 1566.04 hm²;其他用地面积为 22430.61 hm², 占总面积的 14.09%, 相比 2014 年减少了 240.33 hm²(表 10 - 26)。

表 10 - 26 华容县 2014 年土地利用现状与优化方案比较

Table 10 - 26 The comparison of land use status and optimization schemes in Huarong County at 2014

土地利用类型	2014 年现状面积 (hm²)	比重(%)	优化方案 面积(hm²)	比重(%)	净增减
耕地	72129.81	0.45	71223.70	0.45	-906.11
园地	8744.80	0.05	8744.80	0.05	0.00
林地	18790.87	0.12	18790.87	0.12	0.00
其他农用地	20458.39	0.13	19569.94	0.12	-888.45
城镇工矿用地	1847.21	0.01	3413.25	0.02	1566.04
农村居民点用地	10794.35	0.07	10794.30	0.07	-0.05
交通运输用地	915.47	0.01	1329.83	0.01	414.36
水利设施用地	2460.30	0.02	2459.57	0.02	-0.73
其他建筑用地	285.68	0.00	340.95	0.00	55.27
水域	17888.70	0.11	17820.96	0.11	-67.74
其他土地	4782.24	0.03	4609.65	0.03	-172.59

土地利用布局优化是在数量结构上优化之后,对土地利用空间布局进行合理安排,以实现土地资源的合理配置。常见的布局模式为土地利用分区模式,基于碳效应土地利用分区是为确保规划区域低碳发展,以土地利用碳排放为主要因素,根据一致性原则,将土地利用碳通量情况表相似的区域划为同一区域,并制定土地利用方向、主导用途以及管制措施。碳通量是指碳排放与碳吸收的总和。划分的具体操作方法为:综合考虑行政区划完整性、数据的可获得性与分区成果的应用和管理措施的实施等因素选取区域内的乡镇为分区的基本单元,并对各分区的土地利用碳通量进行量化,结合乡镇的土地利用现状与社会经济发展情况,对区域低碳土地利用进行分区。

选取华容乡镇为分区单元,估算出华容县 20 个乡镇土地利用碳通量情况(表10 - 27)。碳排放方面,城关镇单位面积碳排放最大,为 25.16t/hm²;操军镇单位面积碳排放最小,为 3.15/hm²;主要由于城镇工矿用地所带来的人为碳排放的变化。碳吸收方面,其中东山镇单位面积碳吸收最大,为 3.16t/hm²;治河渡镇单位面积碳吸收最小,为 0.16t/hm²;主要因为各乡镇林地面积大小的差异。碳通量方面,城关镇单位面积碳通量最大为 24.44t/hm²,表现为碳排放;东山镇单位面积碳通量最小为 0.92t/hm²,表现为碳吸收。从表 10 – 27 的碳通量的测算结果可以看出,20 个乡镇单位面积碳通量强度大致可以分为四个等级:单位面积碳通量大于4t/hm²,包括城关镇、护城乡;单位面积碳通量 3 ~ 4t/hm²,包括北景港镇、注滋口镇、治河渡镇、插旗镇、新河乡;单位面积碳通量 2 ~ 3t/hm²,包括宋家嘴镇、鲇鱼须镇、万庾镇、团洲乡、幸福乡、操军镇、梅田湖镇、新建乡、胜峰乡、终南乡、三封寺镇;单位面积碳通量小于 2t/hm²,包括南山乡、东山镇。

表 10 – 27　2014 年华容县各乡镇土地利用碳通量情况表

Table 10 – 27　Land use carbon flux of towns in Huarong County at 2014

乡镇名称	碳通量(t)	单位面积碳通量(t/hm²)	碳排放(t)	单位面积碳排放(t/hm²)	碳吸收(t)	单位面积碳吸收(t/hm²)
城关镇	25437.44	24.44	26182.95	25.16	745.51	0.72
护城乡	25332.64	4.88	26423.73	5.09	1091.09	0.21
北景港镇	23503.88	3.09	25161.77	3.31	1657.89	0.22
注滋口镇	19588.13	3.07	20776.43	3.26	1188.30	0.19
治河渡镇	13938.55	3.06	14648.80	3.22	710.25	0.16
插旗镇	23129.78	3.04	24909.07	3.28	1779.30	0.23
新河乡	21437.67	3.03	22837.96	3.23	1400.29	0.20
宋家嘴镇	12072.66	2.96	13903.44	3.41	1830.78	0.45
鲇鱼须镇	20517.18	2.95	23331.41	3.35	2814.23	0.40
万庾镇	27875.09	2.85	35008.66	3.58	7133.58	0.73
团洲乡	16491.86	2.79	18755.87	3.17	2264.01	0.38
幸福乡	28701.48	2.56	38038.41	3.39	9336.93	0.83
操军镇	25469.15	2.56	30843.01	3.10	5373.86	0.54
梅田湖镇	10118.36	2.39	13943.34	3.29	3824.98	0.90
新建乡	11867.35	2.34	16475.35	3.24	4608.01	0.91
胜峰乡	15871.34	2.28	37280.92	5.35	21409.58	3.07
终南乡	11605.03	2.12	19190.85	3.51	7585.83	1.39
三封寺镇	16082.07	2.07	38120.83	4.92	22038.77	2.84
南山乡	15755.05	1.97	29754.91	3.72	13999.85	1.75
东山镇	31414.24	0.92	139829.19	4.08	108414.96	3.16

第一等级两个镇中,城关镇与护城乡为中心城区,依据华容县中心城区现状与发展方向,胜峰乡属于中心城区范围,治河渡镇临近中心城区,是以农副产品加工、纺织为主的工贸型城镇,因此将城关镇、护城乡、胜峰乡、治河渡镇划为一个分区。

第二等级中插旗镇、北景港镇与终南乡、南山乡是湖南华容东湖国家湿地公园保护区所在地,第二等级中注滋口镇与幸福乡、团洲乡是湖南东洞庭湖国家级自然保护区所在地,依据集中连片原则,终南乡、南山乡、北景港镇、插旗镇划为一个分区,幸福乡、注滋口镇与团洲乡划为一个分区,此分区中有大片林地、水域与湿地,具有显著的碳汇作用,承担着生态环境保护,促进绿色低碳发展的重任。

第三等级中宋家嘴镇、鲇鱼须镇、梅田湖镇、新建乡、万庾镇、操军镇位于华容县的西北方,另加第二等级中位于西北方向的新河乡,主要以集贸及农副产品加工、纺织业为主,且碳排放水平一致,因此划为一个分区。

第四等级中的东山镇与三峰寺镇是湖南华容桃花山森林公园保护区所在地,有大片的林地,具有显著地碳汇作用,因此将东山镇与三峰寺镇划为一个分区。

综上所述,可以将华容县划分为五个分区(表 10 - 28,图 10 - 12),分别为中部高碳排放适度开放区、西北部中碳排放适度控制区、东南部中碳排放重点控制区、东部低碳排放适度控制区以及中南部低碳排放重点控制区。

表 10 - 28　基于碳排放的华容县土地利用分区

Table 10 - 28　Land use zoning in Huarong County based on carbon emission

分区类型	乡镇名称	面积(hm²)
中部高碳排放适度开放区	城关镇、护城乡、胜峰乡、治河渡镇	17751.25
西北部中排放适度控制区	宋家嘴镇、新河乡、鲇鱼须镇、梅田湖镇、新建乡、万庾镇、操军镇	47140.11
东南部中碳排放重点控制区	幸福乡、注滋口镇、团洲乡	23500.39
东部低碳排放适度控制区	东山镇、三峰寺镇	42025.66
中南部低碳排放重点控制区	终南乡、南山乡、北景港镇、插旗镇	28678.07

中部高碳排放适度开放区。包括城关镇、护城乡、胜峰乡与治河渡镇,总面积为 17751.25 hm²,占全县总面积的 11.16%,主要土地利用类型为建设用地与耕地。根据华容县《县城规划》成果,县城发展划分为四个片区,即河东老城区、河东工业园区和河西城区、河西马鞍新区,河西马鞍新区作为中心城区拓展区域,依托

河西老城区和马鞍新区继续向西向、南发展,形成功能齐全的"面状"河西主城区;依托河东老城区,沿 S306 方向加强石伏工业园建设,形成以工业为主、相关配套的"带状"河东次城区。该区今后依旧是华容县土地利用主要碳排放区域,但由于是中心城区,为了保障经济的发展在碳排放方面可以适度的开发,并从合理控制中心城区的规模扩张、挖掘内部潜力、提高建设用地集约节约利用程度等方面发展低碳土地利用。

西北部中排放适度控制区。包括宋家嘴镇、新合乡等七个乡镇,总面积为 47140.11 hm², 占总面积的 29.63%。该区主要土地利用类型为耕地,且质量等价较高。该区主要是以农副产品加工、纺织为主的工贸型城镇,总体碳排放水平较高,需重点加以控制,一方面应建立低碳产业集群,发展壮大绿色农业;另外一方面应加大对基本农田的保护力度,提高耕地质量,推进粮食生产规模化、专业化。

东南部中碳排放重点控制区。包括幸福乡、注滋口镇、团洲乡三个乡镇,总面积为 23500.39 hm², 占总面积的 14.77%。该区主要土地利用类型为耕地,且质量等价较高。以集贸及农副产品加工为主的农贸型小城镇,总体碳排放水平适中,但是湖南东洞庭湖国家级自然保护区所在地,有大片水域与湿地,具有显著的碳汇作用,需重点控制。应通过营造农田、水域防护林、减少农药化肥使用、提高耕地质量发展生态农业与生态旅游业,另将湖南东洞庭湖国家级自然保护区划入生态红线保护范围内,以保障生态安全。

东部低碳排放适度控制区。包括东山镇、三峰寺镇两个乡镇,总面积为 42025.66 hm², 占总面积的 26.42%。主要土地利用类型为林地,是湖南华容桃花山森林公园保护区所在地,且都是县域经济次中心。东山镇、三峰寺镇区位条件优越,其中东山镇临洞庭湖,三峰寺镇靠近中心城区,经济发展态势良好,因此为低碳排放适度控制区。结合实际社会经济发展状况,东山镇具体发展方向为以国家长江经济带建设及洞庭湖经济区建设为依托,以电力能源产业为支撑,以沿江综合开发为重点,红色生态休闲旅游为特色,以工业园区和物流配送中心为导向的国家重点镇和湖南省省际边界特色镇。三封寺镇为县域东部以建材、纺织、化工等为主的,集生产、展销、商贸、物流等职能于一体的现代化工贸型城镇。

南部低碳排放重点控制区。包括终南乡、南山乡、北景港镇、插旗镇四个乡镇,总面积为 28678.07 hm², 占总面积的 18.03%。该区主要土地利用类型为林地和水域。作为全县重点的碳吸收区,土地利用方向仍以林地为主,应严格控制建设占用林地,在水源地造林,建立水源地绿色保护屏障,另将湖南华容东湖国家湿地公园保护区划入生态红线保护范围内,以保障生态安全。

基于碳排放的华容县土地利用分区图

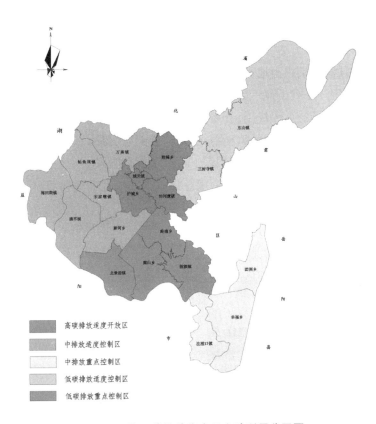

图 10 - 12　基于碳排放华容县土地利用分区图

Fig. 10 - 12　land use zoning based on carbon emissions in Huarong County

10.4.5　制定土地利用规划方案低碳管理措施与政策

(1)以低碳型的土地利用总体规划为总指导,开展各专项低碳土地利用规划

将低碳土地利用理念与技术融入低碳城镇地利用规划、低碳交通系统规划、低碳主题功能区规划与区域绿地系统及碳汇规划等专项规划中,充分做到各专项规划与低碳型土地利用总体规划衔接作用,发挥低碳型的土地利用总体规划的宏观调控作用。

(2)实行基于低碳的用途管制制度,确保低碳规划的落实

建设用地方面,将对传统的高排放产业用地通过适当的增收资源税与土地出让成本等措施提高准入门槛,以抑制高排放项目的用地需求,对低能耗、低污染、高附加值的产业项目用地则通过供地的优惠政策,引导资本向低碳产业转移,实

现区域内产业结构的转型;农用地方面,控制耕地、林地等用地面积的减少速度,植树造林,加大对林地的保护力度,以增加土地碳汇。

(3)通过建立土地利用碳效应核算制度,加强对土地低碳调控,以优化配置土地资源。

通过对区域范围内土地利用碳效应进行核算与评估,建立低碳的环境影响评价机制,并制定一系列低碳产业园、低碳土地利用标准。充分发挥土地价格、土地税收以及土地市场的调控作用,开展碳交易、实行土地利用碳补偿制度与低碳土地金融制度,引导促进土地低碳利用,优化配置土地资源。

(4)完善低碳型土地利用总体规划实施的监督机制

一方面,探索建立低碳型土地利用总体规划实施监督评价指标体系,结合 3S 技术对土地进行调查统计,对低碳型土地规划实施情况进行判断分析,有针对性的采取相关措施对规划进行修正,以确保区域土地利用的低碳可持续发展;另外一方面,将低碳规划落实情况作为政府绩效考核内容之一,建立低碳规划管理目标责任制,进而促进各级政府合理确定各业用地规模,实现土地利用结构优化。

10.5 本章小结

本研究从土地利用变化对区域碳循环的影响机理入手,结合《IPCC 温室气体清单指南》以及国内外研究相关成果,建立土地利用类型与碳循环过程的对应关系,对华容县不同土地利用类型碳储量、碳排放与碳吸收进行核算,了解华容县不同土地利用类型的碳储量、碳吸收及碳排放强度的特征,并探讨华容县不同利用方式的碳效应时空变化规律;然后通过细化建设用地类型和调整土地利用碳效应评估参数,建立 2006、2014、2020 年华容县土地利用碳效应评估参数,对土地利用总体规划碳效应进行评价;进而依据土地利用分类系统与 2020 年华容县各类土地利用碳效应评估参数,选取土地利用类型作为决策变量,运用线性规划模型,对以碳储量最大化、碳排放最小化、碳吸收最大化为目标的目标函数求解,得出华容县土地利用结构优化方案,并对三种优化方案碳蓄积能力进行对比分析;最后将"低碳"理念融入传统的土地利用规划之中,对构建低碳型土地利用规划内容体系进行探究。

(1)通过土地利用碳效应机理进行分析,建立不同土地利用类型碳效应的对应关系与核算方法,对华容县不同土地利用类型碳储量、碳排放、碳吸收以及土地利用类型转变碳效应进行核算,结果表明:2014 年华容县土地利用总碳储量为

2284. 57 × 10^{4}t、总碳排放为 104. 02 × 10^{4}t、总碳吸收为 32. 64 × 10^{4}t、转变土地利用类型碳排放共计 0. 26 × 10^{4}t。碳储量方面,耕地、建设用地碳储量所占比例最大,耕地碳储量所占比例为 35. 23% ,建设用地碳储量所占比例为 59. 73% ,其中居民点及工矿用地碳储量所占比例为 22. 05% 。碳排放方面,居民点及工矿用地碳排放量最大,为 52. 54 × 10^{4}t,占总碳排放量的 50. 52% ;其次为耕地,碳排放量为 21. 93 × 10^{4}t,占总量的 21. 08% 。碳吸收方面,林地碳吸收量最大,为 21. 46 × 10^4 t,占总碳吸收量的 65. 75% ;其次为水域,碳吸收量为 7. 16 × 10^4 t,占总量的 31. 65% 。转变土地利用类型碳效应方面,2014 年华容县转变土地利用类型碳排放共计 2630. 74t,主要来源于农用地转变为建设用地引起的土地生态系统综合碳密度变化,共计 2472. 3t,占总碳排放的 93. 98% ,其中耕地转换为建设用地引起的碳排放为 1440. 3 t,占总碳排放的 81. 63% 。另外 2014 年华容县转变土地利用类型碳吸收共计 0. 48 t,主要来源于交通运输用地转变为农用地引起的土地生态系统综合碳密度变化。

(2)在碳效应核算的基础上,通过与华容县土地利用总体规划方案结合、建设用地类型的细化和碳评估参数的调整与预测,建立 2006、2014、2020 年华容县土地利用碳效应评估参数,对土地利用总体规划碳效应进行评价,结果表明:碳储量方面,规划目标年 2020 年总碳储量为 2338. 56 × 10^{4}t,相比 2014 年增加了 53. 98 × 10^{4}t,说明规划方案起到了碳蓄积作用,且规划目标年 2020 年碳储量增加主要原因是人为的碳蓄积作用的增加;碳排放方面,规划目标年 2020 年总碳排放为 114. 93 × 10^{4}t,相比 2014 年增加了 10. 91 × 10^{4}t,主要由于建设用地增加带来的碳排放增加;碳吸收方面,规划目标年 2020 年总碳吸收为 32. 21 × 10^{4}t,相比 2014 年减少了 0. 04 × 10^{4}t;转变土地利用类型碳效应方面,规划目标年 2020 年转变土地利用类型碳排放为 10. 89 × 10^{4}t,较 2014 年增加 10. 49 × 10^{4}t,规划目标年 2020 年转变土地利用类型碳效应的增加主要原因为建设用地大量的增加所引起的碳排放的增加。

(3)依据土地利用分类系统与华容县实际土地利用情况选取 11 种土地利用类型作为决策变量,并结合 2020 年华容县各类土地利用碳效应评估参数,运用线性规划模型,对以碳储量最大化、碳排放最小化、碳吸收最大化为目标的目标函数求解,得出华容县土地利用结构优化方案,并对三种优化方案碳蓄积能力进行对比分析,结果表明:总体上华容县三种优化方案综合碳蓄积能力比 2020 年规划方案强,其中基于碳储量最大化的土地利用结构优化方案综合碳蓄积能力最强,为 2304. 85 × 10^{4}t,因此选取方案一基于碳储量最大化的土地利用结构优化方案作为华容县土地利用结构优化参考。

（4）将"低碳"理念融入传统的土地利用规划之中,对构建低碳型土地利用规划内容体系进行探讨,以确保低碳型土地利用总体规划的实施。主要内容有:新增土地利用碳效应现状分析为低碳土地利用规划目标提供依据;制定土地利用低碳发展战略与土地利用规划低碳目标,发展低碳经济、提高土地利用生态效益;增设土地利用规划方案碳效应评价指标,将土地利用规划方案碳效应评估融入土地利用环境影响评价中;新增低碳型对土地利用结构与布局优化的分析,指导区域土地利用开发活动;制定土地利用规划方案低碳管理措施与政策。

参考文献

Cai Zhonghua. 2008. Green technical innovation, environmental expenditure, and the environmental Kuznets curve: a dynamics mode[J]. Ecological Ecomomy, (4): 35 – 40.

Canadell J G, Mooney H A. 1999. Ecosystem metabolism and the global carbon cycle [J]. Tree, 14(6):249.

Chris G. 2007. How to Live a Low – carbon Live: the Individual's Guide to Stopping Climate Change(2nd Edition)[M]. London: Taylor&Francis.

ChristenA, CoopsN, Kellett R et al. 2010. A LiDAR – based urban metabolism approach to neighborhood scale energy and Carbon emissions modeling[D]. University of British Columbia.

Churkina G. 2008. Modeling the carbon cycle of urban systems[J]. Ecological Modeling, 216(2):107 – 113.

Churkina U, Brown D U, Kcolcian U. 2010. Carbon stored in human settlements: The conterminous United States[J]. Global Change Biology, 16(1):135 – 143.

Crawford J, French W. 2008. A low – carbon future: spatial planning's role in enhancing technological innovation in the built environment [J]. Energy Policy, 36(12): 4575 – 4579.

Dodman, D. 2009. Blaming cities for climate change? An analysis of urban greenhouse gas emissions inventories[J]. Environment and Urbanization,21(1): 185 – 201.

Edward L G, Matthew E K. 2010. The greenness of cities:carbon dioxide emissions and urban development[J]. Urban Economics, 67(3): 404 – 418.

Eggleston H S, Bucndia L, Miwa K, et al. 2006. 2006 IPCC guidelines for national greenhouse gas inventories[M]. Japan:IDES2006.

Ehrlich P R, Holdren JP. 1971. Impact of population growth[J]. science, (171):1210 – 1217.

Eino LaPPalainen(ed.). 1996. Global Peat Resourees(M). Finland: International Peat Society of Finland.

Gebhart D L, Johnson H B, Mayeux H S, et al. 1994. The CRP Increases in Soil Organic Carbon[J]. Journal of Soil and Water Convertion, 49(5) : 488 – 492.

Glseser Edward L, Kahn Edward Matthew E. 2008. The greenness of Cities: Carbon Dioxide Emissions and Urban Development. [EB/OLJ. 2008. http:// www. Nber. org/ papers/ wl4238 – 2008.

Hang Y F, Sue J L. 1998. Structural decomposition of industrial CO_2 emissionin Taiwan: An input – output approach [J]. Energy Policy, 26(1): 5 – 12.

Houghton R A. 1999. The annual net flux of carbon to the atmosphere from changes in land use 1850—1990[J]. Tellus Series B – Chemical and Physical Meteorology, (51):298 – 313.

Houghton R A. 2003. Revised estimates of the annual net flux of carbon to the atmosphere from changes in land use and land management 1850 – 2000. Tellus, 55B: 378 – 390.

IPCC. 2001. A Special Report of IPCC Working Group Ⅲ: Summary for Policymakers, Emission Scenarios[R]. Cambridge: Cambridge University Press.

Jener L M, Carlos C C, Jerry M M, et al. 1995. Soil Carbon Stocks of the Brazilian Amazon Basin [J]. Soil Science Society of America Journal, 59: 244 – 247.

Jonathan N,Heather L M. 2006. Comparing high and low residential density: life cycle analysis of energy use and greenhouse gas emissions[J]. Journal of Urban Planning and Development, (3) : 10 – 19.

Juknys Romualdas. 2003. transition Period in the Lithuania – do We Move to Sustainability? [J]. journal of environmental research, engineering and mangment, 26 (4):4 – 9

KayaYoichi. 1989. Pact Impact of Carbon Dioxide Emission on GNP Growth: Interpretation of Proposed Seenarios [R]. Presentation to the Energy and Industry Subgroup, Response Strategies Working Group, IPCC,PARIS.

Mann LK. 1986. Changes in soil carbon storage after cultivation[J]. Soil Science, 142: 279 – 288.

MiguelAngel Tarancon Moran, Pablo Del Rio Gonzalez. 2007. Acombined input – output and sensitivity analysis approach to analyses sector linkages and CO2emissions[J] . Energy Economics, 29: 578 – 597.

NobukoYabe. 2004. An analysis of CO_2 emissions of Japanese industries during the period between 1985 and 1995 [J]. Energy Policy, 32: 595 – 610.

OECD. 2001. Decoupling:a conceptual overview [M]. Paris:OECD.

OECD. 2002. Indicators to measure decounpling of environmental presssure from economic growth [R]. Paris. OECD.

ParkS H. 1992. Decomposition of industrial energy consumption: An alternative method [J]. Energy Economics, 14(4):265 – 270.

Polglase, Philip J. 2000. Australian Greenhouse Office. Change in Soil Carbon Following Afforestation or Reforestation: Review of Experimental Evidence and Development of A Conceptual Framework[R]. National Carbon Accounting System Technical-Report, NO. 20. Canberra.

Post W M, Emanuel WR, Zinke P J et al. 1982. Soil carbon pools and life zones[J] . Nature, 298, 156 ~ 159.

Post W M, Peng T H, Emanuel W R et al. 1990. The Global Carb on Cycle [J] . American Scientist, 78: 310 ~ 326.

Rhee Hae – chun, Chung Hyun – sik. 2006. Change in CO_2 emission and its transmissions between Korea and Japan using international input – output analysis[J] . Ecological Economics, 58: 788 – 800.

Saaty TL. 1980. The Analytic Hierarchy Process[M]. New York:MeGra,Hill.

SchipperL, Howarth R B, Geller H. 1990. United States energy use from 1973 to 1987: The impacts of improved efficiency [J]. Annual Review of Energy, 15:455 – 504.

ScholesR J, Noble I R. 2001. Storing Carbons on Land[J]. SCIENCE, 29(2):1012 – 1018.

Sun Xiumei, Zhou Min. 2011. Research on development model of low – carbon economy in resource – based cities[J]. Energy Procedia,(11) : 3191 –3197.

Tapio. P. 2005. Towards a Theory of Decoupling :Degrees of Decoupling in the EU and the Case of Road traffic in Tinland Between 1970 and 2001[J]. Transport Policy, 30(12):137 – 151.

ThomasDietz, Eugene A. Rosa. 1997. effects of Population and affluence on CO2 emissions[J]. Ecology, (94):175 – 179.

Wang Y, Amundson R, Trumbore S. 1999. The Impact of Land Use Change on C Turnover in Soils[J]. Global Biogeochemical Cycles, 13(1)：47 – 57.

WBCSD,WRI. 2004. A Corporate Accounting and Reporting tandard[EB/OL]. http://www. wri. org/publication/reenhouse – gas – protocolcorporate – accounting – and – reporting – standard – revised – edition,2004 – 03 – 19/2011 – 07 – 08.

Weber C,Matthews H. 2008. Quantifying the global and distributional aspects of American household carbon footprint[J]. Ecological Economics, 66：379 – 391.

Winkelman S,Bishins A,Kooshian C. 2010. Planning for economic and environmental resilience ［J］. TransportationResearch Part A：Policy and Practice44（8）：575 – 586.

YorkR, Rosa E A,Dieta T. 2004. STIRPATJPAT and IMPACT:Analutic Tools ForUnpacking the Driving Forces of Envrionmental Impacts[J]. Ecological Economics, (3):351 – 365.

白彦锋 . 2010. 中国木质林产品碳储量[D]. 北京:中国林业科学研究院 .

白彦峰,姜春前,张守攻 . 2009. 中国木质林产品碳储量及其减排潜力[J]. 生态学报, 29(1):399 – 405.

白雪爽,胡亚林,曾德慧,等 . 2008. 半干旱沙区退耕还林对碳储量和分配格局的影响[J]. 生态学杂志, 27(10)：1647 – 1652.

蔡博峰,刘春兰,陈操操,等 . 2009. 城市温室气体清单研究[M]. 北京:化学工业出版社 .

曹孜,彭怀生等 . 2011. 工业碳排放状况及减排途径分析[J]. 生态经济, (9):40 – 45

查建平,唐方方 . 2012. 中国工业碳排放绩效：静态水平及动态变化[J]. 山西财经大学学报, 34(3)：71 – 80.

成贝贝,汪鹏,赵黛青,等 . 2013. 低碳工业园区规划方法和评价指标体系研究[J] . 生态经济,(5):126 – 128 + 135.

陈广生,田汉勤 . 2007. 土地利用/覆盖变化对陆地生态系统碳循环的影响[J]. 植物生态学报, 31(2):189 – 204.

陈擎,汪耀兵 . 2010. 低碳化视角下的城市土地利用研究[J]. 当代经济 . (10):88 – 89.

揣小伟,黄贤金,郑泽庆,等 . 2011. 江苏省土地利用变化对陆地生态系统碳储量的影响[J]. 资源科学, (10):1932 – 1939.

董祚继 . 2010. 低碳概念下的国土规划[J]. 城市发展研究, (7):1 – 5.

杜官印 . 2010. 建设用地对碳排放的影响关系研究[J]. 中国土地科学, (5):32

－36.

段晓男,王效科,逯非.2008.中国湿地生态系统固碳现状和潜力[J].生态学报,
28(2):463－469.

范英,刘兰翠,魏一鸣.2007.中国碳排放强度的变化:基于1980～2003年的实证
研究[J].生态经济,,62:653 — 691.

方精云,陈安平.2001.中国森林植被碳库的动态变化及其意义[J].植物学报,
43(9):967－973.

方精云,郭兆迪,朴世龙等.2007.1981－2000年中国陆地植被碳汇的估算.中国
科学:D合辑,37(6):804－812.

方精云,刘国华,徐嵩龄.1996.我国森林植被的生物量和净生产力[J].生态学
报,16(5):497－508.

方精云,刘国华,徐嵩龄.1996.中国陆地生态系统的碳库[A].王庚臣,温玉璞.
温室气体浓度和排放监测及相关过程[C].北京:中国环境科学出版社,109
－128.

封志明.2004.资源科学导论[M].北京:科学出版社.

冯畅,毛德华,李志龙,等.2012.洞庭湖流域环境库兹涅茨曲线特征分析[A].中
国科学技术协会.湖泊流域生态建设与可持续发展(第二届中国湖泊论坛论
文集上)[C].长沙:湖南人民出版社,348－355.

凤怡宇.2009.城市土地集约利用研究——以瑞安市为例[J].黑龙江科技信息,
(18):56－58.

高述超,田大伦,闫文德,等.2010.长沙城市森林土壤理化性质及碳贮量特征[J]
.中南林业科技大学学报,(9):16－22.

葛楠.2007.我国可再生资源的立法保护研究[D]重庆:重庆大学.

管东生,陈玉娟,黄芬芬.1998.广东绿地系统碳的储存、分布及其在碳氧平衡中
的作用[J].中国环境科学,18(5):437－441.

国家环境保护总局规划与财务司.2001.环境统计概论(第一版)[M].北京:中国
环境学科出版社.

国土资源部.2010.创建低碳型社会实现可持续发展——论如何通过土地利用与
管理推进低碳经济发展[EB/OL].http://www.mlr.gov.cn/tdsc/lltt/201009/
t20100928_773114.htm.

郭艳桃.2004.城市土地资源高效利用问题研究——以长沙市为例[D].长沙:湖
南农业大学.

郭运功.2009.特大城市温室气体排放量测算与排放特征分析:以上海为例[D].

上海：华东师范大学．

黄红胜．2011．探索低碳经济条件下城市土地利用模式［J］．中国集体经济．
　　（31）：11．

黄婕．2012．低碳经济视域下城市土地利用测度研究［D］．长沙．湖南师范大学．

黄婕，毛德华，熊雅萍，等．2015．长沙市土地低碳利用系统时间变化特征分析［J］
　　．中国国土资源经济，28（4）：58－62．

韩青，刘合林．2009．城镇低碳生态规划实践与探索［J］．小城镇建设，（12）：73
　　－78．

黄贤金，钟太洋．2006．区域循环经济发展评价［M］．北京：社会科学文献出版社，
　　62－63．

姜群鸥，邓祥征，战金艳，等．2008．黄淮海平原耕地转移对植被碳储量的影响［J］
　　．地理研究，（4）：839－846＋975．

瞿理铜．2012．低碳经济视角下土地利用调控的思路探讨［J］．中国国土资源经
　　济，（11）：29－30＋47＋55．

匡耀求，欧阳婷萍，邹毅等．2010．广东省碳源碳汇现状评估及增加碳汇潜力分析
　　［J］．中国人口·资源与环境，20（专刊）：154－158．

赖力．2010．中国土地利用的碳效应研究［D］．南京大学．

赖力，黄贤金，等．2011．中国土地利用的碳排放效应研究［M］．南京：南京大学出
　　版社．

蓝家程，傅瓦利，等．2012．重庆市不同土地利用碳排放及碳足迹分析［J］．水土保
　　持学报，（1）：146－150＋155．

李国敏．2010．城市土地低碳利用模式的变革及路径［J］．中国人口·资源与环境
　　．（12）：62－65．

李克让，王绍强，曹明奎，等．2003．中国植被和土壤碳储量［J］．中国科学：D辑，
　　33（1）：72－80．

黎孔清．2013．低碳型的区域土地利用评价与结构优化研究［D］．武汉：华中农业
　　大学．

李兰．2010．中国控制工业废气排放的绩效与减排潜力研究［J］．工业技术经济，
　　29（7）：134－137．

李绍萍，郝建芳，王甲山．2015．东北地区低碳经济发展水平综合评价［J］．辽宁工
　　程技术大学学报（社会科学版），（3）：225－235．

李晓晖，梁颖严，聂危萧．2014．低碳控规：再构从碳排放到建设管控的技术框架
　　［A］．中国城市规划学会．城乡治理与规划改革——2014中国城市规划年会

论文集(07 城市生态规划)[C]. 中国城市规划学会.

李新举,方玉东,田素锋,等.2007. 黄河三角洲垦利县可持续土地利用障碍因素分析[J]. 农业工程学报,23(7):71 - 75.

李颖.2008. 江苏省区域不同土地利用方式的碳排放效应分析[J]. 农业工程学报.(2):102 - 106.

李颖,黄贤金,甄峰.2008. 区域不同土地利用方式的碳排放效应分析:以江苏省为例[J]. 江苏土地,16(4):16 - 20.

李正才,徐德应,傅懋毅,等.2007. 北亚热带土地利用变化对土壤有机碳垂直分布特征及储量的影响[J]. 林业科学研究,(6):744 - 749.

刘爱民,李飞,廖俊国.2000. 中国森林资源及木材供需平衡研究[J]. 资源科学,(6):9 - 13.

刘慧,成升魁,张雷.2002. 人类经济活动影响碳排放的国际研究动态[J]. 地理科学进展,21(5):420 - 429.

刘海猛,石培基,王录仓,等.2012. 低碳目标导向的兰州市土地利用结构优化研究[J]. 中国土地科学,(6):55 - 61.

刘江.2014. 对目前森林资源林政管理分析[J]. 科技风,(15):250.

刘英,赵荣钦,焦士兴.2010. 河南省土地利用碳源/汇及其变化分析[J]. 水土保持研究,(5):154 - 157 + 162.

刘子刚.2004. 湿地生态系统碳储存和温室气体排放研究[J]. 地理学报,(5):634 - 639.

卢娜,冯淑怡,曲福田.2013. 经济发展对我国土地利用碳排放的影响[J]. 南京农业大学学报(社会科学版),(2):108 - 115.

卢娜,曲福田,冯淑怡,等.2011. 基于 STIRPAT 模型对能源消费碳足迹变化及的影响因素——以江苏省苏锡常地区为例[J]. 26(5):815 - 824.

陆珍.2014. 低碳视角下村镇绿地系统规划研究[D]. 武汉理工大学.

马爱进,赵海珍.2010. 食品生命周期碳排放评价技术规范研究[J]. 中国食物与营养,(12):4 - 6

马其芳,黄贤金,于术桐.2007. 物质代谢研究进展综述[J]. 自然资源学报,22(1):141 - 152.

麻智辉.2007. 构建江西生态工业园区的条件、模式与对策[J]. 江西能源.(4):77 - 80.

毛德华.1999. 危机与出路——人类生态环境问题透析与可持续发展[M]. 长沙:湖南地图出版社,275 - 302.

毛德华,魏维,黄婕,等.2014. 洞庭湖生态经济区城市土地低碳利用综合测度与实施途径[A]. 颜永盛.2013 年洞庭湖发展论坛文集[C]. 湖南大学出版社,,143-156.

毛德华,李姣,邹君,等.2015. 经济发展方式的生态转型[M]. 经济日报出版社.

毛德华,熊雅萍,黄婕,等.2015a. 湖南省城市土地低碳利用综合评价及分析[A]. 麻智辉,李志萌. 生态经济与生态文明建设研究[C]. 江西人民出版社,156-167.

梅建屏,徐健,金晓斌,等.2009. 基于不同出行方式的城市微观主体碳排放研究[J]. 资源开发与市场,25(1):49-52.

孟昭正.1985. 层次分析法及其在油田开发方案综合评价中的应用[J]. 石油勘探与开发,(5):50-56.

聂锐,张涛,王迪.2010. 基于IPAT模型的江苏省能源消费与碳排放情景研究[J]. 自然资源学报,25(9):1557—1563.

牛叔文,丁永霞,李怡欣,等.2010. 能源消耗、经济增长和碳排放之间的关联分析——基于亚太八国面板数据的实证研究[J]. 中国软科学,(5):13-19.

彭欢.2010. 低碳经济视角下我国城市土地利用研究[D]. 湖南大学.

蒲春玲,余慧容.2011. 新疆低碳与环境友好型土地利用模式探讨[J]. 干旱区资源与环境,(6):36-42.

乔根·W.威布尔.2006. 演化博弈论[M]. 王永钦,译.上海:上海三联书店.

曲福田,卢娜,冯淑怡.2011. 土地利用变化对碳排放的影响[J]. 中国人口.资源与环境,(10):76-83.

司志国,曹艳春,俞元春.2011. 城市土壤有机碳储量估算研究进展[J]. 生态经济(学术版),(2):103-105.

孙宇杰等.2011. 低碳背景下区域土地合理利用评价研究[J]. 地域研究与开发.(5):93-96.

汤才玲.2012. 低碳经济型土地利用模式选择[J]. 合作经济与科技,(4):6-8.

汤洁,张楠,李昭阳,等.2011. 吉林西部不同土地利用类型的土壤有机碳垂向分布和碳密度[J]. 吉林大学学报(地球科学版),(4):1151-1156.

唐红侠,韩丹,赵由才.2009. 农林业温室气体减排与控制技术. 北京:化学工业出版社.

唐素芳,李群,赵昊,等.2015. 湖南加快发展低碳经济研究[EB/OL]. http://www.hntj.gov.cn/fxbg/2015fxbg/2015jczx/201506/t20150629_117525.htm.

涂华.2003. 利用固定碳计算我国无烟煤的含碳量[J]. 煤炭科学技术,(31):98

－100.

王佳丽,黄贤金,陆汝成,等.2010.区域生态系统服务对土地利用变化的脆弱性评估——以江苏省环太湖地区碳储量为例[J].自然资源学报,(4):556－563.

王杰,周忠玲.2011.基于低碳经济下的城市规划研究[J].中外建筑.(1):87－88.

王小彬,武雪萍,赵全胜,等.2011.中国农业土地利用管理对土壤固碳减排潜力的影响[J].中国农业科学,(11):2284－2293.

王晓军,刘毅华.2010.低碳理念在土地利用规划中的应用初探[D].广州.广州大学.

王效科,冯宗炜,欧阳志云.2001.中国森林生态系统的植物碳储量和碳密度研究[J].应用生态学报,12(1):13－16.

王雪娜.2006.我国能源类碳源排放量估算方法研究[D]北京:北京林业大学.

汪友结.2011.城市土地低碳利用的外部现状描述、内部静态测度及动态协调控制[D].浙江:浙江大学.

魏维.2014.长沙土地低碳利用研究[D].长沙.湖南师范大学.

魏维.2013.长沙市土地低碳利用途径研究[J].时代经贸.11(10):184.

魏维,毛德华,扶小红,等.2013.基于低碳城市标准体系下的长沙市低碳发展现状评价[J].地球,33(11):164&280.

温丽华.2003.灰色系统理论及其应用[D].黑龙江.哈尔滨工程大学.

吴次芳,徐保根,艾亮辉,等.土地生态学[M].北京:中国大地出版社,2003.

吴丹.2014.国际低碳经济发展经验及对中国的启示[J].绿色技科,(12):270－273.

吴丹.2015.我国低碳经济发展路径选择[J].安徽农业科学,(10):263－265,270.

吴丹.2016.华容县低碳型土地利用规划研究[D].长沙:湖南师范大学.

吴虹雨.2015.长沙市工业用地碳排放核算及其影响因素和对策研究[D].长沙:湖南师范大学.

吴虹雨,毛德华.2014.津市市土地利用碳排放效应分析[J].地球,34(12):228&99.

吴虹雨,毛德华,冯立攀.2015.城市土地低碳利用中政府、企业和消费者的演化博弈分析[J].34(2):125－130.

武俊喜,程序,焦加国,等.2010.1940—2002年长江中下游平原乡村景观区域中土地利用覆被及其土壤有机碳储量变化[J].生态报,(6):1397 – 1411.

伍婷.2015.城市住宅用地碳盘查及其影响因素分析与低碳利用对策研究[J].长沙:湖南师范大学.

吴晓军,薛惠峰.2007.城市系统研究中的复杂性理论与应用[M].西安:西北工业大学出版社.

夏炎,杨翠红,陈锡康.2010.中国能源强度变化原因及投入结构的作用[J].北京大学学报(自然科学版),46(3):442 – 448.

肖红艳,袁兴中,李波,等.2012.土地利用变化碳效应研究——以重庆市为例[J].重庆师范大学学报(自然科学版),(1):38 – 42,115.

肖磐,舒英格.2014.基于安顺市土地利用总体规划的碳效应评估与低碳优化[J].贵州农业科学,(7):210 – 214,219.

熊雅萍.2015.长沙市碳循环评估与低碳土地利用研究[D].长沙:湖南师范大学.

谢鸿宇,陈贤生,林凯荣,等.2008.基于碳循环的化石能源及电力生态足迹[J].生态学报,28(4):1729 – 1735.

徐波等.2009.兰州市城市土地合理利用对策分析[J].国土与自然资源研究.(2):15.

徐国泉,刘则渊,姜照华.2006.中国碳排放的因素分解模型及实证分析:1995 – 2004[J].中国人口·资源与环境,16(6):158 – 161.

许恒周,郭玉燕,陈宗祥.2013.土地市场发育、城市土地集约利用与碳排放的关系——基于中国省际面板数据的实证分析[J].中国土地科学,(9):26 – 29.

许盛.2011.南京市温室气体排放清单及其空间分布研究[D].南京.南京大学.

徐晓敏.2008.层次分析法的运用[J].统计与决策,(1):156 – 158.

徐新良,曹明奎,李克让.2007.中国森林生态系统植被碳储量时空动态变化研究[J].地理科学进展,26(6):1 – 10.

徐怡丽,董卫.2011.低碳视角下的新农村规划探索[J].小城镇建设,(5):35 – 38,79.

薛志俊.1996.应用层次分析法确定矿井通风系统评判指标的重要性排序[J].煤矿安全,(7):21.

严婧,黄贤金,李颖,等.2010.土地利用规划的碳排放评价和预测与调控——以安徽省滁州市南谯区为例[J].国土资源科技管理,(1):19 – 24.

杨庆媛.2010.土地利用变化与碳循环[J].中国土地科学.(10):7 – 11.

杨向军.,2014.低碳经济视角下长株潭土地利用方式探析[J].经济研究导刊,

(22):173-176.

杨兴等.2006.我国气候变化立法的缺陷及其对策分析[J].时代法学,(2):62.

叶笃正,陈泮勤.1992.中国的全球变化预研究(第二部分)[M].北京:地震出版社,232-245.

叶懿文.2013.长三角地区工业碳排放时空特征及关联性分析研究[D].南京.南京大学.

叶祖达.2009.碳审计在总体规划中的角色[J].城市发展研究,(11):58-62+8.

易东炬,李明生.2010.长沙发展低碳城市评价与对策建议[J].合作科技与经济(经济与产业版),(21):6-8.

游和远,吴次芳.2010.土地利用的碳排放效率及其低碳优化—基于能源消费视角[J].自然资源学报,25(11):1875-1886.

余德贵,吴群.2011.基于碳排放约束的土地利用结构优化模型研究及其应用[J].长江流域资源与环境,20(8):911-917.

余光英,员开奇.2015.湖南省土地利用碳排放动态效率研究:基于Malmquist指数模型[J].环境科学与技术,(2):189-194.

于贵瑞,方华军,伏玉玲,等.2011.区域尺度陆地生态系统碳收支及其循环过程研究进展[J].生态学报,31(19):5449-5459.

张常新,罗雅丽.2012.基于低碳生态理念的城市土地利用模式优化途径[J].生产力研究,(7):135-136+159.

曾德宏.2012.多群体演化博弈均衡的渐近稳定性分析及其应用[D].广州.暨南大学.

曾鹏,王晶.2014.滨海城市土地利用模式与碳排放关系研究——以大连市为例[J].天津大学学报(社会科学版),(3):199-204.

张俊峰,张安录,董捷.2014.武汉城市圈土地利用碳效应分析及因素分解研究[J].长江流域资源与环境,(5):595-602.

章明奎,周翠.2006.杭州市城市土壤有机碳的积累和特性[J].土壤通报,37(1):19-21.

张姗姗,王群,贾春浩.2011.浅析低碳型土地利用规划[J].广东土地科学,(5):22-26.

张婷.2013.西安市低碳交通发展战略研究[D].西安建筑科技大学.

章放.2010.可再生能源政策体系初探[J].中国建筑金属结构,(10):44-45.

张伟畅,盛浩,钱奕琴,等.2012.城市绿地碳库研究进展[J].南方农业学报,43

（11）:1712 – 1717.

张旺,潘雪华.2012. 城市低碳发展的研究框架和理论体系[J]. 湖南工业大学学报(社会科学版),17(1):8 – 14.

张维迎.2012. 博弈论与信息经济学[M]. 上海. 上海三联书店.

张鑫.2013. 基于 RS 与 GIS 的低碳经济发展与土地利用/覆被变化相关性研究[D]. 湖南科技大学.

张勇,张乐勤,包婷婷.2014. 安徽省城市化进程中的碳排放影响因素研究——基于 STIRPAT 模型[J]. 长江流域资源与环境,(4):512 – 517.

张朝琼,郜红娟,廖昕荣,等.2013. 仁怀市土地利用变化对植被碳储量的影响[J]. 贵州农业科学,(10):186 – 189.

赵宏宇,郭湘闽,褚筠.2010. "碳足迹" 视角下的低碳城市规划[J]. 规划师,(5):9 – 15.

赵林,殷鸣放,陈晓非,等.2008. 森林碳汇研究的计量方法及研究现状综述[J]. 西北林学院学报,23(1):59 – 63.

赵敏,周广胜.2004. 中国森林生态系统的植物碳贮量及其影响因子分析. 地理科学,24(1):50 – 54.

赵敏.2010. 上海碳源碳汇结构变化及其驱动机制研究[D]. 上海:华东师范大学.

赵倩.2011. 上海市温室气体排放清单研究[D]. 上海:复旦大学.

赵荣钦.2012. 城市系统碳循环及土地调控研究[M]. 南京:南京大学出版社.

赵荣钦,陈志刚,黄贤金,等.2012. 土地利用碳排放研究进展[J]. 地理科学,12:1473 – 1480.

赵荣钦,黄贤金,刘英,等.2014. 区域系统碳循环的土地调控机理及政策框架研究[J]. 中国人口. 资源与环境,(5):51 – 56.

赵荣钦,黄贤金,彭补拙.2012. 南京城市系统碳循环与碳平衡分析[J]. 地理学报,67(6):758 – 770.

赵荣钦,黄贤金.2010. 基于能源消费的江苏省土地利用碳排放与碳足迹[J]. 地理科学,(9):16 – 43.

赵荣钦,黄贤金,钟太洋.2010. 中国不同产业空间的碳排放强度与碳足迹分析[J]. 地理学报,(9):1048 – 1057.

赵荣钦,黄贤金,钟太洋,等.2012. 南京市不同土地利用类型的碳储量与碳通量[J]. 水土保持学报,(6):164 – 170.

赵荣钦,黄贤金,钟太洋,等.2013. 区域土地利用结构的碳效应评估及低碳优化

［J］. 农业工程学报,（17）:220 – 229.

赵晓芬 . 2011. 灰色系统理论概述［J］. 吉林省教育学院学报,27(3)152 – 154.

周军辉 . 2011. 长沙市土地利用变化与碳收支协整性及因果关系研究［D］. 长沙 . 湖南师范大学 .